Uni-Taschenbücher 1257

Eine Arbeitsgemeinschaft der Verlage

Birkhäuser Verlag Basel · Boston · Stuttgart
Wilhelm Fink Verlag München
Gustav Fischer Verlag Stuttgart
Francke Verlag München
Harper & Row New York
Paul Haupt Verlag Bern und Stuttgart
Dr. Alfred Hüthig Verlag Heidelberg
Leske Verlag + Budrich GmbH Opladen
J. C. B. Mohr (Paul Siebeck) Tübingen
R. v. Decker & C. F. Müller Verlagsgesellschaft m. b. H. Heidelberg
Quelle & Meyer Heidelberg
Ernst Reinhardt Verlag München und Basel
K. G. Saur München · New York · London · Paris
F. K. Schattauer Verlag Stuttgart · New York
Ferdinand Schöningh Verlag Paderborn · München · Wien · Zürich
Eugen Ulmer Verlag Stuttgart
Vandenhoeck & Ruprecht in Göttingen und Zürich

Philippe Forget (Hrsg.)

Text und Interpretation

Deutsch-französische Debatte
mit Beiträgen von
J. Derrida, Ph. Forget, M. Frank,
H.-G. Gadamer, J. Greisch und F. Laruelle

Wilhelm Fink Verlag, München

Philippe Forget ist *Professeur Agrégé* und lehrt Literaturwissenschaft (Germanistik) in Paris. Buchveröffentlichungen und Aufsätze zum Problem des Übersetzens und der Textinterpretation.

Jede starke Richtung ist einseitig; sie nähert sich der Richtung der geraden Linie und ist wie diese ausschließend; das heißt, sie berührt nicht viele andere Richtungen, wie dies schwache Parteien und Naturen in ihrem wellenhaften Hin- und Hergehen tun (...).
(Nietzsche, *Menschliches Allzumenschliches* I, 270: Die Kunst zu lesen)

ISBN: 3-7705-2176-5

Alle Rechte, auch die des auszugsweisen Nachdrucks, der fotomechanischen Wiedergabe und der Übersetzung, vorbehalten. Dies betrifft auch die Vervielfältigung und Übertragung einzelner Textabschnitte, Zeichnungen oder Bilder durch alle Verfahren wie Speicherung und Übertragung auf Papier, Transparente, Filme, Bänder, Platten und andere Medien, soweit es nicht §§ 53 und 54 URG ausdrücklich gestatten.

© 1984 Wilhelm Fink Verlag, München

Gesamtherstellung: Ferdinand Schöningh, Paderborn
Einbandgestaltung: Alfred Krugmann, Stuttgart

Inhalt

Philippe Forget: Leitfäden einer unwahrscheinlichen Debatte 7

Hans-Georg Gadamer: Text und Interpretation 24

Jacques Derrida: Guter Wille zur Macht (I)
Drei Fragen an Hans-Georg Gadamer 56

Hans-Georg Gadamer: Und dennoch: Macht des guten Willens . . 59

Jacques Derrida: Guter Wille zur Macht (II)
Die Unterschriften interpretieren (Nietzsche/Heidegger) 62

François Laruelle: Anti-Hermes 78

Jean Greisch: Der Streit der Universalitäten 115

Philippe Forget: Aus der Seele geschrie(b)en? Zur Problematik
des ‚Schreibens‘ (écriture) in Goethes ‚Werther‘ 130

Manfred Frank: Die Grenzen der Beherrschbarkeit der Sprache. Das
Gespräch als Ort der Differenz zwischen Neostrukturalismus und
Hermeneutik 181

Auswahlbibliographie 215

Philippe Forget

Leitfäden einer unwahrscheinlichen Debatte

Die in diesem Band dokumentierte Konfrontation zwischen der Hermeneutik und den Denkrichtungen, die man hierzulande gern als „Poststrukturalismus" bezeichnet, geht aus derselben Feststellung hervor, die Manfred Frank zum Anlaß seines Buches *Das individuelle Allgemeine* genommen hatte: Daß „es so etwas wie eine direkte Auseinandersetzung zwischen Vertretern beider Richtungen noch nicht in der Weise eines offenen Dialogs gegeben hat"[1]. In der Intention weicht jedoch der vorliegende Band von dem Versuch von Frank insofern entscheidend ab, als hier nicht nur unternommen wird, „ihn (den Dialog, Ph. F.) auf der Basis ihrer theoretischen Grundüberzeugungen zu konstruieren" (ebd.) sondern auch, eine direkte Konfrontation zum ersten Mal in die Wege zu leiten und die theoretische Konstruktion durch praktischen Sachbezug weiterzuführen.

Zur Debatte steht demnach nicht nur die Debatte selbst, sondern auch ein doppeltes Vorgängiges: Warum sie bisher vermieden oder wenigstens immer wieder aufgeschoben wurde und warum sie auch hier nicht recht gelingen will. Daß sich diese Fragen heute noch — oder vielleicht auch: erst heute — stellen, ist um so verwunderlicher (problematischer), als eine solche Konfrontation eigentlich von der Hermeneutik selbst, oder wenigstens von zwei sie konstituierenden Grunddimensionen, immer schon programmiert gewesen ist.

Gemeint sind der Universalitätsanspruch der Hermeneutik und der ihr zugrunde liegende Primat der Erfahrung dessen, „was über unser Wollen und Tun hinaus mit uns geschieht"[2], zwei Grundannahmen der Hermeneutik, zu denen sich Hans-Georg Gadamer in seinem einleitenden Beitrag nach wie vor bekennt.

Wenn die Hermeneutik einen Anspruch auf Universalität erheben darf, so deshalb, weil das Verstehen, das ihre Sache ist, eine Grundfähigkeit des Menschen ist. Insoweit muß sich aber auch die Hermeneutik darauf verstehen, Denkrichtungen zu durchdringen, die ihren — jeden — An-

---

[1] Manfred Frank, *Das individuelle Allgemeine*, Suhrkamp Verlag, Frankfurt/Main 1977, S. 13.
[2] *Wahrheit und Methode*, J. C. B. Mohr (Paul Siebeck) Tübingen ³1972, Vorwort zur 2. Auflage, XVI.

spruch auf Universalität in Zweifel ziehen. Auf die Gefahr hin, in ihren Grundvoraussetzungen er-schüttert zu werden.[3] Das Feld der Auseinandersetzung kann hier nur das von der Hermeneutik selbst eben durch ihren Anspruch auf Universalität abgesteckte sein: Die Möglichkeitsbedingungen der Konstitution von Sinn, was auch einschließt, was in der Hermeneutik ungedacht bleibt (bleiben muß?), nämlich die Frage nach der Autonomie (nicht: Autarkie) des Signifikanten. Von dieser Frage ist in jedem Beitrag dieses Bandes teils grundsätzlich-explizit (wie in dem Text von François Laruelle *Anti-Hermes*, wo gezeigt wird, daß die Hermeneutik den Signifikanten einem Verdrängungsprozeß unterzieht und sich damit also doch um ihn herum konstituiert), teils praktisch-implizit die Rede.

Dabei leuchtet ein, daß ein solcher Anspruch mit dem (aristotelischen) Programm einer praktischen Wissenschaft wesensmäßig verbunden ist, und daß sich daraus eine praktische Folgerung ergibt, die Gadamer einmal scharf formuliert hat:

„Die hermeneutische Erfahrung muß sich als echte Erfahrung alles, was ihr gegenwärtig wird, zumuten. Sie hat nicht die Freiheit, vorgängig auszuwählen und zu verwerfen"[4].

Wenn in diesen Band auch Erfahrung eingegangen sein soll, so darf freilich auf der Grundlage dieser verbindlichen Erkenntnis nicht vorgängig bzw. voreilig geschlossen werden, daß die „Herausforderung" (Gadamer), die die Konfrontation für die Hermeneutik darstellt, wirklich zur Erfahrung wird, mit anderen Worten, daß sie nicht — für alle Partner oder Gegner — zur Selbstbestätigung in der Selbsterfahrung wird.

Aus gegebenem Anlaß gestaltet sich die Auseinandersetzung um die Positionen von Hans-Georg Gadamer und Jacques Derrida. Daß dabei jeder Eigenes hinzufügt, ist nicht nur selbstverständlich, sondern gehört mit zu den Bedingungsmöglichkeiten eines solchen Buches.

Es ist nicht gleichgültig, daß der Punkt, von dem aus Derrida auf Gadamer „eingeht", also die Frage nach dem *guten Willen*, von Gadamer als die Voraussetzung des Dialogs überhaupt dargestellt wird, von Derrida dagegen auf eine Weise verstanden wird, die den Dialog verunmöglicht. Im Rekurs auf den guten Willen sieht Derrida das Symptom einer obsolet gewordenen Metaphysik des Willens; eine solche Gebärde, die nicht ohne Gewalt einhergeht, ist vielleicht aber zu gewaltvoll, um wirklich überzeu-

---

[3] Das Wort ist auch — nicht ganz unhermeneutisch — im Sinne von Walter Benjamin zu verstehen: „Man tut gut, sich darauf zu besinnen, daß das Deutsche in seinem Wort ‚Erschütterung' das Wort ‚schütter' stecken hat. Wo etwas zusammenstürzt, da entstehen Brüche und Leerstellen" (in: *Kommentare zu Gedichten von Brecht*, Gesammelte Schriften, Band II·2, S. 548).
[4] A. a. O. S. 439.

gend zu sein. Sie vollzieht sich nämlich in der Identifikation des guten Willens mit dem Kantschen Begriff[5], und man kann einigermaßen verstehen, warum Gadamer solche Identifikation als irrelevant zurückweist: wenn er den guten Willen platonisch verstanden wissen will, also als die Verstärkung des Standpunktes des anderen, „so daß seine Aussage etwas Einleuchtendes bekommt" (S. 59), so ergibt sich daraus die Konsequenz (oder die Voraussetzung), daß es guten Willen ohne den anderen, das Miteinander im Dialog überhaupt nicht gibt. Und dies klingt wiederum wesensmäßig anders als der Kantsche Wortgebrauch, denn:

„Der gute Wille ist nicht durch das, was er bewirkt oder ausrichtet, nicht durch seine Tauglichkeit zu Erreichung irgend eines vorgesetzten Zweckes, sondern allein durch das Wollen, d. i. an sich, gut und, für sich selbst betrachtet, ohne Vergleich weit höher zu schätzen als alles, was durch ihn zugunsten irgend einer Neigung, ja wenn man will, der Summe aller Neigungen nur immer zustande gebracht werden könnte"[6].

Der gute Wille, wie Gadamer ihn versteht, entspricht nicht „dieser Idee von dem absoluten Werthe des bloßen Willens"[6].

Damit ist aber auch nicht gesagt, daß Derrida Gadamer *nur* mißverstanden hat. Seine Fragen an Gadamer mögen zwar weitgehend „ungerecht" sein — Philippe Lacoue-Labarthe hat hinsichtlich von Adornos Heidegger-Kritik in *Parataxis* jüngst daran erinnert, daß Ungerechtigkeit (Ent-stellung) zur Natur einer Polemik zwischen authentischen Denkern gehört[7] — sie fordern uns auch heraus, den Schritt (und vielleicht auch den Schnitt) zu wagen, den Derrida in der Einseitigkeit seines Fragens nicht machen will, und zwar sicher weniger, weil er in der privaten Enttäuschung Selbstbestätigung erfahre, wie Gadamer meint, als deshalb, weil Derrida genau

---

[5] Der Text, auf den sich Derrida in seinen Fragen an Gadamer bezieht, ist selbstverständlich der erste Abschnitt der *Grundlegung zur Metaphysik der Sitten* (Übergang von der gemeinen sittlichen Vernunfterkenntnis zur philosophischen), wo es heißt: „Es ist überall nichts in der Welt, ja überhaupt auch außer derselben zu denken möglich, was ohne Einschränkung für gut könnte gehalten werden, als allein ein guter Wille. Verstand, Witz, Urtheilskraft und wie die Talente des Geistes sonst heißen mögen, oder Muth, Entschlossenheit, Beharrlichkeit im Vorsatze als Eigenschaften des Temperaments sind ohne Zweifel in mancher Absicht gut und wünschenswerth; aber sie können auch äußerst böse und schädlich werden, wenn der Wille, der von diesen Naturgaben Gebrauch machen soll und dessen eigenthümliche Beschaffenheit darum Charakter heißt, nicht gut ist ..." (Kants Werke, Akademie Textausgabe, Band IV, S. 393).

[6] A. a. O. S. 394.

[7] „Comme tout texte qui s'inscrit en contre — comme tout texte polémique d'un penseur authentique — il (Adornos *Parataxis*, Ph. F.) est profondément injuste" (in: *Hölderlin. Hymnes, élégies et autres poèmes*, suivi de *Parataxe* par Th. W. Adorno. Introduction, chronologie, bibliographie et notes par Philippe Lacoue-Labarthe, Flammarion, Paris 1983, S. 16).

weiß, was es kostet und wie aussichtslos es ist, mit den Waffen und im Lager des anderen kämpfen zu wollen. So ist auch sein Fragen ein strategischer Randgang, wobei nicht zu übersehen ist, daß der Randgang — wir kommen noch darauf zurück — zwar ein Daneben-Sein impliziert, aber zugleich auch ein Dabei-Sein.

So ist es also doch notwendig, von Gadamers Verständnis des guten Willens ausgehend auf seine Derrida-Kritik einzugehen. Sicher hat Gadamer sowohl in der Vortrags- wie in der Druckfassung von *Text und Interpretation* offensichtlich Derridas Positionen im Auge gehabt, und seine Kritik am Gebrauch des Wortspiels gilt eindeutig Derridas Schreibpraxis. Aber auch hier kann kein echter Dialog zustande kommen, weil — und es ist zu erwägen, ob man hier nicht an die Grundproblematik rührt — die Gründe, die Gadamer gegen das Wortspiel ins Feld führt, genau die Gründe sein dürften, aus denen das Wortspiel für Derrida zur unverzichtbaren Motivation seines Schreibens wird: Weil im Wortspiel und dessen unabsehbaren, nie ganz kontrollierbaren Konsequenzen sichtbar wird, daß kein Bewußtsein, keine Vernunft, kein *logos* über die Sprache so verfügt, daß sie als Text im (guten) Willen zur Macht des hermeneutischen Regelapparats aufgehen kann, ja, daß sie den Schreibenden (ob Schriftsteller oder Interpret) immer schon hinterrücks (hinter seinem Rücken) überspielt oder — das Bild macht Sinn — übertrumpft. In diesem umgekehrten Verhältnis aber wird auch deutlich, wie sehr Gadamer und Derrida, „Metaphysik" und Derrida aufeinander bezogen sind: Wäre dies nicht der Fall, so könnte nicht einmal ein Konflikt oder eine Gegnerschaft zwischen beiden ent- und bestehen.

Andrerseits beruft sich Gadamer in der Tat zu oft auf die „Erfahrung, die wir alle kennen", als daß man nicht auf seine Praxis des guten Willens eingehen möchte. Dies versuchen wir hier ebenfalls an dem Beispiel, das bereits herangezogen wurde: das Wortspiel. Zwar läßt sich damit Gadamer auf Derridas Stärke ein, doch weniger mit dem Ergebnis, daß dessen „Aussage etwas Einleuchtendes bekommt" als vielmehr mit dem Resultat, daß Derridas Praxis des Wortspiels implizit von vornherein zurückgewiesen wird, so daß nur die hermeneutische Perspektive, die dem Spiel mit dem Wortspiel apriorisch hermeneutische Grenzen setzt, Selbstbestätigung erfährt. Denn um dem Wortspiel das „Aufsprengen der Einheit der Rede" (S. 49) unterstellen zu können, muß man eben diese Einheit der Rede vorausgesetzt haben — d. h. aber auch die vereinheitlichende Macht eines Bewußtseins: Gerade hier aber sollte die Konfrontation mit Derrida einsetzen.

Dies läßt sich doppelt begründen. Erstens ist auch der gute Wille — wie Gadamer selbst in anderem Zusammenhang betont — immer schon durch die Erfahrung begrenzt und gehemmt, daß „die vielfältig durchgeführte eigene Perspektive sich immer wieder durchsetzen (will)"[8]. Um es hier grob zu formulieren: Die Hermeneutik des guten Willens integriert nicht wirklich die Voraussetzung eines jeden Sprechaktes, daß es ein latentes Interesse gibt, das jede Rede mitbestimmt. Aus diesem Grund fällt auch Gadamers guter Wille unter „die idealistische Voraussetzung, daß das sprachlich artikulierte Bewußtsein das materielle Sein der Lebenspraxis bestimmt" (Habermas).[9]

Dies kann um so mehr überraschen, als gerade Gadamers Hermeneutik die Vorurteilhaftigkeit des Verstehens gegen das aufklärerisch-wissenschaftliche Ideal zu Recht wieder in den Vordergrund gestellt hat[10]; doch gerade das Problem der notwendigen Unterscheidung zwischen guten (produktiven) und schlechten (verständnishemmenden) Vorurteilen läßt sie, wie oft betont wurde, ungelöst. So kommt es hier weniger auf die Frage an, wie die Hermeneutik diese Aporie überwinden könnte, als vielmehr auf die Frage, warum das Problem im Rahmen der klassischen Hermeneutik ungelöst bleiben muß. So zeugt auch die Antwort, die Jean Greisch in seinem Beitrag *Der Streit der Universalitäten* versucht, von diesem Unvermögen; für ihn falle nämlich diese Frage „außerhalb des Bereichs einer philosophischen Hermeneutik" (S. 121). Demgegenüber soll man aber mit Nachdruck daran erinnern, daß es der Grund und Boden der Hermeneutik ist, daß das Verstehen (und die Probleme seiner Vorurteilhaftigkeit) eben nicht einfach Sache einer philosophischen Tätigkeit ist, sondern im Sinne von Heidegger (vgl. insbesondere *Sein und Zeit*, § 31 und 37) „existenziales Sein" und Hermeneutik „Phänomenologie des Daseins" sind. Auf diese unverzichtbare Voraussetzung der Hermeneutik bezieht sich ja auch Gadamer unmißverständlich im einleitenden Teil seines Beitrages, wenn er das Verstehen eine „kategoriale Grundbestimmung des menschlichen Daseins" (S. 25) nennt. So ist in diesem Punkt auch Habermas' kritische

---

[8] Hans-Georg Gadamer, *Wahrheit und Methode*, Vorwort zur zweiten Auflage, ³1972, XV. Gadamer verkennt keineswegs die verzerrende Macht von lenkenden Interessen, aber charakteristischerweise nagelt er sie aufs Politische fest und „regionalisiert" sie noch stärker dadurch, daß er deren Aufdeckung einzig und allein der Ideologiekritik überläßt (die selbst dadurch auch reduziert wird). Nur so kann Gadamer m. E. dem „guten Willen" die ihm zugesprochene Rolle anerkennen, weil dieser von sich aus keinen Einfluß auf solche „dahinter liegenden Interessen" (S. 44) auszuüben vermag. Aber gerade weil der gute Wille nicht die Unbedingtheit von Kants Terminus hat, fällt auch er ihnen daheim. Er ist ohne Einfluß auf sie, weil er von deren Nicht-Berücksichtigung lebt, was gleichwohl heißt: von deren Macht hinterrücks durchdrungen ist.
[9] In: *Hermeneutik und Ideologiekritik*, Suhrkamp Verlag ²1980, S. 54.
[10] Vgl. vor allem *Wahrheit und Methode*, S. 250–275.

Bemerkung, daß Gadamer „die Einsicht in die Vorurteilsstruktur des Verstehens zu einer Rehabilitierung des Vorurteils als solchem" umwende[11], insofern noch unzulänglich, als die Unterscheidung zwischen guten und schlechten Vorurteilen in einer ersten Phase nicht ohne eine solche Anerkennung einhergeht. Anerkennung meint aber hier Rehabilitierung erst in einer zweiten Phase, nämlich wenn gezeigt werden kann, daß die Kriterien, die Gadamer in der Unterscheidung einsetzt, selbst auf Vorurteilen beruhen, die er undurchschaut hinterläßt, d. h. verdrängt und ausschließt. Damit wäre zugleich der Universalitätsanspruch der Hermeneutik wirklich in Frage gestellt, weil eine Universalität, die sich auf eine Gebärde des Ausschlußes gründet und sich damit auch nur aus sich selbst erneuern kann, eine regionale, im Systemdenken verharrende Universalität bleiben muß.

In solchem Zusammenhang ist es nur zu konsequent, daß Jean Greisch in seinem *Streit der Universalitäten* den Versuch unternimmt, einer spezifisch hermeneutischen Universalität nachzuspüren als der Universalität einer Fragestellung, „die alle übrigen menschlichen Verhaltensweisen, der Wissenschaft mit einbegriffen, unterfängt" (S. 122). Da überzeugen vor allem seine Gedanken zur Unterscheidung zwischen Hermeneutik und hegelscher Dialektik (weil Gadamers sogenannter Hegelianismus immer wieder als hermeneutische Defizienz hingestellt wird) sowie seine abschließende Besinnung auf das Levinassche Verständnis des „tragenden Einverständnisses", aus dem heraus (eben so wie bei Frank, aber aus einer ganz anderen Perspektive) sich eine hermeneutische Brücke zur Frage nach dem Subjekt schlagen läßt. In seiner Darstellung der Eigenart der hermeneutischen Universalität stößt aber Greisch auf Grenzen, die offensichtlich durch die Selbstbezogenheit der Hermeneutik gesetzt sind. Zwar wird man mit ihm betonen, daß die hermeneutische Universalität auf der Voraussetzungshaftigkeit allen Verstehens und damit auch auf der Vorgegebenheit der Sprache beruht; und hier ist man sogar Greisch dankbar, daß er wiederholt daran erinnert, daß gerade für die Hermeneutik der „absolute Anfang" (S. 119) eine Absurdität ist, weil es ihn „nur für ein sprachloses Wesen" gäbe (S. 123). Aber im Soge der klassischen Hermeneutik identifiziert Greisch die Sprachlichkeit mit deren Vernunftgebrauch, und wie bei Gadamer bleibt für ihn die Universalität des hermeneutischen Bewußtseins, bei aller Betonung des Vorrangs des Seins vor dem Bewußtsein, eine Universalität der Vernunft. Damit verharrt er in einem Denken, für welches der *logos* im Grunde immer nur als in der

---

[11] Jürgen Habermas, *Zur Logik der Sozialwissenschaften*. Materialien (ed. suhrkamp 481), Frankfurt 1970, S. 283.

Vernunft begründetes Wort erscheint; so läßt sich auch hier die Kritik erhalten, daß das hermeneutische Verstehen nicht ein wirklich aktives, also auch transformierendes Interpretieren ist, sondern ein Vorgehen, in dem der (eigene) Ursprung immer wieder re-aktiviert wird.

So muß wohl die Universalität der Hermeneutik — oder besser eine andere, wahrhaft allgemeine Hermeneutik — von einer stärkeren Position her gedacht werden als der Hermeneutik selbst. Eine solche These artikuliert François Laruelle[12] in seinem bereits erwähnten Beitrag *Anti-Hermes;* in diesem kritischen Versuch geht es ihm um die nicht konträre These, daß die „Hermeneutik weniger überholt (ist) als diejenigen, die sie dafür halten" (S. 92), daß aber „das Wesen der hermeneutischen Wahrheit selbst nicht hermeneutisch (ist)" (S. 81). So führt er eine anderweitige Auffassung von der Wahrheit aus, die sich als die Logik des *„Nicht-Interpretierbaren"* erfassen läßt, wobei das *Nicht* des Nicht-Interpretierbaren in seiner „vollen Positivität" gedacht werden muß, was die klassische Hermeneutik nicht vermöge. Die andere Pointe der ambitionierten Studie von Laruelle liegt aber in der Perspektive der hier gesuchten Debatte darin, daß Laruelle auch Derridas Dekonstruktion in seine Kritik am Wahrheitsbegriff der Hermeneutik einbezieht: Er würdigt zwar den Unterschied, daß Derrida den Signifikanten in seine Arbeit am Text integriere, während die Hermeneutik ihn ausschließe, sieht aber darin nur einen empirischen Unterschied, der die *Nähe* zwischen beiden Richtungen eigentlich nur unterstreiche — und diese Nähe sei in dem beiderseitigen Festhalten von Hermeneutik und Dekonstruktion an der zirkulären Struktur der Wahrheit vorgegeben. Demgegenüber schlägt Laruelle eine eigene Position vor, die eine wirklich allgemeine Hermeneutik ins Auge faßt. Diese allgemeine und damit wirklich universale Hermeneutik setzt eine *unäre Logik* ein, wobei eigens zu betonen ist, daß die Unarität wesenmäßig verlangt, daß man sie einzig von sich her denkt. Mit anderen Worten: Sie darf nicht vorschnell mit der metaphysischen Forderung nach Einheit verwechselt werden, die ja immer auch von den subsumierten Teilen her verstanden wird; der Hinweis ist wichtig, um das Denken von Laruelle, das im deutschsprachigen Raum so gut wie unbekannt ist, vor der Versuchung zu bewahren, es auf Bekanntes zu reduzieren und zum Beispiel voreilig auf die Seite des Neuplatonismus zu verschlagen und festzunageln.

---

[12] Dieser Philosoph aus der Generation Derridas hat schon eine beachtliche Buchproduktion hinter sich (siehe Bibliographie), wird aber hier erstmalig dem deutschen Publikum in deutscher Sprache zugänglich gemacht. Aus diesem Grund gilt den Übersetzern die dankende Anerkennung des Herausgebers, auch wenn eine Übersetzung unter solchen Umständen später als eine Vorarbeit erscheint — gerade dadurch war sie unerläßlich.

Die Erkenntnis, daß die Differenzen zwischen Gadamer und Derrida zugleich auch auf eine Nachbarschaft abheben — wovon die Gewalt, mit der sie sich voneinander fernhalten wollen, auf ihre Weise zeugen mag, — sollte aber nicht zur Aufstellung undifferenzierter geistiger Patchworkstrategien berechtigen: Ganz im Gegenteil bringt sie vielmehr die Notwendigkeit mit sich, die bestehenden Differenzen und latenten Konfliktmöglichkeiten möglichst genau aufzudecken und nachzuzeichnen. Eine weitere Gelegenheit, die zugleich Bestätigung des über den guten Willen bisher Gesagten ist, bietet sich mit dem jeweils divergierenden Verständnis des Bruchs, der *Ruptur* an.

Es ist an anderem Ort bereits betont worden, daß das Pathos der Ruptur, des Schnittes *(coupure)*, das Derrida eigen ist, nicht nur die Anerkennung dessen voraussetzt, womit gebrochen wird, sondern auch daß dieses in der Gegnerschaft Anerkannte die Formen der Dekonstruktion gleichsam von innen her mitgestaltet. Die Gegenüberstellung mit Gadamer zeigt aber auch mit aller Deutlichkeit, wie naiv es wäre, darin einen Konsens sehen zu wollen. Etwas vereinfacht, d. h. auch überspitzt formuliert: Setzt der Bruch in allen Fällen eine Kontinuität voraus — wie Gadamer beim Pariser Kolloquium gegen Derrida geltend machte — so läßt sich auch erkennen, daß der Bruch bei Derrida die Kontinuitäts„linie" aufspaltet und ins Unendliche vervielfacht, während er bei Gadamer ganz im Gegenteil die Linie (Einheit, Verständigung u. a.) von ihrem Anderen abschneidet und paradoxerweise zur Bestätigung, ja zur Verstärkung und Vertiefung der Kontinuitätsthese führt. Das Paradox stumpft sich aber ab, sobald man die latenten lenkenden Interessen des hermeneutischen Diskurses ins Bewußtsein hebt; geradezu handgreiflich wird das dort, wo Gadamer seine Auffassung von dem Bruch am *Gegen*beispiel der Psychoanalyse expliziert.[13] Zunächst reduziert er das psychoanalytische Verfahren auf seine therapeutische Funktion — was keineswegs selbstverständlich ist — und zwar natürlich auch nicht aus Ignoranz, sondern weil es die anthropologischen Voraussetzungen des hermeneutischen Denkens so wollen. Die erste Konsequenz ist, daß Psychoanalyse so zu einer Suche nach dem „wahren Sinn" wird, die durch den Bruch des Verständigungsgeschehens motiviert sei, den man Neurose nenne. Die zweite Konsequenz ist nun, daß Gadamers Auffassung von dem Bruch immer nur darauf angelegt ist,

---

[13] Gadamer hat in der Tat gute Gründe, sich in diesem Punkt von Derrida mißverstanden gefühlt zu haben. Der Zuhörer von Gadamers Vortrag in Paris sieht eine mögliche teilweise Erklärung darin, daß Gadamer immer nur aus der eigenen Perspektive heraus auf Psychoanalytisches eingegangen ist, was der Zuhörer, dem Gadamers Position zu diesem Thema nicht bereits im voraus bekannt war, voreilig als Integrationsversuch umgedeutet haben mag.

das Ideal des ununterbrochenen Verständigungsflußes zu verstärken. So erklärt sich seine doppelte Gebärde: Die „literarästhetische Interpretation" wird einerseits vor der Infragestellung durch eine psychoanalytisch orientierte Interpretation, die als „ganz andersartige Interpretation" (S. 44) abgestempelt wird, bewahrt, andererseits aber soll auch das psychoanalytische Verfahren zur Wiederherstellung des gestörten Verständigungsgeschehens führen, so daß dessen Ideal in allen Fällen, oder besser gesagt: apriorisch aufrechterhalten wird. In dieser Perspektive ist Gadamer konsequent, wenn er behauptet, die so verstandene Psychoanalyse partout nicht in seine allgemeine Hermeneutik integrieren zu wollen; er darf aber dabei keineswegs behaupten, daß er „im Punkte Ruptur mit Derrida übereinstimme" (S. 60). Für Derrida (dessen Mißverstehen von Gadamers Position wohl zum Teil auch darauf zurückzuführen ist, daß er ihn in diesem Punkt allzusehr auf die Seite Ricœurs verschlagen haben dürfte) bedeutet nämlich nicht „die" Psychoanalyse „an sich" einen Bruch, sondern der Bruch muß selbst durch „die" Psychoanalyse hindurch praktiziert werden, sie selbst aufspalten und dekonstruieren, soweit sie selbst mit metaphysischen Philosophemen wie „Einheit", „Grund", „Verständigung", „Gemeintes" usf. nicht fertig werden kann, weil solche Philosopheme die psychoanalytische Reflexion noch vorausbestimmen. Auf jeden Fall wird auch hier deutlich, wie der gute Wille, den anderen zu verstehen, an dem Gadamer sicherlich nicht fehlt, immer wieder der Versuchung anheimzufallen bedroht ist, den anderen auf die eigene Position festzulegen und die Scheinverständigung, die daraus entsteht, zum eigentlichen Verständigungsgrund zu machen; der gute Wille macht nicht gegen die psychischen Mächte immun, die jedes Verstehen bzw. Nicht-Verstehen mitsteuern: Er schließt sie nur aus.

An dieser Stelle kann man auf weiterführende Analysen von Samuel Weber hinweisen, die unsere Frage nach dem Verhältnis von Text und Interpretation zu erneuter Entfaltung bringen können. Denn auch wenn Gadamer mit der Psychoanalyse in besagter Form bricht, ließe sich durchaus zeigen, daß auch er Sinn als „Darstellung" und Text als „Raum" versteht oder wahr-nimmt. Dazu Samuel Weber, als Programm zu durchdenken:

„Deutung als die Enthüllung eines (dargestellten) Sinnes unterstellt einen Raum, der homogen und kontinuierlich ist, aufteilbar in Vorder- und Hintergrund, Schale und Kern, Oberfläche und Tiefe, Oben und Unten, einen Raum also, der sowohl die Beschaffenheit und Geschlossenheit des Traumes wie auch dessen Abstand vom Subjekt (ihm gegenüber) gewährleistet. Diese Raumauffassung, so plausibel sie uns erscheinen mag − sie ist ja diejenige, die wir täglich unserer visuellen Erfahrung, unserer ‚Wahrnehmung' zugrundelegen − ist keinesfalls die, die sich aus Freuds Beschreibung unseres unbewußten Denkens ergibt. (Man hat sich vielleicht nicht genug gefragt, wieso Freud nach anfänglichem Schwanken die Rede vom ‚Unterbewußtsein', die jener kontinuierlich-homogenen Raumkonzeption verpflichtet ist, zugunsten der des Unbewußten fallengelassen hat). Eine aufmerksame Lektüre der Traumdeutung — aufmerksam in dem Sinne, daß sie ebensosehr auf die Beziehungen zwischen den einzelnen Aussagen achtet als auf diese für sich genommen — würde zeigen, wie wenig homogen, wie wenig anschaulich der Raum sich gestaltet, worin der Traum seinen Platz findet. Sie würde sogar zeigen, daß der Traum seinen Platz nie ganz findet, gerade weil er Entstellung und nicht Darstellung ist (...). Der Raum des Traumes, sein ‚innerer' nicht weniger als der psychische, ‚in' dem er erscheint, ist demzufolge kein luftleerer, sondern von vornherein mit konfligierenden Kräften und Tendenzen durchzogen, die auch vor dem Deuter nicht haltmachen (...)"[14].

Die Einheit und Kontinuitätsthese beruht bei Gadamer auch auf einem weiteren Postulat, das Derrida als Phonozentrismus bekämpft: Es ist die Vorrangstellung der Stimme bis in jede Form der ‚Texierung' hinein (vgl. S. 46). Das Ideal des vorgetragenen Textes, das im Grunde das Ideal des sich selbst aussprechenden Textes ist, schließt die Teilbarkeit des Signifikanten aus, und so kann Gadamer das „Buchstabieren" mit überlegener Gebärde als die Unfähigkeit zum Lesen abweisen (S. 51). Dies hängt mit seiner Auffassung von der Interpretation zusammen, die aufgrund der anthropologischen Voraussetzungen der Hermeneutik bis zu einem gewissen Grade vor dem Text privilegiert wird: Interpretation ist die wahre „Gegebenheit", weil der „Text nur von der Interpretation aus als das eigentliche Gegebene" erscheine (S. 34). So sei der Text ein „hermeneutischer Begriff" (S. 35), nicht „End-, sondern Zwischenprodukt", und dies gelte in eminenter Weise für die „literarischen Texte", weil diese „immer erst im Zurückkommen auf sie eigentlich da" sind (S. 46). So läßt sich sagen, daß für Gadamer der „auf dem Wege zur Schriftlichkeit" befindliche literarische Text immer auch zugleich auf dem Wege zum Gestimmtsein mit sich selbst in der Stimme und im „inneren Ohr" des Interpreten ist (man kann sich allerdings fragen, ob die wiederholte Berufung Gadamers auf die Instanz des „inneren Ohres" nicht auch ein Verlegenheitsargument ist)[15]. Eine solche Auffassung schließt selbstverständlich das „Lesen mit dem Seziermesser" aus (wie Derrida einmal formulierte), das Gadamer Buchstabieren nennen müßte, das andrerseits aber die Berücksichtigung von Textmerkmalen ermöglicht, die sich der Stimme und dem Gehör entziehen (daher Derridas Vorliebe für das Anagramm, auch für die anagrammatische Begriffsbildung: *trace/écart* und neuerdings auch *carte*).

---

[14] Samuel Weber, *tertium datur*, in: Friedrich A. Kittler (Hrsg.), Austreibung des Geistes aus den Geisteswissenschaften, UTB 1054, Schöningh Verlag, Paderborn 1980, S. 206 f.

[15] Was hier z. B. aufgrund einer genauen Analyse von Gadamers Schlußbeispiel gezeigt werden könnte.

Diese wesentliche und m. E. wohl unüberbrückbare Differenz darf demnach nicht übersprungen werden, wenn man andrerseits einen erneuten Versuch der Annäherung unternimmt (im Grunde nichts anderes als eine Wiederholung in concreto der These von der Differenz in der Nähe, wie sie Laruelle vertritt). Denn die klassische These, daß es den Text ohne dessen Interpretation nicht gibt, wird auch von Gadamer nicht in solcher Allgemeinheit vertreten. Auch er sieht, daß der Text vor-schreibt (wenn er dies gleichwohl auf den sogenannten literarischen Text beschränkt, was in seinen Augen jedoch keine Beschränkung ist, weil für ihn nur der literarische Text ein Text ist, wie seine Typologie, die den *„eminenten* [literarischen] Text" von dem *Anti-,* dem *Prä-* und dem *Pseudo*text unterscheidet, unmißverständlich zeigt). So ist der Text auch für Gadamer immer „Vorschrift", weil er „allem neuen Sprechenlassen des Textes bevorsteht" (S. 46) – und gerade deshalb ist der Text für Gadamer auch immer Vor-Schrift, darin stimmt er aber nicht mehr mit Derrida überein.

Mit Ausnahme dieses letzten Punktes läßt sich vielleicht die gemeinsame Position folgendermaßen beschreiben: In der Betonung des Textes als Vorgegebenheit ist das *Vor-* immer auch eine zurückhaltende *(vorschreibende)* Kraft, die den Text vor der Beliebigkeit der Interpretation bewahren soll, eine Rücknahme und Berücksichtigung des Gegebenen, die aber mehr abgibt als jede annektierende Interpretation, so daß der Text in einem erneuerten Sinne, der *alle* konfligierenden Kräfte des Wortes zusammenspielen läßt, eine *Leih-Gabe* genannt werden kann.

So läßt sich ein Textverständnis denken, in dem allein solche Widerstandskraft das Vorgegebene erst zum „Text" macht, und das auch Interpretationspraktiken, die den hermeneutischen Diskurs zugleich irritieren und überschreiten (um die Doppeldeutigkeit des französischen Verbs *excéder* einzufangen), nicht nur toleriert, sondern als konstitutiv hinstellt. Ein solches Verständnis legt Roland Barthes einmal in einem kaum berücksichtigten Diskussionsbeitrag nahe[16], der sich hier zum weiteren Vordringen in die Problematik empfiehlt. Da heißt es im wesentlichen, daß sogenannte Texte, die eine vollständige Aussage intendieren oder postulieren *(donner l'impression de tout dire)* — und das heißt wohl Texte, deren „Sinn" sich mit der Sinnintention des Autors decken sollte, wie zum Beispiel in der Propaganda — gerade als Text *nicht* in Frage kämen. Text ist im Bartheschen Sinne demnach die Schriftlichkeit, die sich nicht als

---

[16] In: *Prétexte: Roland Barthes. Colloque de Cerisy,* Collection 10/18, Union générale d'éditions, Paris 1978. Von diesen Texten liegt m. W. keine deutsche Übersetzung vor, so daß es statt des einfachen Zitierens im Original angemessener erschien, den Wortlaut zunächst deutsch zu paraphrasieren und dann in Klammern die entscheidenden Stellen französisch zu zitieren. Sämtliche Zitate S. 21–28.

vollständige Aussage vorstellt, aber auch nicht als Aussage über etwas *(elle n'est pas de l'ordre du ‚dire quelque chose', elle n'est pas de l'ordre du message)*. Um sein Textverständnis hier herauszustellen, greift Barthes an dieser Stelle zur *écriture* (die ja bekanntlich kein ‚Begriff' ist, sondern ein Thema und eine Praxis zugleich). Und so läßt sich der Text in diesem Sinne kaum noch begrifflich definieren, denn *écriture* sagt weder nichts noch etwas oder alles aus *(l'écriture ne dit pas rien, elle ne dit pas quelque chose et elle ne dit pas tout)*. Das Forschungsfeld, das damit erschlossen sei, nennt Barthes ein vorerst unmögliches *(provisoirement impossible)*, und er entschließt sich zur Notaussage, Text bzw. écriture gehöre in die Richtung des Beinahe-etwas-Aussagen *(dire ‚presque quelque chose')*, wobei dieses ‚beinahe etwas' nicht paraphrastisch als ‚nicht ganz so wie . . .' zu verstehen, sondern in seiner vollen Positivität zu würdigen sei, was voraussetze, daß es in keiner wie immer auch gearteten Ästhetik aufgeht. Gegen die phonozentrische Ästhetik betont Barthes, daß es keine écriture ohne Verlust *(perte)* gibt, da sie doch gerade die Praxis des Verlustes sei — und hier muß man offenbar an Derridas restlose Verausgabung *(dépense sans réserve)* denken, ein anderes Wort für die Dissemination.[17]

Ferner ist es für den hier vorgegebenen Zusammenhang von höchster Bedeutung, daß Barthes sich auf Nietzsche beruft, um diesem neuartigen Denken von Text Bahn zu brechen *(ça entraîne vers une épistémologie tout à fait nouvelle, qui se cherche peut-être à partir de régions plutôt nietzschéennes: une sémiologie ou une textologie, si on peut dire, des intensités, le ‚presque' renvoyant à un différentiel d'intensités et non pas à un différentiel de messages)*. Es muß also für ihn wie für jede an Nietzsche orientierte Denkweise in Nietzsches Text eine ‚Kraft' am Werk sein, die für alle klassischen Auffassungen einen Sprengsatz darstellt. Gerade diese Frage steht im Hintergrund der Debatte, auf die sich Gadamer, Derrida und Laruelle im vorliegenden Band einlassen. Diese Debatte geht von Heideggers Nietzsche-Lektüre aus, deren jeweilige kritische Würdigung den jeweiligen Standpunkt artikuliert. Hier sei zunächst ergänzend mit Nachdruck auf die zwei Studien von Philippe Lacoue-Labarthe *Nietzsche apocryphe* und

---

[17] Die Herausforderung, die der „Begriff" und die Praxis der „Dissemination" gerade für die deutsche Existentialhermeneutik darstellt, wird im deutschen Wort erst recht deutlich, das aufgrund seiner negativen Bedeutung („Aussaat von Krankheitserregern im Körper / Verbreitung einer Seuche", so Wahrig) die platonische Pharmakon-Problematik von sich aus aktualisiert. Zur Verunglimpfung der Schrift im phonologozentrischen Denken siehe Platons *Phaidros* und Derridas dekonstruktive Analyse dieses Textes in: *La Pharmacie de Platon (La dissémination,* Seuil, Paris 1972, S. 69–197). Auch von diesem Text liegt m. W. noch keine deutsche Übersetzung vor.

L'oblitération verwiesen[18], die dieser Problematik genau nachgehen und der Hypothese von Roland Barthes Glaubwürdigkeit verleihen (wenngleich Barthes' Nietzsche wesentlich auf Deleuze zurückzuführen ist, während die Bemühungen von Lacoue-Labarthe stark von Derridaschen Fragestellungen geprägt sind). Vor diesem Hintergrund unterscheidet Lacoue-Labarthe streng zwischen einer „heideggerschen Lesart" und einer „textuellen Lektüre" (S. 92). „Text" (der Philosophie) meint bei ihm etwas, das sich von dem „Diskurs" unterscheiden läßt (der hier Barthes' „Aussage" entsprechen dürfte). Gar nicht mehr als Raum, sondern lediglich als Intensität, als ‚Kraft' gedacht, erscheint hier der Text als der *Faktor,* der den Diskurs am Funktionieren verhindert, als das, wodurch sich der Diskurs aus-einander-setzt, sich selbst widersteht und „sich ver-endet": Mit diesem etwas befremdenden Neologismus, der einen anderen Neologismus übersetzt *(s'inachever)* und der weniger eine Äquivalenz darstellt (wenn es so etwas gibt) als einen angemessenen Exzeß, möchte ich auf einen weiteren Punkt hinweisen, der die radikale Differenz in der Nähe herausstellt: Schreibt doch dieses Wort den Tod *(verenden),* ja sogar vielleicht den Freitod in der Schriftlichkeit bzw. Textualität ein, so daß der Tod, der die Schrift immer schon angebrochen *(entamer)* hat, als konstitutive Voraussetzung für die restlose Verausgabung als textuelle Praxis erscheint — eine Perspektive, die sich nicht ohne Unverständnis beider Positionen mit Gadamers Auffassung des Interpretierens als (gleichwohl modulierender) Reaktivierung des Textsinnes im lebendigen Dialog mit der Überlieferung vereinen ließe.

Auf jeden Fall wird hier deutlich, worauf es zwischen Gadamer und Derrida in der Bezugnahme auf Heideggers Nietzsche-Interpretation ankommt (oder, was aber hier auf dasselbe hinausgeht, gerade *nicht* ankommt). Die vorliegende Einführung kann und soll nicht der Ort sein, wo die jeweiligen Thesen zu beschreiben bzw. diskutieren sind. Wohl aber lassen sich dem deutschen Leser einige Fäden als Lesehilfen in die Hand geben. So soll hier, mehr als die Thesen selbst, deren Wirkungszusammenhang knapp angedeutet werden.

Demnach soll Derridas Hauptbeitrag *Die Unterschriften interpretieren* hier — aus gegebenem Anlaß — lediglich unter dem Blickwinkel seiner Auseinandersetzung mit Gadamers Thesen und in Abhebung von der bisherigen Rezeption seines Werkes im deutschsprachigen Raum eingeführt werden, in der Michael Wetzel zu Recht eine weitgehend „desolate Situation"

---

[18] Philippe Lacoue-Labarthe, *Le sujet de la philosophie,* Aubier-Flammarion, Paris 1979, S. 75—184.

sieht.[19] Zwar mag dies an der immer noch ausbleibenden Übersetzung einiger entscheidender Texte liegen (auf den Fall der *Dissémination* wurde bereits hingewiesen), doch gibt es offenbar noch tiefgreifendere Gründe; oder wohl besser: Auch die objektiv feststellbare Tatsache der ausbleibenden Übersetzungen fällt selber einem tiefgreifenderen Grund anheim, der darin bestehen dürfte, daß Derridas De(nk)konstruktionen hierzulande fast ausschließlich von einer ungebrochenen metaphysischen ‚Linie' her rezipiert (nicht: gelesen) werden. So etwa, wenn man ihm die Gründung einer neuen „Fundamentalontologie" unterstellt (Hempfer), oder wenn man seine Gedanken zur Schrift in der universalisierenden Formel „Alles ist Schrift" einfangen zu können glaubt (Zimmerli). Und gerade hier wird deutlich, daß die gebrochene Rezeption von Derridas Schrifttum in der Bundesrepublik Deutschland, aufgrund deren er immer noch weitgehend als der „Theoretiker der Schrift" erscheint, der er in der *Grammatologie* (1967, deutsch 1974) ist, wie Michael Wetzel zu Recht betont, doch nur eine Teilerklärung sein kann; warnt doch Derrida schon in der *Grammatologie* (vgl. S. 32, Anm. 9 im französischen Text) vor einer derartigen Verabsolutierung der Schrift, und auch in *Positions* (1972, allerdings unübersetzt) betont er ausdrücklich, daß die Favorisierung des Signifikanten nur eine provisorische, unter dem Druck der Metaphysik entstandene Notwendigkeit ist.[20]

So empfiehlt sich, bei aller Skizzenhaftigkeit, gerade diese Aus-einandersetzung mit Heideggers „Nietzsche", um Derridas Bild im deutschsprachigen Sprachraum etwas schärfer einzustellen; zunächst weil Derrida hier an ein Unternehmen anknüpft, das er eben in der *Grammatologie* programmatisch als die Unaufschiebbarkeit einer Rettung Nietzsches vor einer Lektüre von heideggerianischem Gepräge vorstellt (*sauver Nietzsche d'une lecture de type heideggerien*, S. 32). Dann weil sich der deutsche Leser in diesem Zusammenhang auf einen bereits 1980 in deutscher Sprache erschienenen Text von Derrida beziehen kann, der die hier entworfene Problematik umgreifend vorbereitet (vgl. S. 63, Anm. 3). Dann auch, weil sich Derrida hier vor allem auf die Thematik des Namens konzentriert, die ihn seit Jahren beschäftigt, wovon u. a. die Dekonstruktion des ‚eigenen' ‚Eigen'namens in *Glas* (1974) zeugt — ein Buch, das ebenfalls unübersetzt geblieben ist, so daß der vorliegende Beitrag diese Lücke ansatzweise schließen könnte (denn, und dies ist eine echte Frage, läßt sich *Glas* ins Deutsche übersetzen?!).

---

[19] In einer Rezension von Derridas *Postkarte*, die in *Psyche. Zeitschrift für Psychoanalyse und ihre Anwendungen*, Klett-Cotta, Stuttgart 2/1984, erschienen ist.

[20] Andrerseits weiß man auch nur zu gut, wie der „Primat des Signifikanten" immer schon auch zur „Verabsolutierung der Stimme" umgedeutet werden kann.

Worum geht es hier, kurz gefaßt, im Namen des Namens? In Heideggers Nietzsche-Interpretation erkennt Derrida „das Fundament einer allgemeinen Lektüre abendländischer Metaphysik" (S. 62), was einer doppelten Gebärde entspricht: Indem er die Metaphysik dekonstruktiv liest, zeigt Derrida auch, was — das heißt hier von welchen Ausschlüssen her — die Metaphysik in ihrer Lektüre an Voraussetzungen einsetzt. So wird auch die Grundambivalenz von Heideggers Versuch sichtbar, der in seiner Voraussetzung metaphysisch durchdrungen bleibt, wo es ihm doch darauf ankommt, Nietzsche als den letzten Metaphysiker zu beglaubigen. Denn Heidegger identifiziert den Namen „Nietzsche" mit der vorausgesetzten Einheit eines Denkens, von der her der Name seine Einheit erst erhalte (am Werk ist also hier wieder der metaphysisch bedingte Primat des Gedachten, des Signifikats, das in sich nur einheitlich sein könne und das diese Einheit auf den Signifikanten festnagelt, diesen vor der „Gefahr der Dissemination" bewahrend).

Gegen diese These verweist Derrida auf Nietzsches Praxis der Vervielfältigung der Masken, Namen und Unterschriften, auf die immer schon vollzogene „Zerstückelung" des Namens — ein Geschick, das Derrida auf den Signifikanten überhaupt bezieht. Und in der Analyse eines verstümmelten Nietzsche-Zitats, das Heidegger als Motto einsetzt, zeigt er wiederholt, wie sehr sich diese Lektüre einer Axiomatik verdankt, die in diesem Punkt darum bemüht ist, eine biologische Interpretation zu erschweren, die den selbstabgesteckten Rahmen der Metaphysik sprengen müßte. An dieser Stelle wird die Durchkreuzung von Gadamers gutem Willen deutlich. Und es wird schließlich vollends klar, daß *dieser* Text auch Derridas eigentliche Adresse an Gadamer darstellt.[21] Vielleicht ist es für den Leser ein weiterführender Wink, wenn hier auf eine Aussage Gadamers in einem Gespräch mit dem Herausgeber verwiesen wird, das kurz vor dem Pariser Kolloquium erschien. Ich zitiere die Stelle, wo Gadamer Heideggers *Nietzsche* würdigt: „(. . .) s'il y a un travail d'interprétation de Heidegger qui me paraît inattaquable, c'est bien celui-là. La manière dont il a montré l'unité de la volonté de puissance et de l'éternel retour est un acquis incontestable (. . .). C'est sans doute ce qu'il a fait de mieux dans ce domaine, avec sa lecture d'Aristote"[22]. (Ich übersetze nach der Bandaufnahme: „Die einzige Interpretation Heideggers, die ich für vollkommen

---

[21] Im französischen Original weist Derrida auf die Zusammengehörigkeit beider Beiträge durch die Pluralform des Haupttitels hin: *Bonnes volontés de puissance*. Da dieser Plural im Deutschen jedoch entweder verschwinden muß oder aber nur durch umständliche Formulierungen annähernd einzulösen ist, hat sich der Herausgeber für die hier vorliegende Notlösung entschieden.
[22] In: *Le Monde Dimanche* vom 19. April 1981.

angemessen halte, ist gerade sein Nietzsche. Nichts hat mir an Heidegger nach seiner Aufschlüsselung des Aristoteles so imponiert, wie die Weise, wie er Nietzsche zu einer einheitlichen Denkfigur entwickelt hat. Wie dort der Wille zur Macht und die Lehre von der ewigen Wiederkunft innerlich zusammengedacht sind, halte ich in der Tat für angemessen"). Es ist ganz klar, daß Derrida diese Aussage Gadamers stets im Auge hat, wenn er Heideggers Axiomatik der Einheit (des Denkens) kritisch nachspürt, und das gilt nicht weniger für den zweiten Teil von Derridas Text, wo er ansatzweise – aber auch nur ansatzweise – zeigt, inwiefern die Ewige Wiederkehr für ihn kein Denken der Ganzheit ist, während Heidegger sie ausschließlich *als* Ganzheit vorstellt.

Da sich der Beitrag von Manfred Frank, ausgehend von der Frage nach den *Grenzen der Beherrschbarkeit der Sprache,* einerseits ausdrücklich als eine Vorarbeit zu einer noch entfernt liegenden „überschaubaren Theorie des eigentlichen Gesprächs" vorstellt (S. 210), andererseits mit dem Gedanken Ernst macht, daß es zum Gelingen eines Gesprächs eines Vorverständigungsgrundes nicht bedarf, reflektiert er auch insofern die Perspektive des vorliegenden Bandes gleichsam en abyme, als er über dessen gegebenen Rahmen hinausweist – kurz gefaßt: Er reinterpretiert die hier in Gang gesetzte Auseinandersetzung und ist deshalb besonders geeignet, das Buch zu einem (durchaus fiktiven) Abschluß zu bringen.[23] Diesen vielfältig anregenden Beitrag müssen wir hier in seiner Thesenhaftigkeit auf einige Schwerpunkte reduzieren, die dessen Produktivität bezeugen.

Frank stellt sicher eine gewagte These auf, wenn er von dem Code-Modell als dem Minimalkonsens der herrschenden Sprachphilosophien verschiedenster Schattierung ausgeht, denen es unter (impliziter) Berufung auf das Code-Modell darum gehe, „den Verlust einer in Vernunftbegriffen durchgängig ausgelegten Welt" (S. 186) auszugleichen. Aber der exemplarischen Durchführung der These kann man sich nur anschließen, zumal die stark resümierende Tendenz den Effekt einer Lupenphotographie hat. So zum Beispiel, wenn Frank die unaufhebbare Zweideutigkeit von Gadamers hermeneutischem Entwurf am Begriff der *Horizontverschmelzung* herausstellt, aufgrund deren der hermeneutische Dialog mit Lacans „leerer Rede" *(parole vide)* in Berührung gesetzt wird, wobei er als spekulativen Monolog erscheint. Weil bei Gadamer das Individuum ohne Autonomie gegenüber dem „Überlieferungsgeschehen" ist (das Frank aus diesem Grund einmal

---

[23] Aus verständlichen Gründen verzichtet hier der Herausgeber auf die Vorstellung des eigenen Beitrags: Hat er doch die Motivationen, die dieser Studie zugrunde liegen, im Wortlaut der vorliegenden Einführung hinreichend sichtbar gemacht.

treffend Gadamers „Supersubjekt" genannt hat), bleibt in seiner Hermeneutik „das Kriterium der Andersheit des Anderen" und damit die Möglichkeit, Bereicherung bzw. Innovation zu motivieren, aus. So läßt sich allenfalls verdeutlichend formulieren, daß die Nähe zum Code-Modell bei Gadamer keine szientistische Voraussetzung, sondern lediglich das Ergebnis einer Aporie ist.[24]

Gegen die szientistische Idealisierung des Code-Modells spielt Frank die These von dem prinzipiell hypothetischen Charakter allen Redesinnes aus und geht deren Entfaltung vor allem bei Saussure, Sartre und Derrida nach. Schon diese Trias dürfte manche Leseerwartung enttäuschen, die jeden genannten Namen pharisäisch auf eine im voraus bekannte Position gebannt haben möchte. Sprachliche Innovation ist nur als Leistung denkbar, die in einem Subjekt gründet (Frank/Saussure). Eine solche Hypothese, die mit der Zeitlichkeit des Textes Ernst macht – und das heißt mit der unaufhebbaren Ungleichzeitigkeit von Rede und Gegenrede – ist mit dem Prinzip der offenen Systemhaftigkeit der Sprache zusammenzudenken. Wissenschaftlichkeit hängt nicht primär von der eingesetzten Theorie ab, sondern von dem Vermögen, die neuen Fragestellungen zu entfalten, die uns damit aufgegeben sind.

Man wird dieses Vorwort übereilt gelesen haben oder, was hier auf dasselbe hinauskommt, man wird von einem allzu gängigen Vorverständnis eines Vorwortes ausgegangen sein, wenn man meint, es habe die jeweiligen Positionen resümiert. Bei aller Betonung einiger unübersehbarer Schwerpunkte – oder gerade deswegen – bleibt er elliptisch, und es ist dem deutungsbereiten Leser aufgegeben, die ihm an die Hand gegebenen Fäden weiter zu verfolgen, d. h. auch aufzuspalten und zu vervielfältigen. Das ‚Mehr', das sich daraus ergeben möge, hat selbst gerade deshalb hypothetischen Charakter, weil die Partner dieses Buches teilweise keinen guten Faden miteinander spinnen wollten. Auf diese Weise können aber Bücher wie dieses auch nur unter Berufung auf einen deutungswilligen und -fähigen Leser ohne Bluff ‚mehr' geben, als sie versprechen. Und ‚mehr' bedarfs nicht.

---

[24] Diese Nähe mag auch die Verwandtschaft der Metapher vom Kristallgitter, auf die das Code-Modell rekurriert, mit Gadamers Berufung auf die aristotelische Formulierung vom „schlagartigen Umschlag" (S. 52) nahelegen.

Hans-Georg Gadamer

Text und Interpretation

Die Probleme der Hermeneutik sind zwar im Ausgang von einzelnen Wissenschaften, der Theologie und der Jurisprudenz im besonderen, und am Ende auch von den historischen Wissenschaften aus entwickelt worden. Doch war es bereits die tiefe Einsicht der deutschen Romantik, daß das Verstehen und Interpretieren nicht nur, wie Dilthey es formuliert hat, bei schriftlich fixierten Lebensäußerungen ins Spiel kommt, sondern das allgemeine Verhältnis der Menschen zueinander und zur Welt betrifft. Das prägt sich sogar in abgeleiteten Worten, wie etwa dem Wort ‚Verständnis' aus. In der deutschen Sprache bedeutet Verstehen auch: ‚für etwas Verständnis haben'. So ist die Fähigkeit des Verstehens eine grundlegende Ausstattung des Menschen, die sein Zusammenleben mit anderen trägt und insbesondere auf dem Wege über die Sprache und das Miteinander des Gespräches vonstatten geht. Insofern ist der universale Anspruch der Hermeneutik außer allem Zweifel. Auf der anderen Seite bedeutet die Sprachlichkeit des Verständigungsgeschehens, das zwischen den Menschen spielt, geradezu eine unübersteigbare Schranke, die ebenfalls von der deutschen Romantik in ihrer metaphysischen Bedeutung zuerst positiv gewürdigt worden ist. Sie ist in dem Satz formuliert: *Individuum est ineffabile.* Der Satz formuliert eine Grenze der antiken Ontologie (ist allerdings nicht einmal aus dem Mittelalter belegbar). Für das romantische Bewußtsein heißt das aber: Sprache erreicht nie das letzte, unaufhebbare Geheimnis der individuellen Person. Das spricht das Lebensgefühl des romantischen Zeitalters treffend aus und weist auf eine Eigengesetzlichkeit des sprachlichen Ausdrucks, die nicht nur seine Grenze ausmacht, sondern auch seine Bedeutung für die Ausbildung des die Menschen vereinigenden *common sense.*

Es ist gut, sich an diese Vorgeschichte unserer heutigen Fragestellung zu erinnern. Das im Ausgang von der Romantik aufblühende Methodenbewußtsein der historischen Wissenschaften und der Druck, den das Vorbild der siegreichen Naturwissenschaften ausübte, haben dazu geführt, daß die philosophische Reflexion die Allgemeinheit der hermeneutischen Erfahrung auf ihre wissenschaftliche Erscheinungsform verkürzte. Weder bei Wilhelm Dilthey, der in bewußter Fortführung der Ideen Friedrich

Schleiermachers und seiner romantischen Freunde die Begründung der Geisteswissenschaften in ihrer Geschichtlichkeit suchte, noch bei den Neukantianern, die in Gestalt ihrer transzendentalen Kultur- und Wertphilosophie eine erkenntnistheoretische Rechtfertigung der Geisteswissenschaften betrieben, stand die ganze Breite der hermeneutischen Grunderfahrung noch im Blick. Das mag im Heimatlande Kants und des transzendentalen Idealismus sogar noch stärker der Fall gewesen sein als in Ländern, in denen *les Lettres* eine bestimmende Rolle im öffentlichen Leben spielen. Doch hat die philosophische Reflexion am Ende überall eine ähnliche Richtung genommen.

So war mein eigener Ausgangspunkt mit der Kritik am Idealismus und dem Methodologismus der Ära der Erkenntnistheorie gegeben. Insbesondere Heideggers Vertiefung des Begriffs des Verstehens zu einem Existenzial, d. h. zu einer kategorialen Grundbestimmung des menschlichen Daseins, wurde für mich wichtig. Das war der Anstoß, der mich zu einer kritischen Überschreitung der Methodendiskussion und zu einer Ausweitung der hermeneutischen Fragestellung veranlaßte, die nicht mehr allein die Wissenschaft, welche auch immer, sondern ebenso die Erfahrung der Kunst und die Erfahrung der Geschichte in den Blick nahm. Nun hatte sich Heidegger in kritischer und polemischer Absicht für die Analyse des Verstehens an die ältere Rede von dem hermeneutischen Zirkel angelehnt und denselben in seiner Positivität geltend gemacht und in seiner Daseinsanalytik auf den Begriff gebracht. Man darf darüber aber nicht vergessen, daß es sich hier nicht um Zirkularität als eine metaphysische Metapher handelt, sondern um die Struktur eines logischen Begriffs, der in der Theorie des wissenschaftlichen Beweisens als die Lehre vom *circulus vitiosus* seinen eigentlichen Ort hat. Der Begriff des hermeneutischen Zirkels drückt nun dies aus, daß im Bereiche des Verstehens gar keine Ableitung des einen von dem anderen prätendiert wird, so daß der logische Beweisfehler der Zirkelhaftigkeit hier kein Fehler des Verfahrens ist, sondern die angemessene Beschreibung der Struktur des Verstehens darstellt. So ist die Rede vom hermeneutischen Zirkel als Abgrenzung gegen das Ideal der logischen Schlüssigkeit in der Nachfolge Schleiermachers durch Dilthey eingeführt worden. Berücksichtigt man dabei die wahre Weite, die dem Begriff des Verstehens vom Sprachgebrauch her zukommt, dann weist die Rede von dem hermeneutischen Zirkel in Wahrheit auf die Struktur des In-der-Welt-Seins selber, d. h. auf die Aufhebung der Subjekt-Objektspaltung, die Heideggers transzendentaler Analytik des Daseins zugrunde lag. Wie der, der sich auf den Gebrauch eines Werkzeuges versteht, dasselbe nicht zum Objekt macht, sondern mit ihm hantiert, so ist auch das Verstehen, in dem das Dasein sich in seinem

Sein und in seiner Welt versteht, kein Verhalten zu bestimmten Erkenntnisobjekten, sondern sein In-der-Welt-Sein selber. Damit verwandelt sich die hermeneutische Methodenlehre Diltheyscher Prägung in eine Hermeneutik der Faktizität, die Heideggers Frage nach dem Sein leitet und die die Hinterfragung des Historismus und Diltheys einschließt.

Nun hat Heidegger bekanntlich den Begriff der Hermeneutik später ganz fallen lassen, weil er sah, daß er auf diese Weise den Bannkreis der transzendentalen Reflexion nicht durchbrechen konnte. Sein Philosophieren, das die Abkehr vom Begriff des Transzendentalen als die Kehre zu vollziehen suchte, geriet damit zunehmend mehr in eine solche Sprachnot, daß viele Leser Heideggers mehr Poesie als philosophisches Denken darin zu finden glauben. Das halte ich freilich für einen Irrtum, und so war es eines meiner eigenen Motive, Wege zu suchen, auf denen Heideggers Rede vom Sein, das nicht das Sein des Seienden ist, ausweisbar gemacht werden kann. Das führte mich wieder stärker an die Geschichte der klassischen Hermeneutik heran und nötigte mich, in der Kritik derselben das Neue zur Geltung zu bringen. Meine eigene Einsicht scheint mir, daß keine Begriffssprache, auch nicht die von Heidegger sogenannte Sprache der Metaphysik, einen unbrechbaren Bann für das Denken bedeutet, wenn sich nur der Denkende der Sprache anvertraut, und das heißt, wenn er in den Dialog mit anderen Denkenden und mit anders Denkenden sich einläßt. In voller Anerkennung der durch Heidegger geleisteten Kritik am Subjektsbegriff, dem er seinen Hintergrund von Substanz nachwies, suchte ich daher im Dialog das ursprüngliche Phänomen der Sprache zu fassen. Das bedeutete gleichzeitig eine hermeneutische Rückorientierung der Dialektik, die vom deutschen Idealismus als spekulative Methode entwickelt worden war, auf die Kunst des lebendigen Dialogs, in der sich die sokratisch-platonische Denkbewegung vollzogen hatte. Das heißt nicht, daß sie eine bloß negative Dialektik sein wollte, doch ist sich die griechische Dialektik ihrer grundsätzlichen Unvollendbarkeit stets bewußt gewesen. Sie stellt dadurch ein Korrektiv gegenüber dem Methodenideal der neuzeitlichen Dialektik dar, die sich im Idealismus des Absoluten vollendete. Es war aus dem gleichen Interesse, daß ich nicht zuerst an der Erfahrung, die in der Wissenschaft verarbeitet ist, sondern an der Erfahrung der Kunst und der Geschichte selber, mit denen die sogenannten Geisteswissenschaften als ihren Gegenständen zu tun haben, die hermeneutische Struktur aufsuchte. Für das Kunstwerk, wie sehr auch immer es als eine geschichtliche Gegebenheit und damit als möglicher Gegenstand wissenschaftlicher Erforschung erscheinen mag, gilt, daß es selber uns etwas sagt – und das so, daß seine Aussage niemals abschließend im Begriff ausgeschöpft werden kann. Ebenso gilt für die Erfahrung der Geschichte, daß das Ideal der Objektivität der Geschichtsforschung nur die eine, sogar nur die sekundäre Seite der Sache ist, während es die Auszeichnung der geschichtlichen Erfahrung selber ausmacht, daß wir in einem Geschehen darin stehen, ohne zu wissen, was uns geschieht und erst in der Rückschau begreifen, was geschah. Dem entspricht, daß die Geschichte von jeder neuen Gegenwart neu geschrieben werden muß.

Am Ende gilt die gleiche Grunderfahrung aber auch für die Philosophie und ihre Geschichte. Das läßt sich nicht nur an Plato lernen, der nur Dialoge und keine dogmatischen Texte geschrieben hat. Auch was Hegel das Spekulative in der Philosophie nennt und was seiner eigenen Betrachtung der Geschichte der Philosophie zugrunde liegt, bleibt, wie ich meine, eine beständige Herausforderung für das Bemühen, dasselbe in dialektischer Methode zur Darstellung zu bringen. So habe ich gerade die Unvollendbarkeit aller Sinnerfahrung festzuhalten gesucht und aus der Heideggerschen Einsicht in die zentrale Bedeutung der Endlichkeit Schlüsse für die Hermeneutik gezogen.

Die Begegnung mit der französischen Szene bedeutet unter diesen Umständen für mich eine echte Herausforderung. Insbesondere hat Derrida dem späten Heidegger gegenüber geltend gemacht, daß derselbe den Logozentrismus der Metaphysik nicht wirklich gebrochen habe. Sofern er nach dem Wesen der Wahrheit frage oder nach dem Sinn von Sein, spreche er noch immer die Sprache der Metaphysik, die den Sinn gleichsam als einen vorhandenen und aufzufindenden ansieht. Da sei Nietzsche radikaler. Sein Begriff der Interpretation meine nicht die Auffindung eines vorhandenen Sinnes, sondern die Setzung von Sinn im Dienst des ‚Willens zur Macht'. Damit erst werde der Logozentrismus der Metaphysik wirklich gebrochen. Diese vor allem von Derrida entwickelte Fortführung Heideggerscher Einsichten, die sich als ihre Radikalisierung versteht, muß folgerichtigerweise Heideggers eigene Nietzsche-Darstellung und Nietzsche-Kritik ganz verwerfen. Nietzsche sei nicht das Extrem der Seinsvergessenheit, das in dem Begriffe des Wertes und des Wirkens gipfelt, sondern die wahre Überwindung der Metaphysik, in die Heidegger befangen bleibe, wenn er nach dem Sein, nach dem Sinn von Sein wie nach einem aufzufindenden Logos frage. Nicht genug also, daß der späte Heidegger selber, um der Sprache der Metaphysik zu entgehen, seine halbpoetische Sondersprache entwickelte, die von Versuch zu Versuch eine neue scheint und einen vor die Aufgabe stellt, für sich selber ständig als ein Übersetzer dieser Sprache tätig zu werden. Wieweit es einem gelingt, die Sprache dafür zu finden, mag problematisch sein – aber die Aufgabe ist gestellt, es ist die Aufgabe des ‚Verstehens'. Ich bin mir bewußt – und vollends in der Konfrontation mit den französischen Fortführern – daß meine eigenen

Versuche, Heidegger zu ‚übersetzen', meine Grenzen bezeugen und insbesondere zeigen, wie stark ich selber in der romantischen Tradition der Geisteswissenschaften und ihrem humanistischen Erbe verwurzelt bin. Aber gerade gegenüber dieser mich tragenden Tradition des ‚Historismus' habe ich einen kritischen Stand gesucht. Leo Strauss hat schon früher einmal in einem inzwischen veröffentlichten Privatbrief an mich den Finger darauf gelegt, daß für Heidegger Nietzsche und für mich Dilthey den Orientierungspunkt der Kritik bilde. Es mag Heideggers Radikalität auszeichnen, daß seine eigene Kritik am phänomenologischen Neukantianismus Husserlscher Prägung ihn am Ende tatsächlich in den Stand setzte, in Nietzsche den extremen Endpunkt dessen zu erkennen, was er die Geschichte der Seinsvergessenheit nennt. Aber das ist eine eminent kritische Feststellung, die doch wohl nicht hinter Nietzsche zurückfällt, sondern über ihn hinausgeht. Ich vermisse an der französischen Nietzsche-Nachfolge, daß sie das Versucherische von Nietzsches Denken in seiner Bedeutung erfaßt. Nur so, scheint mir, gelangt sie dazu, zu meinen, daß die Erfahrung des Seins, die Heidegger hinter der Metaphysik aufzudecken bemüht ist, von Nietzsches Extremismus an Radikalität noch übertroffen werde. In Wahrheit kommt vielmehr in Heideggers Nietzsche-Bild die tiefe Zweideutigkeit, daß er ihm bis in das letzte Extrem hinein folgt und gerade dort das Un-Wesen der Metaphysik am Werke sieht, sofern im Werten und Umwerten aller Werte in Wahrheit Sein selber zu einem Wertbegriff im Dienst des ‚Willens zur Macht' wird. Heideggers Versuch, das Sein zu denken, geht weit über solche Auflösung der Metaphysik im Wertdenken hinaus oder besser: er geht hinter die Metaphysik selber zurück, ohne in dem Extrem ihrer Selbstauflösung Genüge zu finden, wie Nietzsche. Solches Zurückfragen hebt den Begriff des Logos und seine metaphysischen Implikationen nicht auf, aber erkennt seine Einseitigkeit und zuletzt ‚Oberflächlichkeit'. Dafür ist von entscheidender Bedeutung, daß das Sein nicht in seinem Sich-Zeigen aufgeht, sondern mit derselben Ursprünglichkeit, in der es sich zeigt, sich auch zurückhält und entzieht. Das ist die eigentliche Einsicht, die zuerst Schelling gegen den logischen Idealismus Hegels geltend gemacht hatte. Heidegger nimmt diese Frage wieder auf, indem er zugleich seine begriffliche Kraft dafür einsetzt, die Schelling gemangelt hatte.

So war ich meinerseits bemüht, die Grenze nicht zu vergessen, die in aller hermeneutischen Erfahrung von Sinn impliziert ist. Wenn ich den Satz schrieb: „Sein, das verstanden werden kann, ist Sprache"*, so lag

---

* *Wahrheit und Methode.* Grundzüge einer philosophischen Hermeneutik (hinfort zitiert: *WuM*), S. 450 (Anm. d. Hrsg.).

darin, daß das, was ist, nie ganz verstanden werden kann. Es liegt darin, sofern alles, was eine Sprache führt, immer noch über das hinausweist, was zur Aussage gelangt. Es bleibt, als das, was verstanden werden soll, das, was zur Sprache kommt – aber freilich wird es immer als etwas genommen, wahr-genommen. Das ist die hermeneutische Dimension, in der Sein ‚sich zeigt'. Die ‚Hermeneutik der Faktizität' bedeutet eine Verwandlung des Sinnes von Hermeneutik. Freilich bin ich bei meinem Beschreibungsversuch der Probleme, den ich unternahm, durchaus der Leitung der an Sprache zu machenden Sinnerfahrung gefolgt, um an ihr die ihr gesetzte Grenze aufzuweisen. Das Sein zum Texte, an dem ich mich orientierte, kann es gewiß nicht an Radikalität der Grenzerfahrung mit dem Sein zum Tode aufnehmen und ebenso wenig bedeutet die unvollendbare Frage nach dem Sinn des Werkes der Kunst oder nach dem Sinn der Geschichte, die uns widerfährt, ein ebenso ursprüngliches Phänomen wie die dem menschlichen Dasein aufgegebene Frage seiner eigenen Endlichkeit. Ich kann daher verstehen, daß der spätere Heidegger (und Derrida wäre darin mit ihm vermutlich einig) der Meinung war, daß ich den Bannkreis der phänomenologischen Immanenz, wie sie Husserl konsequent durchhält und wie sie auch meiner neukantianischen Erstprägung zugrunde lag, nicht wirklich verlasse. Ich kann auch verstehen, daß man diese methodische ‚Immanenz' in dem Festhalten an dem hermeneutischen Zirkel zu erkennen glaubt, und in der Tat erscheint mir, diesen brechen zu wollen, als eine unvollziehbare, ja als eine wahrhaft sinnwidrige Forderung. Denn diese Immanenz ist, übrigens wie bei Schleiermacher und seinem Nachfolger Dilthey, nichts als eine Beschreibung dessen, was Verstehen ist. Aber seit Herder erkennen wir in ‚Verstehen' mehr als ein methodisches Verfahren, das einen gegebenen Sinn aufdeckt. Angesichts der Weite dessen, was Verstehen ist, darf die Zirkularität, die zwischen Verstehendem und dem, was er versteht, kreist, echte Universalität für sich in Anspruch nehmen, und gerade hier liegt der Punkt, wo ich meine, Heideggers Kritik an dem phänomenologischen Immanenzbegriff, der in Husserls transzendentaler Letztbegründung impliziert ist, gefolgt zu sein. Der dialogische Charakter der Sprache, den ich herauszuarbeiten suchte, läßt den Ausgangspunkt in der Subjektivität des Subjekts, gerade auch den des Sprechers in seiner Intention auf Sinn, hinter sich. Was im Sprechen herauskommt, ist nicht eine bloße Fixierung von intendiertem Sinn, sondern ein beständig sich wandelnder Versuch oder besser, eine ständig sich wiederholende Versuchung, sich auf etwas einzulassen und sich mit jemandem einzulassen. Das aber heißt: sich aussetzen. Sprechen ist so wenig eine bloße Ausfächerung und Geltendmachung unserer Vorurteile, daß es vielmehr dieselben aufs Spiel setzt – dem eigenen Zweifel preisgibt, wie der Entgegnung des anderen. Wer kennt nicht die Erfahrung, – und vollends gegenüber dem anderen, den wir überzeugen wollen – wie die guten Gründe, die man hat, und erst recht die guten Gründe, die gegen einen sprechen, ins Wort drängen. Die bloße Präsenz des anderen hilft, dem wir begegnen, noch bevor er zur Entgegnung den Mund aufmacht, die eigene Befangenheit und Enge aufzudecken und aufzulösen. Was uns hier zur dialogischen Erfahrung wird, beschränkt sich nicht auf die Sphäre der Gründe und Gegengründe, in deren Austausch und Vereinigung der Sinn jeder Auseinandersetzung enden mag. Es ist vielmehr, wie die beschriebenen Erfahrungen zeigen, noch etwas anderes darin, sozusagen eine Potentialität des Andersseins, die über jede Verständigung über Gemeinsames noch hinaus liegt. Das ist die Grenze, die Hegel nicht überschreitet. Er hat zwar das spekulative Prinzip, das im ‚Logos' waltet, erkannt und sogar in dramatischer Konkretion zur Ausweisung gebracht: er hat die Struktur des Selbstbewußtseins und der ‚Selbsterkenntnis im Anderssein' als die Dialektik der Anerkennung entfaltet und diese bis zum Kampf auf Leben und Tod zugespitzt. Ähnlich hat Nietzsches psychologischer Tiefblick das Substrat von ‚Wille zur Macht' in aller Hingabe und Aufopferung ins Bewußtsein gehoben: „Auch im Knecht ist noch Wille zur Macht". Daß sich diese Spannung von Selbstaufgabe und Selbstbezug in die Sphäre der Gründe und der Gegengründe und damit in die sachliche Auseinandersetzung hinein fortsetzt, ihr gleichsam eingelagert ist, stellt aber den Punkt dar, an dem Heidegger für mich bestimmend bleibt, wenn er darin den ‚Logozentrismus' der griechischen Ontologie erkennt.

Hier wird eine Grenze des griechischen Vorbildes fühlbar, die vom Alten Testament, von Paulus, von Luther und deren modernen Erneuerern vor allem kritisch geltend gemacht wird. In der berühmten Entdeckung des sokratischen Dialoges als der Grundform des Denkens ist diese Dimension am Dialog gar nicht zum begrifflichen Bewußtsein gekommen. Das geht sehr wohl damit zusammen, daß ein Schriftsteller von der poetischen Imagination und Sprachkraft eines Plato die charismatische Figur seines Sokrates so zu schildern wußte, daß die Person und die erotische Spannung, die um sie zittert, wirklich zur Erscheinung kommt. Aber wenn dieser sein Sokrates in seiner Gesprächsführung auf der Rechenschaftsgabe besteht, andere ihres Scheinwissens überführt und damit den anderen zu sich selber zu bringen vermag, so setzt er doch immer zugleich voraus, daß der Logos allen gemeinsam ist und nicht der seine. Die Tiefe des dialogischen Prinzips ist, wie schon angedeutet, erst in der Abenddämmerung der Metaphysik, im Zeitalter der deutschen Romantik, zu philosophischem Bewußtsein gelangt und in unserem Jahrhundert erneut gegen die Subjektsbefangenheit des Idealismus geltend gemacht worden. Hier habe ich angeknüpft und frage, wie sich die Gemeinsamkeit des Sinnes, die sich im Gespräch aufbaut, und die Undurchdringlichkeit der Andersheit des anderen miteinander vermitteln und was Sprachlichkeit im letzten Betracht ist: Brücke oder Schranke. Brücke, durch die der eine mit dem anderen kommuniziert und über dem fließenden Strome der Andersheit Selbigkeiten aufbaut, oder Schranke, die unsere Selbstaufgabe begrenzt und uns von der Möglichkeit abschrankt, uns selber je ganz auszusprechen und mitzuteilen.

Im Rahmen dieser allgemeinen Fragestellung stellt nun der Begriff des *Textes* eine Herausforderung eigener Art dar. Das ist abermals etwas, was uns mit unseren französischen Kollegen verbindet oder vielleicht auch von ihnen trennt. Jedenfalls war dies mein Motiv, mich mit dem Thema ‚Text und Interpretation' neu auseinanderzusetzen. Wie steht Text zur Sprache? Was kann von Sprache in Text hinüber? Was ist Verständigung zwischen Sprechenden und was bedeutet es, daß uns so etwas wie Texte gemeinsam gegeben sein können oder gar, daß in der Verständigung miteinander etwas herauskommt, das wie ein Text für uns ein- und dasselbe ist? Wieso hat der Begriff des Textes eine so universale Ausdehnung erfahren können? Für jeden, der sich die philosophischen Tendenzen unseres Jahrhunderts vor Augen führt, ist es offenkundig, daß es sich unter diesem Thema um mehr handelt als um Reflexion über die Methodik der philologischen Wissenschaften. Text ist mehr als der Titel für das Gegenstandsfeld der Literaturforschung. Interpretation ist mehr als die Technik der wissenschaftlichen Auslegung von Texten. Beide Begriffe haben im 20. Jahrhundert ihren Stellenwert im ganzen unserer Erkenntnis- und Weltgleichung gründlich verändert.

Gewiß hängt diese Verschiebung mit der Rolle zusammen, die das Phänomen der Sprache in unserem Denken inzwischen einnimmt. Aber das ist nur eine tautologische Aussage. Daß die Sprache eine zentrale Stellung im philosophischen Gedanken erworben hat, hängt vielmehr seinerseits mit der Wendung zusammen, die die Philosophie im Laufe der letzten Jahrzehnte genommen hat. Daß das Ideal der wissenschaftlichen Erkenntnis, dem die moderne Wissenschaft folgt, vom Modell des mathematischen Entwurfs der Natur ausgegangen war, wie ihn Galilei in seiner Mechanik zuerst entwickelte, bedeutete ja, daß die sprachliche Weltauslegung, d. h. die in der Lebenswelt sprachlich sedimentierte Welterfahrung, nicht länger den Ausgangspunkt der Fragestellung und des Wissenwollens bildete, sondern daß das aus rationalen Gesetzen Erklärbare und Konstruierbare das Wesen der Wissenschaft ausmacht. Damit verlor die natürliche Sprache, auch wenn sie ihre eigene Weise, zu sehen und zu reden, festhält, ihren selbstverständlichen Primat. Es war eine konsequente

Fortführung der Implikationen dieser modernen mathematischen Naturwissenschaft, daß das Ideal der Sprache in der modernen Logik und Wissenschaftstheorie durch das Ideal der eindeutigen Bezeichnung ersetzt wurde. So gehört es in den Zusammenhang der Grenzerfahrungen, die mit der Universalität des wissenschaftlichen Weltzugangs verbunden sind, wenn sich inzwischen die natürliche Sprache als ein ‚Universale' erneut in das Zentrum der Philosophie verlagert hat.

Freilich bedeutet das nicht eine bloße Rückkehr zu den lebensweltlichen Erfahrungen und ihrer sprachlichen Sedimentation, die wir als den Leitfaden der griechischen Metaphysik kennen und deren logische Analyse zur aristotelischen Logik und zur *grammatica speculativa* führte. Vielmehr wird jetzt nicht ihre logische Leistung, sondern die Sprache als Sprache und ihre Schematisierung des Weltzugangs als solche bewußt, und damit verschieben sich die ursprünglichen Perspektiven. Innerhalb der deutschen Tradition stellt das eine Wiederaufnahme romantischer Ideen dar — Schlegels, Humboldts usw. Weder bei den Neukantianern noch bei den Phänomenologen der ersten Stunde war das Problem der Sprache überhaupt beachtet worden. Erst in einer zweiten Generation wurde die Zwischenwelt der Sprache zum Thema, so bei Ernst Cassirer und vollends bei Martin Heidegger, dem vor allem Hans Lipps folgte. Im angelsächsischen Raum zeigte sich ähnliches in der Fortentwicklung, die Wittgenstein von dem Ausgangspunkt bei Russell aus genommen hat. Freilich handelt es sich dort nicht so sehr um eine Philosophie der Sprache, die auf dem Boden der vergleichenden Sprachwissenschaften aufbaute, und vielmehr um das Ideal einer Konstruktion von Sprache, das sich einer allgemeinen Zeichentheorie einordnet, als um den rätselhaften Zusammenhang zwischen Denken und Sprechen.

So haben wir auf der einen Seite die Zeichentheorie und Linguistik, die zu neuen Erkenntnissen über die Funktionsweise und den Aufbau von sprachlichen Systemen und von Zeichensystemen geführt haben, und auf der anderen Seite die Theorie der Erkenntnis, die realisiert, daß es Sprache ist, was allen Weltzugang überhaupt vermittelt. Beides wirkt dahin zusammen, die Ausgangspunkte einer philosophischen Rechtfertigung des wissenschaftlichen Weltzugangs in einem neuen Lichte zu sehen. Deren Voraussetzung bestand ja darin, daß sich das Subjekt in methodischer Selbstgewißheit mit den Mitteln der rationalen mathematischen Konstruktion der Erfahrungswirklichkeit bemächtigt und ihr in Urteilssätzen Ausdruck gibt. Damit erfüllte es seine eigentliche Erkenntnisaufgabe, und diese Erfüllung gipfelt in der mathematischen Sprache, mit der sich die Naturwissenschaft allgemeingültig formuliert. Die Zwischenwelt der Sprache ist der Idee nach ausgeklammert. Sofern sie als solche jetzt bewußt wird, lehrt sie dem gegenüber die primäre Vermitteltheit allen Weltzugangs und mehr als das, die Unüberschreitbarkeit des sprachlichen Weltschemas. Der Mythos des Selbstbewußtseins, das in seiner apodiktischen Selbstgewißheit zum Ursprung und Rechtfertigungsgrund aller Geltung erhoben worden war, und das Ideal der Letztbegründung überhaupt, um das sich Apriorismus und Empirismus streiten, verliert seine Glaubwürdigkeit angesichts der Priorität und Unhintergehbarkeit des Systems der Sprache, in dem sich alles Bewußtsein und alles Wissen artikuliert. Wir haben durch Nietzsche den Zweifel an der Begründung der Wahrheit in der Selbstgewißheit des Selbstbewußtseins gelernt. Wir haben durch Freud die erstaunlichen wissenschaftlichen Entdeckungen kennengelernt, die mit diesem Zweifel Ernst machen, und an Heideggers grundsätzlicher Kritik am Begriff des Bewußtseins die begrifflichen Voreingenommenheiten eingesehen, die aus der griechischen Logos-Philosophie stammen und in moderner Wendung den Begriff des Subjektes ins Zentrum rückten. All das verleiht der ‚Sprachlichkeit' unserer Welterfahrung den Primat. Die Zwischenwelt der Sprache erweist sich gegenüber den Illusionen des Selbstbewußtseins ebenso wie gegenüber der Naivität eines positivistischen Tatsachenbegriffs als die eigentliche Dimension dessen, was gegeben ist.

Man versteht von da den Aufstieg des Begriffes der Interpretation. Das ist ein Wort, das ursprünglich auf das Vermittlungsverhältnis, auf die Funktion des Mittelsmanns zwischen Sprechern verschiedener Sprachen ging, d. h. also auf den Übersetzer, und wurde dann von dort auf die Aufschließung von schwerverständlichen Texten überhaupt übertragen. In dem Moment, in dem sich die Zwischenwelt der Sprache dem philosophischen Bewußtsein in ihrer prädeterminierenden Bedeutung darstellte, mußte nun auch in der Philosophie Interpretation eine Art Schlüsselstellung einnehmen. Die Karriere des Wortes begann mit Nietzsche und wurde gleichsam zur Herausforderung allen Positivismus. Gibt es das Gegebene, von dessen sicherem Ausgangspunkte aus die Erkenntnis nach dem Allgemeinen, dem Gesetz, der Regel sucht und darin ihre Erfüllung findet? Ist das Gegebene in Wahrheit nicht Resultat einer Interpretation? Interpretation ist es, was zwischen Mensch und Welt die niemals vollendbare Vermittlung leistet, und insofern ist es die einzig wirkliche Unmittelbarkeit und Gegebenheit, daß wir etwas als etwas verstehen. Der Glaube an die Protokollsätze als das Fundament aller Erkenntnis hat auch im Wiener Kreis nicht lange gewährt. Die Begründung der Erkenntnis kann selbst im Bereich der Naturwissenschaften der hermeneutischen Konsequenz nicht ausweichen, daß das sogenannte Gegebene von der Interpretation nicht ablösbar ist.

Erst in deren Lichte wird etwas zu einer Tatsache und erweist sich eine Beobachtung als aussagekräftig. Radikaler noch hat Heideggers Kritik den Bewußtseinsbegriff der Phänomenologie und — ähnlich wie Scheler — den Begriff der reinen Wahrnehmung als dogmatisch entlarvt. So wurde im sogenannten Wahrnehmen selber das hermeneutische Etwas-als-etwas-Verstehen aufgedeckt. Das aber heißt in letzter Konsequenz, daß Interpretation nicht eine zusätzliche Prozedur des Erkennens ist, sondern die ursprüngliche Struktur des ‚In-der-Welt-Seins‘ ausmacht.

Aber heißt das, daß Interpretation ein *Einlegen* von Sinn und nicht ein *Finden* von Sinn ist? Das ist offenbar die durch Nietzsche gestellte Frage, die über Rang und Reichweite der Hermeneutik wie über die Einwände ihrer Gegner entscheidet. Jedenfalls ist festzuhalten, daß erst vom Begriff der Interpretation aus der Begriff des Textes sich als ein Zentralbegriff in der Struktur der Sprachlichkeit konstituiert; das kennzeichnet ja den Begriff des Textes, daß er sich nur im Zusammenhang der Interpretation und von ihr aus als das eigentlich Gegebene, zu Verstehende darstellt. Das gilt selbst in der dialogischen Verständigung, sofern man sich umstrittene Aussagen wiederholen läßt und damit die Intention auf verbindliche Formulierung verfolgt, ein Vorgang, der dann in der protokollarischen Fixierung kulminiert. In ähnlichem Sinne fragt der Interpret eines Textes, was eigentlich dasteht. Das mag immer eine noch so voreingenommene und vorurteilsvolle Beantwortung finden, sofern jeder, der so fragt, eine direkte Bestätigung seiner eigenen Annahmen in Anspruch zu nehmen sucht. Aber in solcher Berufung auf das, was dasteht, bleibt doch der Text der feste Bezugspunkt gegenüber der Fragwürdigkeit, Beliebigkeit oder mindestens Vielfältigkeit der Interpretationsmöglichkeiten, die sich auf den Text richten.

Das hat wiederum seine Bestätigung in der Wortgeschichte. Der Begriff ‚Text‘ ist wesentlich in zwei Zusammenhängen in die modernen Sprachen eingedrungen. Einerseits als der Text der Schrift, deren Auslegung in Predigt und Kirchenlehre betrieben wird, so daß der Text die Grundlage für alle Exegese darstellt, alle Exegese aber Glaubenswahrheiten voraussetzt. Der andere natürliche Gebrauch des Wortes *Text* begegnet uns im Zusammenhang mit der Musik. Da ist es der Text für den Gesang, für die musikalische Auslegung der Worte, und insofern auch dies nicht so sehr ein vorgegebenes, als ein aus dem Vollzug des Gesanges Ausfallendes. Diese beiden natürlichen Verwendungsweisen des Wortes Text weisen — wohl beide — auf den Sprachgebrauch der spätantiken römischen Juristen zurück, die nach der justinianischen Kodifizierung den Gesetzestext gegenüber der Strittigkeit seiner Auslegung und Anwendung auszeichnen. Von da hat das Wort überall dort Verbreitung gefunden, wo etwas der

Einordnung in die Erfahrung Widerstand leistet und wo der Rückgriff auf das vermeintlich Gegebene eine Orientierung für das Verständnis geben soll.

Die metaphorische Rede von dem ‚Buch der Natur' beruht auf demselben. Das ist das Buch, dessen Text Gott mit seinem Finger geschrieben hat und den der Forscher zu entziffern bzw. durch seine Auslegung lesbar und verständlich zu machen berufen ist. So finden wir überall — und nur dort, wo mit einer primären Sinnvermutung an eine Gegebenheit herangetreten wird, die sich nicht widerstandslos in eine Sinnerwartung einfügt, den hermeneutischen Bezug auf den Textbegriff am Werk. Wie eng Text und Interpretation ineinander verwoben sind, kommt vollends daran heraus, daß auch ein überlieferter Text nicht immer das für die Interpretation Vorgegebene ist. Oft ist es ja die Interpretation, die zur kritischen Herstellung des Textes führt. Wenn man sich dieses innere Verhältnis von Interpretation und Text klarmacht, erzielt man einen methodischen Gewinn.

Der methodische Gewinn, der sich aus diesen an der Sprache gemachten Beobachtungen ergibt, liegt darin, daß ‚Text' hier als ein hermeneutischer Begriff verstanden werden muß. Das will sagen, daß er nicht von der Perspektive der Grammatik und der Linguistik her, d. h. nicht als das Endprodukt gesehen wird, auf das hin die Analyse seiner Herstellung unternommen wird, in der Absicht, den Mechanismus aufzuklären, kraft dessen Sprache als solche funktioniert, im Absehen von allen Inhalten, die sie vermittelt. Vom hermeneutischen Standpunkt aus — der der Standpunkt jeden Lesers ist — ist der Text ein bloßes Zwischenprodukt, eine Phase im Verständigungsgeschehen, die als solche gewiß auch eine bestimmte Abstraktion einschließt, nämlich die Isolierung und Fixierung eben dieser Phase. Aber diese Abstraktion geht ganz in die umgekehrte Richtung als die dem Linguisten vertraute. Der Linguist will nicht in die Verständigung über die Sache eintreten, die in dem Text zur Sprache kommt, sondern in das Funktionieren von Sprache als solcher Licht bringen, was immer auch der Text sagen mag. Nicht, was da mitgeteilt wird, macht er zum Thema, sondern wie es überhaupt möglich ist, etwas mitzuteilen, mit welchen Mitteln der Zeichensetzung und Zeichengebung das vor sich geht.

Für die hermeneutische Betrachtung dagegen ist das Verständnis des Gesagten das einzige, worauf es ankommt. Dafür ist das Funktionieren von Sprache eine bloße Vorbedingung. So ist als erstes vorausgesetzt, daß eine Äußerung akustisch verständlich ist oder daß eine schriftliche Fixierung sich entziffern läßt, damit das Verständnis des Gesagten oder im Text Gesagten überhaupt möglich wird. Der Text muß lesbar sein.

Nun gibt uns dafür der Sprachgebrauch wiederum einen wichtigen Wink. Wir reden auch in einem anspruchsvolleren Sinne von Lesbarkeit eines Textes, wenn wir damit eine unterste Qualifikation bei der Würdigung eines Stils oder bei der Beurteilung einer Übersetzung aussprechen wollen. Das ist natürlich eine übertragene Rede. Aber sie macht die Dinge, wie das so oft bei Übertragungen der Fall ist, vollends klar: Ihre negative Entsprechung ist die Unlesbarkeit, und das meint immer, daß der Text als schriftliche Äußerung seine Aufgabe nicht erfüllt, die darin besteht, ohne Anstoß verstanden zu werden. Es bestätigt sich damit, daß wir immer schon auf das Verstehen des im Text Gesagten vorausblicken. Erst von da aus gewahren und qualifizieren wir überhaupt einen Text als lesbar.

Aus der philologischen Arbeit ist das als die Aufgabe, einen lesbaren Text herzustellen, wohl bekannt. Es ist aber klar, daß diese Aufgabe sich immer nur so stellt, daß dabei schon von einem gewissen Verständnis des Textes ausgegangen wird. Nur wo der Text schon entziffert ist und der entzifferte Text sich nicht anstandslos ins Verständliche umsetzen läßt, sondern Anstoß gibt, fragt man danach, was eigentlich dasteht und ob die Lesung der Überlieferung bzw. die gewählte Lesart richtig war. Die Textbehandlung durch den Philologen, der einen lesbaren Text herstellt, entspricht also vollkommen der nicht nur akustischen Auffassung, die bei direkter auditiver Übermittlung vor sich geht. Wir sagen da, man habe gehört, wenn man verstehen konnte. Entsprechend ist die Unsicherheit im akustischen Auffassen einer mündlichen Botschaft wie die Unsicherheit einer Lesart. In beiden Fällen spielt eine Rückkoppelung hinein. Vorverständnis, Sinnerwartung und damit allerhand Umstände, die nicht im Text als solchen liegen, spielen ihre Rolle für die Auffassung des Textes. Das wird vollends deutlich, wenn es sich um die Übersetzung aus fremden Sprachen handelt. Da ist die Beherrschung der fremden Sprache eine bloße Vorbedingung. Wenn in solchem Falle überhaupt von ‚Text‘ gesprochen wird, so ist es, weil er eben nicht nur verstanden, sondern in eine andere Sprache übertragen werden soll. Dadurch wird er zum ‚Text‘, denn das Gesagte wird nicht einfach verstanden, sondern es wird zum ‚Gegenstande‘ — es steht gegen die Vielfalt der Möglichkeiten, das Gemeinte in der ‚Zielsprache‘ wiederzugeben, und darin liegt wiederum ein hermeneutischer Bezug. Jede Übersetzung, selbst die sogenannte wörtliche Wiedergabe, ist eine Art Interpretation.

So läßt sich zusammenfassend sagen: Was der Linguist zum Thema macht, indem er von der Verständigung über die Sache absieht, stellt für die Verständigung selbst einen bloßen Grenzfall möglicher Beachtung dar. Was den Verständigungsvollzug trägt, ist im Gegensatz zur Linguistik geradezu Sprachvergessenheit, in die die Rede oder der Text förmlich eingehüllt ist. Nur wenn dieselbe gestört ist, d. h. wo das Verständnis nicht gelingen will, wird nach dem Wortlaut des Textes gefragt und kann die Erstellung des Textes zu einer eigenen Aufgabe werden. Im Sprachgebrauch unterscheiden wir zwar zwischen Wortlaut und Text, aber daß die beiden Bezeichnungen immer auch für einander eintreten können, ist nicht zufällig. Auch im Griechischen geht Sprechen und Schreiben im Begriff der *Grammatiké* zusammen. Die Ausdehnung des Textbegriffes ist vielmehr hermeneutisch wohlbegründet. Ob mündlich oder schriftlich, in jedem Falle bleibt das Textverständnis von kommunikativen Bedingungen abhängig, die als solche über den bloßen fixierten Sinngehalt des Gesagten hinausreichen. Man kann geradezu sagen: Daß man überhaupt auf den Wortlaut bzw. auf den Text als solchen zurückgreift, muß immer durch die Besonderheit der Verständigungssituation motiviert sein.

Das läßt sich am heutigen Sprachgebrauch des Wortes ‚Text' ebenso deutlich verfolgen, wie es sich an der Wortgeschichte des Wortes ‚Text' zeigen ließ. Zweifellos gibt es eine Art Schwundstufe von Text, die wir gewiß kaum je *Text* nennen werden, so etwa die eigenen Notizen, die sich einer zur Stützung seines Gedächtnisses gemacht hat. Hier wird sich die Textfrage nur dann stellen, wenn die Erinnerung nicht gelingt, die Notiz fremd und unverständlich ist und deshalb zum Rückgriff auf den Zeichenbestand, also auf den Text nötigt. Im allgemeinen aber ist die Notiz kein Text, weil sie als bloße Erinnerungsspur in der Wiederkehr des in der Aufzeichnung Gemeinten aufgeht.

Aber auch ein anderes Extrem der Verständigung motiviert im allgemeinen nicht die Rede von ‚Text'. Das ist etwa die wissenschaftliche Mitteilung, die von vornherein bestimmte Verständigungsbedingungen voraussetzt. Das liegt in der Art ihrer Adresse. Sie meint den Fachmann. Wie es für die Notiz galt, daß sie nur für mich selbst ist, so ist die wissenschaftliche Mitteilung, auch wenn sie veröffentlicht ist, nicht für alle. Sie will nur verständlich sein für den, der mit der Forschungslage und der Forschungssprache wohlvertraut ist. Wenn diese Bedingung erfüllt ist, wird der Partner im allgemeinen nicht auf den Text als Text zurückkommen. Das wird er nur tun, wenn ihm die geäußerte Meinung allzu unglaubhaft erscheint und er sich fragen muß: Liegt da nicht ein Mißverständnis vor? – Anders ist die Lage natürlich für den Wissenschaftshistoriker, für den die gleichen wissenschaftlichen Zeugnisse wirkliche Texte sind, eben weil sie der Interpretation bedürfen, sofern der Interpret hier nicht der gemeinte Leser ist und den Abstand eigens überbrücken muß, der zwischen ihm und dem ursprünglichen Leser besteht. Zwar ist der Begriff des ‚ursprünglichen

Lesers', wie ich andernorts betont habe,* höchst vage. Aber etwa im Fortgang der Forschung hat er seine Bestimmtheit. Aus dem gleichen Grunde wird man im allgemeinen nicht von dem Text eines Briefes sprechen, wenn man selber der Empfänger ist. Dann geht man sozusagen in die schriftliche Gesprächssituation bruchlos ein, falls sich nicht eine besondere Störung im Verständnis einstellt und dazu nötigt, auf den genauen Text zurückzugehen. Im schriftlichen Gespräch wird also im Grunde die gleiche Grundbedingung in Anspruch genommen, die auch für den mündlichen Austausch gilt. Beide haben den guten Willen, einander zu verstehen. So liegt überall, wo Verständigung gesucht wird, guter Wille vor. Die Frage wird sein, wieweit diese Situation und ihre Implikationen auch gegeben sind, wenn kein bestimmter Adressat oder Adressatenkreis gemeint ist, sondern der namenlose Leser – oder eben, wenn nicht der gemeinte Adressat, sondern ein Fremder einen Text verstehen will. Das Schreiben eines Briefes ist wie eine andere Form des Gesprächsversuchs, und wie im unmittelbaren sprachlichen Kontakt oder in allen eingespielten pragmatischen Handlungssituationen wird nur die Störung in der Verständigung ein Interesse am genauen Wortlaut des Gesagten motivieren.

Jedenfalls versucht der Schreiber, wie der im Gespräch Befindliche, das mitzuteilen, was er meint, und das schließt den Vorblick auf den anderen ein, mit dem er Voraussetzungen teilt und auf dessen Verständnis er zählt. Der andere nimmt das Gesagte, wie es gemeint ist, d. h. er versteht dadurch, daß er das Gesagte ergänzt und konkretisiert und nichts in seinem abstrakten Sinngehalt wörtlich nimmt. Das ist auch der Grund, warum man in Briefen, selbst wenn man sie an einen Partner richtet, mit dem man sehr vertraut ist, dennoch gewisse Dinge nicht so sagen kann, wie in der Unmittelbarkeit der Gesprächssituation. Da ist zu vieles, das wegfiele, was in der Unmittelbarkeit des Gesprächs das rechte Verständnis mitträgt, und vor allem hat man im Gespräch immer die Möglichkeit, auf Grund der Entgegnung zu verdeutlichen oder zu verteidigen, wie es gemeint war. Das ist durch den sokratischen Dialog und die platonische Kritik an der Schriftlichkeit besonders bekannt. Die Logoi, die sich aus der Verständigungssituation herausgelöst darstellen, und das gilt natürlich für das Schriftliche insgesamt, sind dem Mißbrauch und Mißverständnis ausgesetzt, weil sie der selbstverständlichen Korrektur des lebendigen Gesprächs entbehren.

Hier drängt sich eine wesentliche Folgerung auf, die für die hermeneuti-

---

* Vgl. vor allem *WuM*, S. 370 ff. und insbesondere S. 373, wo Gadamer mit der Formulierung schließt: „Der Begriff des ursprünglichen Lesers steckt voller undurchschauter Idealisierung" (Anm. d. Hrsg.).

sche Theorie zentral ist. Wenn jede schriftliche Fixierung derart beschnitten ist, bedeutet das für die Intention des Schreibens selber etwas. Weil man als Schreiber um die Problematik aller schriftlichen Fixierung weiß, ist man immer von dem Vorblick auf den Empfänger gesteuert, bei dem man sinngemäßes Verständnis erzielen will. Wie es im lebendigen Gespräch ist, wo man durch Rede und Gegenrede zur Verständigung zu gelangen sucht, das heißt aber, die Worte sucht und mit Betonung und Gestik begleitet, von denen man erwartet, daß sie den anderen erreichen, so muß beim Schreiben, das kein Suchen mit-teilen kann, weil es fixiert, gleichsam ein Auslegungs- und Verständnishorizont im Text selbst geöffnet werden, den der Leser auszufüllen hat. Schreiben ist mehr als bloße Fixierung von Gesagtem. Zwar weist jede schriftliche Fixierung auf das ursprünglich Gesagte zurück, aber sie muß ebenso nach vorwärts blicken, denn alles Gesagte ist auch immer schon auf Verständigung gerichtet und enthält den anderen mit.

So reden wir etwa von dem Text des Protokolls, weil dieses von vornherein als Dokument gemeint ist, und das heißt, daß auf das darin Fixierte zurückgegriffen werden soll. Eben deshalb bedarf es der besonderen Zeichnung und Unterzeichnung durch den Partner. Gleiches gilt von allen Vertragsschließungen in Handel und Politik.

Wir sind damit zu einem zusammenfassenden Begriff gelangt, der aller Konstitution von Texten zugrundeliegt und zugleich ihre Einbettung in den hermeneutischen Zusammenhang sichtbar macht: Jeder Rückgang auf den Text — ob es sich dabei um einen wirklichen, schriftlich fixierten Text handelt oder um die bloße Wiederholung des im Gespräch Geäußerten, gilt gleichviel — meint die ‚Urkunde‘, das ursprünglich Gekündete oder Verkündete, das als ein sinnhaft Identisches gelten soll. Was allen schriftlichen Fixierungen ihre Aufgabe vorschreibt, ist eben, daß diese ‚Kunde‘ verstanden werden soll. Der fixierte Text soll die ursprüngliche Kundgabe so fixieren, daß ihr Sinn eindeutig verständlich wird. Hier entspricht der Aufgabe des Schreibenden die Aufgabe des Lesenden, Adressaten, Interpreten, zu solchem Verständnis zu gelangen, d. h. den fixierten Text wieder sprechen zu lassen. Insofern bedeutet Lesen und Verstehen, daß die Kunde auf ihre ursprüngliche Authentizität zurückgeführt wird. Die Aufgabe der Interpretation stellt sich immer dann, wenn der Sinngehalt des Fixierten strittig ist und es gilt, das richtige Verständnis der ‚Kunde‘ zu gewinnen. ‚Kunde‘ aber ist nicht, was der Sprechende bzw. der Schreibende ursprünglich gesagt hat, sondern was er hat sagen wollen, wenn ich sein ursprünglicher Gesprächspartner gewesen wäre. Das ist etwa für die Interpretation von ‚Befehlen‘ als hermeneutisches Problem bekannt, daß sie ‚sinngemäß‘ befolgt werden sollen (und nicht wörtlich). Das liegt der

Sache nach in der Feststellung, daß ein Text nicht ein gegebener Gegenstand ist, sondern eine Phase im Vollzug eines Verständigungsgeschehens. Dieser allgemeine Sachverhalt läßt sich besonders gut an der juristischen Kodifikation und entsprechend an der juristischen Hermeneutik illustrieren. Nicht umsonst hat die juristische Hermeneutik eine Art Modellfunktion. Hier ist die Überführung in die schriftliche Form und die beständige Berufung auf den Text besonders naheliegend. Was als Recht gesetzt ist, dient ja von vornherein der Schlichtung oder Vermeidung von Streit. Insofern ist hier der Rückgang auf den Text immer motiviert, sowohl für die Rechtsuchenden, die Parteien, wie auch für den Rechtfindenden, Rechtsprechenden, das Gericht. Die Formulierung von Gesetzen, von rechtsgültigen Verträgen oder rechtsgültigen Entscheidungen ist eben deshalb besonders anspruchsvoll und ihre schriftliche Fixierung erst recht. Hier soll ein Beschluß oder eine Übereinkunft so formuliert werden, daß der rechtliche Sinn derselben eindeutig aus dem Text hervorgeht und dem Mißbrauch oder der Verdrehung entzogen ist. Die ‚Dokumentation' verlangt gerade dies, daß eine authentische Interpretation gelingen muß, auch wenn die Autoren selber, die Gesetzgeber oder die Vertragspartner, nicht greifbar sind. Darin liegt, daß die schriftliche Formulierung den Auslegungsspielraum von vornherein mit bedenken muß, der für den ‚Leser' des Textes entsteht, der denselben anzuwenden hat. Hier geht es stets darum — ob bei der ‚Verkündigung' oder der Kodifikation, gilt gleichviel —, Streit zu vermeiden, Mißverständnisse und Mißbrauch auszuschließen, eindeutiges Verständnis zu ermöglichen. Gegenüber der bloßen Verkündigung des Gesetzes oder dem aktuellen Abschluß des Vertrages will die schriftliche Fixierung lediglich eine zusätzliche Absicherung schaffen. Darin liegt aber, daß auch hier ein Spielraum der sinngemäßen Konkretisierung bleibt, die für die praktische Anwendung die Interpretation zu leisten hat.

Daß sie wie ein Text ist, ob kodifiziert oder nicht, liegt in dem Geltungsanspruch der Rechtssetzung. Das Gesetz wie die Satzung bedarf also für die praktische Anwendung stets der Interpretation, und das bedeutet umgekehrt, daß in jede praktische Anwendung Interpretation bereits eingegangen ist. Daher kommt der Judikatur, den Präzedenzfällen oder der bisherigen Handhabung stets eine rechtsschöpferische Funktion zu. Insofern zeigt sich am juristischen Beispiel mit exemplarischer Deutlichkeit, wie sehr jede Erstellung eines Textes auf Interpretation, und d. h. auf richtige, sinngemäße Anwendung, vorausbezogen ist. Es ist festzuhalten, daß das hermeneutische Problem zwischen mündlichem und schriftlichem Verfahren im Grunde das gleiche ist. Man denke etwa an das Verhör von Zeugen. Dieselben sind in der Regel in die Zusammenhänge der Untersuchung und die Anstrengung zur Urteilsfindung nicht eingeweiht. So begegnet ihnen die ihnen gestellte Frage mit der Abstraktheit des ‚Textes', und die Antwort, die sie zu geben haben, ist von derselben Art. Das bedeutet, sie ist wie eine schriftliche Äußerung. Das kommt an der Unbefriedigung heraus, mit der die schriftliche Protokollierung einer Aussage vom Zeugen selber aufgenommen wird. Er kann das Gesagte zwar nicht abstreiten, möchte es aber auch nicht in solcher Isolation stehen lassen und würde es am liebsten sofort noch selber interpretieren. Dem trägt die Aufgabe der Fixierung, also die Protokollführung insoweit Rechnung, daß bei der Wiedergabe des tatsächlich Gesagten das Protokoll der Sinnintention des Sprechenden möglichst gerecht werden soll. Umgekehrt zeigt sich an dem gegebenen Beispiel der Zeugenaussage, wie das schriftliche Verfahren (bzw. die Komponente der Schriftlichkeit im Verfahren) auf die Gesprächsbehandlung rückwirkt. Der auf seine Zeugenaussage hin isolierte Zeuge ist sozusagen schon auf die schriftliche Festlegung der Untersuchungsergebnisse hin isoliert. Ähnliches gilt offenkundig von solchen Fällen, in denen man sich etwa ein Versprechen oder einen Befehl oder eine Frage schriftlich geben läßt: Auch dies enthält eine Isolierung von der ursprünglichen kommunikativen Situation und muß in der Art der schriftlichen Fixierung den ursprünglichen Sinn zum Ausdruck bringen. Der Rückbezug auf die ursprüngliche Mitteilungssituation bleibt in allen diesen Fällen offenkundig.

Das läßt sich auch durch zusätzliche Zeichensetzung tun, wie sie die schriftliche Fixierung inzwischen gefunden hat, um das rechte Verständnis zu erleichtern. So ist z. B. das Fragezeichen ein solcher Hinweis auf die Art, wie ein schriftlich fixierter Satz eigentlich artikuliert werden muß. Der treffliche spanische Brauch, den Fragesatz durch zwei Fragezeichen einzurahmen, macht diese Grundabsicht in überzeugender Weise sichtbar: Schon beim Beginn des Lesens weiß man dadurch, wie man die betreffende Phrase zu artikulieren hat. Die Entbehrlichkeit solcher Interpunktionshilfen, die es in vielen alten Kulturen überhaupt nicht gab, bestätigt andererseits, wie allein durch den fixierten Text Verständnis immerhin möglich ist. Die bloße Aneinanderreihung der Schriftzeichen ohne Interpunktion stellt gleichsam die kommunikative Abstraktion im Extrem dar.

Nun gibt es ohne Zweifel viele Formen des kommunikativen sprachlichen Verhaltens, die dieser Finalität zu unterwerfen nicht möglich ist. Das sind insofern Texte, als man sie selbstverständlich als Texte ansehen kann, wenn sie von ihrem Adressaten abgelöst begegnen — etwa in literarischer Darstellung. Aber im kommunikativen Geschehen selber setzen sie der Textierung Widerstand entgegen. Ich möchte drei Formen derselben unterscheiden, um auf ihrem Hintergrunde den in eminenter Weise der Texturierung zugänglichen, nein: in Textgestalt seine eigentliche Bestimmung erfüllenden Text zur Abhebung zu bringen. Diese drei Formen sind die *Antitexte,* die *Pseudotexte* und die *Prätexte.* Als *Antitexte* bezeichne ich solche Formen des Redens, die sich der Texturierung widersetzen, weil in ihnen die Vollzugssituation des Miteinandersprechens dominant ist. Dazu gehört z. B. jede Art von Scherz. Daß wir etwas nicht ernst meinen und erwarten, daß es als Scherz verstanden wird, hat sicherlich im Kommunikationsgeschehen seinen Ort und findet dort auch seine Signalisierung: Im Tonfall oder in der begleitenden Gestik oder in der gesellschaftlichen Situation oder wie immer. Es ist aber deutlich, daß es nicht möglich ist, eine solche scherzhafte Bemerkung des Augenblicks zu wiederholen. Ähnliches gilt von einer anderen, geradezu klassischen Form gegenseitiger Verständigung, nämlich der Ironie. Hier ist die klare gesellschaftliche Voraussetzung die gemeinsame Vorverständigung, die der Gebrauch von Ironie voraussetzt. Wer das Gegenteil dessen sagt, was er meint, aber sicher sein kann, daß das Gemeinte dabei verstanden wird, befindet sich in einer funktionierenden Verständigungssituation. Wieweit solche ‚Verstellung', die keine ist, auch auf schriftlichem Wege möglich ist, hängt von dem Grade der kommunikativen Vorverständigung und des beherrschenden Einverständnisses ab. So kennen wir den Gebrauch der Ironie z. B. in der früheren aristokratischen Gesellschaft, und dort gewiß auch bruchlos im Übergang in die Schriftlichkeit. In diesen Zusammenhang gehört auch der Gebrauch von klassischen Zitaten, oft in verballhornter Form. Auch damit wird auf eine gesellschaftliche Solidarität, in diesem Falle die überlegene Beherrschung von Bildungsvoraussetzungen, also auf ein Klasseninteresse und seine Bestätigung, abgezielt. Wo aber die Verhältnisse dieser Verständigungsbedingungen nicht ebenso klar sind, ist die Übertragung in die fixierte Schriftform bereits problematisch. So stellt der Gebrauch der Ironie oft eine außerordentlich schwierige hermeneutische Aufgabe, und die Annahme, daß es sich um Ironie handelt, ist schwer zu rechtfertigen. Nicht mit Unrecht hat man gesagt, etwas als ironisch auffassen ist oft nichts anderes als eine Verzweiflungstat des Interpreten. Im Umgang ist es dagegen ein eklatanter Bruch des Einverständnisses, wenn der Gebrauch von Ironie nicht verstanden wird. Es wird eben ein *tragendes Einverständnis* vorausgesetzt, wo immer Scherz oder Ironie möglich sein soll. Daher kann die Verständigung zwischen Menschen kaum dadurch wieder hergestellt werden, daß jemand seine ironische Ausdrucksweise in unmißverständliche Formulierung umprägen soll. Wenn das auch möglich ist, bleibt der so eindeutig gemachte Sinn der Aussage hinter dem kommunikativen Sinn der ironischen Rede allzu weit zurück.

Den zweiten Typus von textwidrigen Texten nannte ich die *Pseudotexte*. Damit meine ich Redegebrauch und auch Schriftgebrauch, der Elemente in sich aufgenommen hat, die gar nicht wirklich zur Sinnübermittlung gehören, sondern so etwas wie ein Füllmaterial für rhetorische Überbrückkungen des Redeflusses darstellen. Der Anteil der Rhetorik läßt sich geradezu dadurch definieren, daß er an der Rede das ist, was nicht den Sachgehalt der Äußerungen darstellt, also den Sinngehalt, der in den Text überführbar ist, sondern was die rein funktionale und rituale Funktion des Redeaustausches in mündlicher bzw. in schriftlicher Form hat. Es ist sozusagen der bedeutungsentleerte Sprachbestandteil, den ich hier als Pseudotext behandle. Jederman kennt dieses Phänomen etwa an der Schwierigkeit, die selbstverständlichen Füllmaterialien der Rede beim Übertragen eines Textes in eine andere Sprache zu erkennen und angemessen zu behandeln. Der Übersetzer vermutet in diesem Füllmaterial authentischen Sinn und zerstört durch die Wiedergabe den eigentlichen Mitteilungsfluß des ihm zur Übersetzung übergebenen Textes. Das ist eine Schwierigkeit, der jeder Übersetzer ausgesetzt ist. Das soll nicht bestreiten, daß sich das Äquivalent für solches Füllmaterial gewiß finden ließe, aber die Übersetzungsaufgabe meint in Wahrheit nur das Sinnhaltige des Textes allein und deswegen besteht in der Erkenntnis und Ausmerzung solchen Füllmaterials von Leerstellen die wahre Aufgabe des sinnvollen Übersetzens. Im Vorausblick ist hier freilich anzumelden, daß dies *für alle Texte von wahrhaft literarischer Qualität, die ich eminente Texte nenne, wie wir sie kennenlernen werden, ganz anders ist.* Eben darauf beruht die Grenze der Übersetzbarkeit literarischer Texte, die sich in den verschiedensten Abstufungen zeigt.

Als dritte Form textwidriger Texte habe ich die *Prätexte* im Auge. So nenne ich alle solche kommunikativen Äußerungen, deren Verständnis sich nicht in der Sinnübermittlung, die in ihnen intendiert ist, erfüllt, sondern in denen etwas Maskiertes zum Ausdruck kommt. Prätexte sind also solche Texte, die wir auf etwas hin interpretieren, was sie gerade nicht meinen. Das, was sie meinen, ist ein bloßer Vorwand, hinter dem sich der ‚Sinn' verbirgt, und damit stellt sich die Interpretationsaufgabe, den Vorwand zu durchschauen und das wahrhaft darin zum Ausdruck Kommende zu ermitteln.

Solche Texte liegen etwa in der öffentlichen Meinungsbildung vor, die ideologischen Einschlag zeigt. Der Begriff der Ideologie will gerade das sagen, daß hier nicht eine wirkliche Mitteilung verbreitet wird, sondern ein dahinterstehendes Interesse, dem sie als Vorwand dient. Die Ideologie-Kritik betreibt daher eine Zurückführung des Gesagten auf maskierte Interessen, z. B. die Interessen der bürgerlichen Klasse im kapitalistischen

Interessenkampf. Ebenso dürfte wohl auch die ideologie-kritische Haltung selber als eine ideologische kritisierbar sein, sofern sie etwa antibürgerliche, oder was immer es sei, Interessen vertritt, und damit ihre eigene Vorwandhaftigkeit maskiert. Man wird als die gemeinsame Motivation des Rückgangs auf ein dahinter liegendes Interesse den Bruch des Einverständnisses ansehen dürfen, das, was Habermas die Kommunikationsverzerrung nennt. Verzerrte Kommunikation zeigt sich also ebenfalls als eine Störung möglichen Einverständisses und möglicher Verständigung und motiviert dadurch den Rückgang auf den wahren Sinn. Das ist wie eine Entschlüsselung.

Ein anderes Beispiel solcher Interpretation als Hintergehung des Vorwandhaften stellt die Rolle dar, welche der Traum in der modernen Tiefenpsychologie einnimmt. Die Erfahrungen des Traumlebens sind ja in der Tat inkonsistent. Die Logik des Erfahrungslebens ist weitgehend außer Kraft. Das schließt nicht aus, daß von der Überraschungslogik des Traumlebens auch ein unmittelbarer Sinnreiz ausgehen kann, der ganz der der Unlogik des Märchens vergleichbar ist. In der Tat hat sich die erzählende Literatur des Genres des Traums wie der des Märchens bemächtigt, z. B. in der deutschen Romantik. Aber das ist eine ästhetische Qualität, die im Spiel der Traumphantasie in dieser Weise genossen wird und natürlich eine literarästhetische Interpretation erfahren kann. Dagegen wird das gleiche Phänomen des Traumes Gegenstand einer ganz andersartigen Interpretation, wenn man hinter den Fragmenten der Traumerinnerung einen wahren Sinn zu enthüllen sucht, der sich in den Traumphantasien nur maskiert und der Entschlüsselung fähig ist. Das macht die ungeheure Bedeutung der Traumerinnerung in der psycho-analytischen Behandlung aus. Mit der Hilfe der Traumdeutung gelingt es der Analyse, ein assoziatives Gespräch in Gang zu bringen, damit Blockaden aufzuheben und am Ende den Patienten von seiner Neurose zu befreien. Bekanntlich durchläuft dieser Prozeß der sogenannten Analyse komplizierte Stadien der Rekonstruktion des ursprünglichen Traumtextes und seiner Deutung. Es ist zwar ein ganz anderer Sinn als der vom Träumer ‚gemeinte' oder ehedem von den Traumdeutern herausgelesene, die das Beunruhigende der Traumerfahrung durch ihre Deutung auflösten. Hier ist es aber die totale Gestörtheit des auf Einverständnis beruhenden Verständigungsgeschehens, die wir Neurose nennen, die den Rückgang hinter das ‚Gemeinte' und die Interpretation des Vorwandes motiviert.

Auch die außerhalb der spezifischen neurotischen Störung bekannte Psychopathologie des Alltagslebens ist von der gleichen Struktur. Da werden Fehlhandlungen durch Rückgang auf unbewußte Regungen zu plötzlicher Verständlichkeit gebracht. Hier wiederholt sich die Motivation des Rückganges auf das Unbewußte wiederum aus der Inkonsistenz, d. h. der Unbegreiflichkeit der Fehlhandlung. Durch die Aufklärung wird dieselbe begreiflich und verliert das Irritierende, das sie an sich hat.

Der Zusammenhang zwischen Text und Interpretation, der das Thema dieser Studie darstellt, zeigt sich also hier in einer besonderen Form, die Ricoeur die Hermeneutik des Mißtrauens und *hermeneutic of suspicion* nennt – es ist ein Irrtum, diese Fälle verzerrter Verständlichkeit als den Normalfall des Textverstehens zu privilegieren. Vgl. inzwischen vom Verf.: The Hermeneutics of suspicion, in: Hermeneutics, Questions and Prospects (ed. G. Shapiro and A. Sica), 1984.

Nun gilt diese ganze bisherige Betrachtung dem Ziel zu zeigen, daß der Zusammenhang zwischen Text und Interpretation sich grundsätzlich ändert, wenn es sich um sogenannte literarische Texte handelt. In allen bisherigen Fällen, in denen sich die Motivation zur Interpretation ergab und damit im kommunikativen Prozeß sich etwas als Text konstituierte, war die Interpretation, wie der sogenannte Text selber, in das Geschehen der Verständigung eingeordnet. Er entsprach dem wörtlichen Sinne des Ausdrucks *inter-pres,* der den meint, der dazwischenredet und daher zunächst die Urfunktion des Dolmetschers, der zwischen Sprechern verschiedener Sprachen steht und durch sein Dazwischenreden die Getrennten zusammenbringt. Wie in solchem Falle die Barriere der fremden Sprache überwunden wird, so bedarf es dessen auch, wenn in der gleichen Sprache Störungen bei der Verständigung auftreten, so daß die Identität der Aussage im Rückgang auf sie, und das heißt potentiell in ihrer Behandlung als Text, begegnet.

Das Befremdende, das einen Text unverständlich macht, soll durch den Interpreten aufgehoben werden. Der Interpret redet dazwischen, wenn die Rede bzw. der Text seine Bestimmung, gehört und verstanden zu werden, nicht zu erfüllen vermag. Der Interpret hat keine andere Funktion als die, in der Erzielung der Verständigung ganz zu verschwinden. Die Rede des Interpreten ist daher nicht ein Text, sondern *dient* einem Text. Das heißt aber nicht, daß der Beitrag des Interpreten in der Weise, den Text zu hören, ganz verschwunden wäre: er ist nur nicht thematisch, nicht als Text gegenständlich, sondern in den Text eingegangen. Damit wird das Verhältnis von Text und Interpretation in größter Allgemeinheit charakterisiert. Denn hier kommt ein hermeneutisches Strukturmoment zutage, das eigene Hervorhebung verdient: dieses Dazwischenreden hat selber Dialogstruktur. Der Dolmetscher, der zwischen zwei Parteien vermittelt, wird gar nicht anders können, als seine Distanz gegenüber den beiden Positionen wie eine Art Überlegenheit über die beiderseitige Befangenheit zu erfahren. Seine Mithilfe bei der Verständigung beschränkt sich daher nicht auf die rein linguistische Ebene, sondern geht immer in eine sachliche Vermittlung über, die Recht und Grenzen der beiden Parteien miteinander zum Ausgleich zu bringen versucht. Der ‚Dazwischenredende' wird zum ‚Unterhändler'. Nun scheint mir ein analoges Verhältnis auch zwischen dem Text und dem Leser zu bestehen. Wenn der Interpret das Befremdliche in einem Text überwindet und damit dem Leser zum Verständnis des Textes verhilft, bedeutet sein eigenes Zurücktreten nicht Verschwinden im negativen Sinne, sondern sein Eingehen in die Kommunikation, so daß die Spannung zwischen dem Horizont des Textes und dem Horizont des Lesers aufgelöst wird — was ich *Horizontverschmelzung* genannt habe. Die getrennten Horizonte wie die verschiedenen Standpunkte gehen ineinander auf. Das Verständnis eines Textes tendiert daher dazu, den Leser für das einzunehmen, was der Text sagt, der eben damit selber verschwindet.

Aber da gibt es die Literatur: Texte, die nicht verschwinden, sondern allem Verstehen gegenüber mit normativem Anspruch dastehen und allem neuen Sprechenlassen des Textes bevorstehen. Was ist ihre Auszeichnung? Was besagt es für die Zwischenrede des Interpreten, daß Texte so ‚da' sein können?

Meine These ist: Sie sind immer erst im Zurückkommen auf sie eigentlich da. Das heißt aber, daß sie in ursprünglichem und eigentlichem Sinne Text sind. Worte, die erst im Zurückkommen auf sie eigentlich ‚da' sind, erfüllen den wahren Sinn von Texten sozusagen aus sich selber: sie sprechen. Literarische Texte sind solche Texte, die man beim Lesen laut hören muß, wenn auch vielleicht nur im inneren Ohr, und die man, wenn sie rezitiert werden, nicht nur hört, sondern innerlich mitspricht. Sie gewinnen ihr wahres Dasein im Auswendigkönnen, *par coeur*. Dann leben sie im Gedächtnis, des Rhapsoden, des Choreuten, des lyrischen Sängers. Wie in die Seele geschrieben, sind sie auf dem Wege zur Schriftlichkeit, und daher ist es gar nicht überraschend, daß man in Lesekulturen solche ausgezeichneten Texte ‚Literatur' nennt.

Ein literarischer Text ist nicht nur die Fixierung vollzogener Rede. Er verweist gar nicht auf ein schon gesprochenes Wort zurück. Das hat hermeneutische Konsequenzen. Die Interpretation ist da nicht mehr ein bloßes Mittel zur Wiedervermittlung einer ursprünglichen Äußerung. Der literarische Text ist gerade dadurch in einem besonderen Grade Text, daß er nicht auf eine ursprüngliche Sprachhandlung zurückweist, sondern seinerseits alle Wiederholungen und Sprachhandlungen vorschreibt; kein Sprechen kann je die Vorschrift ganz erfüllen, die ein dichterischer Text darstellt. Derselbe übt eine normative Funktion aus, die weder auf eine ursprüngliche Rede noch auf die Intention des Redenden zurückweist, sondern die in ihm selbst entspringt, etwa im Glück des Gelingens eines Gedichtes selbst noch den Dichter überraschend und übertreffend.

Nicht umsonst hat das Wort ‚Literatur' einen wertenden Sinn erhalten, so daß Zugehörigkeit zur Literatur eine Auszeichnung darstellt. Ein Text solcher Art stellt nicht die bloße Fixierung von Rede dar, sondern besitzt seine eigene Authentizität. Wenn es sonst den Charakter von Rede ausmacht, daß der Zuhörende gleichsam durch sie hindurchhört und ganz auf das gerichtet ist, was ihm die Rede mitteilt, kommt hier die Sprache selber in eigentümlicher Weise zur Erscheinung.

Es ist nicht leicht, diese Selbstpräsentation des Wortes richtig zu fassen. Selbstverständlich behalten Worte auch im literarischen Text ihre Bedeutung und tragen den Sinn der Rede, die etwas meint. Es gehört notwendig zu der Qualität eines literarischen Textes, daß er diesen Primat des Sachgehaltes, der allen Reden zukommt, nicht antastet, ja sogar umgekehrt, ihn so sehr steigert, daß der Wirklichkeitsbezug seiner Aussage suspendiert wird. Andererseits darf das Wie des Gesagtseins sich nicht vordrängen. Sonst sprechen wir nicht von Kunst des Wortes, sondern von Künstlichkeit, nicht von einem Ton, der wie eine Sangart vorschreibt, sondern von poetisierender Imitation, bzw. wir sprechen nicht von einem Stil, dessen unverwechselbare Qualität wir bewundern, sondern von einer Manier, die sich störend fühlbar macht. Trotzdem verlangt ein literarischer Text, daß er in seiner sprachlichen Erscheinung präsent wird und nicht nur seine Mitteilungsfunktion ausübt. Er muß nicht nur gelesen, er muß auch gehört werden — wenn auch meist nur im inneren Ohr.

So gewinnt das Wort im literarischen Text erst seine volle Selbstpräsenz. Es macht nicht nur Gesagtes präsent, sondern auch sich selbst in seiner erscheinenden Klangwirkachkeit. So wie der Stil als ein wirksamer Faktor den guten Text mit ausmacht und doch nicht als ein Stilkunststück nach vorn drängt, so ist auch die Klangwirksamkeit der Worte und der Rede mit der Sinnmitteilung unlösbar verbunden. Aber wenn sonst Rede durch das Vorlaufen auf den Sinn bestimmt wird, so daß wir über ihre Erscheinung hinweg ganz auf den mitgeteilten Sinn hinhören und hinlesen, hat beim literarischen Text die Selbsterscheinung eines jeden Wortes in seiner Klanglichkeit und hat die Klangmelodie der Rede gerade auch für das durch die Worte Gesagte ihre Bedeutung. Es entsteht eine eigentümliche Spannung zwischen der Sinnrichtung der Rede und der Selbstpräsentation ihrer Erscheinung. Jedes der Glieder der Rede, jedes einzelne Wort, das sich der Sinneinheit des Satzes einordnet, stellt selbst eine Art Sinneinheit dar, sofern es durch seine Bedeutung etwas Gemeintes evoziert. Sofern es dabei sich in seiner eigenen Einheit ausspielt und nicht nur als Mittel für den zu erratenden Redesinn wirkt, läßt es die Sinnvielfalt seiner eigenen

Nennkraft zur Entfaltung kommen. So spricht man dann von den Konnotationen, die mitsprechen, wenn in einem literarischen Text ein Wort in seiner Bedeutung erscheint.

Dabei ist das Einzelwort als Träger seiner Bedeutung und als Mitträger des Redesinnes nur ein abstraktes Moment der Rede. Alles muß im größeren Ganzen der Syntax gesehen werden. Freilich ist das im literarischen Text eine Syntax, die nicht unbedingt und nicht allein die der üblichen Grammatik ist. Wie der Redner syntaktische Freiheiten genießt, die der Hörer ihm deshalb einräumt, weil er mit all den Modulationen und Gestikulationen des Sprechens mitgeht, besitzt auch der dichterische Text — bei allen Abstufungen, die er zeigt — seine eigenen Freiheiten. Sie werden der Klangwirklichkeit eingeräumt, die dem Ganzen des Textes zu verstärkter Sinnkraft verhilft. Gewiß gilt es schon im Bereich der gewöhnlichen Prosa, daß eine Rede keine ‚Schreibe' ist und ein Vortrag keine Vorlesung, d. h. kein ‚paper'. Doch für Literatur im eminenten Sinne des Wortes gilt das noch mehr. Sie überwindet die Abstraktheit des Geschriebenseins nicht nur so, daß der Text lesbar ist, und d. h. in seinem Sinn verständlich. Ein literarischer Text besitzt vielmehr einen eigenen Status. Seine sprachliche Präsenz als Text fordert Wiederholung des originalen Wortlauts, aber so, daß sie nicht auf ein ursprüngliches Sprechen zurückgreift, sondern auf ein neues, ideales Sprechen vorausblickt. Das Geflecht der Sinnbezüge erschöpft sich nie ganz in den Relationen, die zwischen den Hauptbedeutungen der Worte bestehen. Gerade die mitspielenden Bedeutungsrelationen, die in die Sinnteleologie nicht eingebunden sind, geben dem literarischen Satz sein Volumen. Gewiß kämen sie nicht zur Erscheinung, wenn das Ganze der Rede nicht sozusagen an sich hielte, zum Verweilen einlüde und den Leser oder Hörer anhielte, immer hörender zu werden. Dieses Hörendwerden bleibt aber trotzdem, wie jedes Hören, ein Hören auf etwas, das das Gehörte als die Sinngestalt einer Rede auffaßt.

Es ist schwierig zu sagen, was hier Ursache und was Wirkung ist: Ist es dieser Gewinn an Volumen, der seine Mitteilungsfunktion und seine Referenz suspendiert und ihn zu einem literarischen Text macht, oder ist es umgekehrt so, daß die Durchstreichung der Wirklichkeitssetzung, die einen Text als Dichtung charakterisiert, und d. h. als Selbsterscheinung von Sprache, die Sinnfülle der Rede erst in ihrem ganzen Volumen hervorkommen läßt? Beides ist offenbar untrennbar, und es wird vom jeweiligen Anteil der Spracherscheinung am Sinnganzen abhängen, wie sich die Anteile bemessen, die den Raum von der Kunstprosa bis zur Poesie pure in verschiedener Weise ausfüllen.

Wie kompliziert die Fügung der Rede zur Einheit und die Einfügung ihrer Bausteine, d. h. der Worte, ist, wird am Extrem deutlich. Z. B., wenn sich das Wort in seiner Polyvalenz zum selbständigen Sinnträger aufspreizt. So etwas nennen wir ein Wortspiel. Nun ist nicht zu leugnen: Oft nur als Redeschmuck gebraucht, der den Geist des Sprechers glänzen läßt, aber der Sinnintention der Rede völlig untergeordnet bleibt, kann das Wortspiel sich zur Selbständigkeit aufsteigern. Das hat dann die Folge, daß die Sinnintention der Rede als ganzer plötzlich ihre Eindeutigkeit verliert. Hinter der Einheit der Klangerscheinung leuchtet dann die verborgene Einheit verschiedenartiger, ja entgegengesetzter Bedeutungen auf. Hegel hat in solchem Zusammenhang von dem dialektischen Instinkt der Sprache gesprochen, und Heraklit hat im Wortspiel einen der vorzüglichsten Zeugen seiner Grundeinsicht erkannt, daß das Entgegengesetzte in Wahrheit ein und dasselbe ist. Aber das ist philosophische Redeweise. Es handelt sich da um Brechungen des natürlichen Bedeutungszuges von Rede, die für das philosophische Denken gerade deshalb produktiv sind, weil die Sprache auf diese Weise genötigt wird, ihre unmittelbare Objektbedeutung aufzugeben und gedanklichen Spiegelungen zur Erscheinung zu verhelfen. Wortspielhafte Mehrdeutigkeiten stellen die dichteste Erscheinungsform des Spekulativen dar, das sich in einander widersprechenden Urteilen expliziert. Die Dialektik ist die Darstellung des Spekulativen, wie Hegel sagt.

Für den literarischen Text ist die Sache aber anders, und eben aus diesem Grunde. Die Funktion des Wortspiels verträgt sich gerade nicht mit der vielsagenden Vielstelligkeit des dichterischen Wortes. Die Mitbedeutungen, die mit einer Hauptbedeutung mitschwingen, geben der Sprache zwar ihr literarisches Volumen, aber dadurch, daß sie sich der Sinneinheit der Rede unterordnen und andere Bedeutungen nur anklingen lassen. Wortspiele sind nicht einfache Spiele der Vielstelligkeit oder Polyvalenz von Worten, aus der die dichterische Rede sich bildet – in ihnen spielen sich vielmehr selbständige Sinneinheiten gegeneinander aus. So zersprengt das Wortspiel die Einheit der Rede und verlangt, in einem höheren reflektierten Sinnbezug verstanden zu werden. Daher wird man selbst im Gebrauch von Wortspielen und Wortwitzen, wenn sie sich zu sehr jagen, irritiert, weil sie die Einheit der Rede zersetzen. Vollends wird sich in einem Lied oder einem lyrischen Gedicht, also überall, wo die melodische Figuration der Sprache vorwiegt, der Sprengsatz des Wortspieles schwerlich als wirksam erweisen. Natürlich ist es etwas anderes im Falle der dramatischen Rede, in der der Gebrauch des Wortspiels der Charakterisierung der Sprechenden dient. Wieder anders ist es, wo dichterische Rede weder den Fluß des Erzählens noch das Strömen des Gesanges noch dramatische Darstellung bildet, sondern sich bewußt im Spiel der Reflexion ergeht, zu deren Spiegelungsspielen das Aufsprengen von Redeerwartungen geradezu gehört. So kann in sehr reflektierter Lyrik das Wortspiel eine produktive Funktion übernehmen. Man denke etwa an die hermetische Lyrik von Paul Celan. Doch muß man sich auch hier fragen, ob sich nicht der Weg solcher reflexiven Aufladung von Worten am Ende im Ungangbaren verlieren muß. Es fällt doch auf, daß etwa Mallarmé Wortspiele wohl in Prosaentwürfen, wie in *Igitur,* verwendet, aber wo es sich um den vollen Klangkörper dichterischer Gebilde handelt, kaum mit den Worten spielt. Die Verse von *Salut* sind gewiß vielschichtig und erfüllen Sinnerwartung auf so verschiedenen Ebenen wie der eines Trinkspruchs und einer Lebensbilanz, zwischen dem Schaum des Champagners im Glase und der Wellenspur schwebend, die das Lebensschiff zieht. Aber beide Sinndimensionen lassen sich in der gleichen Einheit von Rede als die gleiche melodische Sprachgebärde vollziehen.*

Eine ähnliche Betrachtung hat auch der Metapher zu gelten. Sie ist im Gedicht so sehr in das Spiel der Klänge, Wortsinne und Redesinne eingebunden, daß sie als Metapher gar nicht zur Abhebung kommt. Denn hier fehlt die Prosa der gewöhnlichen Rede überhaupt. Selbst in dichterischer Prosa hat daher die Metapher kaum eine Funktion. Sie verschwindet gleichsam in der Weckung der geistigen Anschauung, der sie dient. Das

---

* Hier das Sonett von Mallarmé, auf das sich Gadamer bezieht. Der deutsche Leser kann sich an der Übersetzung von Carl Fischer orientieren, mit der offenbar versucht ist, Mallarmés Text dadurch im Deutschen heimisch zu machen, daß er in Stefan Georges Sprachduktus und Zeichensetzung präsentiert wird:

Rien, cette écume, vierge vers	Nichts · schaum · jungfräuliches Gedicht
A ne désigner que la coupe;	Nur ein pokal · ein gruß · ein scheuer
Telle loin se noie une troupe	Sirenen stürzen ungeheuer
De sirènes mainte à l'envers.	Ins meer das funkelnd schäumt und bricht
Nous naviguons, ô mes divers	Wir segeln voller zuversicht
Amis, moi déjà sur la poupe	O freunde seht mich nah dem steuer
Vous l'avant fastueux qui coupe	Ihr steht am bug der abenteuer
Le flot de foudres et d'hivers;	Durch stürme und gewitterlicht:
Une ivresse belle m'engage	Die trunkenheit läßt mich nicht wanken
Sans craindre même son tangage	Ich fürchte nicht die schrägen planken
De porter debout ce salut	Und grüße aufrecht was uns ehrt
Solitude, récif, étoile	Riff einsamkeit der sterne regel
A n'importe ce qui valut	Und alles was uns immer wert
Le blanc souci de notre toile.	Der weißen Sorge um das segel.

Eine ausführliche Darstellung der Probleme, die dieses Gedicht aus hermeneutischer Sicht aufwirft, findet man bei Uwe Japp, *Hermeneutik,* W. Fink Verlag, München 1977, S. 80—83 (Anm. d. Hrsg.).

eigentliche Herrschaftsgebiet der Metapher ist vielmehr die Rhetorik. In ihr genießt man die Metapher als Metapher. In der Poetik verdient dagegen die Theorie der Metapher so wenig einen Ehrenplatz, wie die des Wortspiels.

Der Exkurs lehrt, wie vielschichtig und wie differenziert das Zusammenspiel von Laut und Sinn, in Rede wie in Schrift ist, wenn es sich um Literatur handelt. Man fragt sich, wie überhaupt die Zwischenrede des Interpreten in den Vollzug dichterischer Texte zurückgenommen werden kann. Die Beantwortung dieser Frage kann nur eine sehr radikale sein. Im Unterschied zu anderen Texten ist der literarische Text nicht von dem Dazwischenreden des Interpreten unterbrochen, sondern von seinem beständigen Mitreden begleitet. Das läßt sich an der Struktur der Zeitlichkeit, die aller Rede zukommt, zur Ausweisung bringen. Allerdings sind die Zeitkategorien, die wir im Zusammenhang mit Rede und mit sprachlicher Kunst gebrauchen, von eigentümlicher Schwierigkeit. Man redet da von Präsenz und, wie ich es oben tat, sogar von Selbstpräsentation des dichterischen Wortes. *Es ist aber ein Trugschluß, wenn man solche Präsenz von der Sprache der Metaphysik aus als die Gegenwärtigkeit des Vorhandenen oder vom Begriff der Objektivierbarkeit aus verstehen will. Das ist nicht die Gegenwärtigkeit, die dem literarischen Werk zukommt, ja, sie kommt überhaupt keinem Text zu.* Sprache und Schrift bestehen immer in ihrer Verweisung. Sie *sind* nicht, sondern sie *meinen,* und das gilt auch dann noch, wenn das Gemeinte nirgendwo sonst ist als in dem erscheinenden Wort. Dichterische Rede ist nur im Vollzug des Sprechens bzw. des Lesens selbst vollzogen, und d. h., sie ist nicht da, ohne verstanden zu sein.

Die Zeitstruktur des Sprechens und des Lesens stellt ein weithin unerforschtes Problemgebiet dar. Daß das reine Schema der Sukzession auf Sprechen und Lesen nicht anzuwenden ist, wird einem sofort klar, wenn man sieht, daß damit nicht das Lesen, sondern das Buchstabieren beschrieben ist. Wer beim Lesenwollen buchstabieren muß, kann gerade nicht lesen. Ähnliches wie beim stillen Lesen gilt vom lauten Vorlesen. Gut vorlesen heißt, das Zusammenspiel von Bedeutung und Klang dem anderen so vermitteln, daß er es für sich und in sich erneuert. Man liest jemandem vor, und das heißt, daß man sich an ihn wendet. Er gehört dazu. Vorsprechen wie Vorlesen bleibt ‚dialogisch'. Sogar das laute Lesen, bei dem man sich selbst etwas vorliest, bleibt dialogisch, sofern es die Klangerscheinung und die Sinnerfassung möglichst in Einklang bringen muß.

Die Kunst der Rezitation ist nichts grundsätzlich Anderes. Es bedarf nur besonderer Kunst, sofern die Zuhörer eine anonyme Menge sind und der dichterische Text dennoch die Realisierung in jedem einzelnen Hörer verlangt. Wir kennen hier etwas dem Buchstabieren beim Lesen Entsprechendes, das sogenannte Aufsagen. Das ist wiederum kein Sprechen, sondern ein ins Nacheinander zerdehntes Aufreihen von Sinnbruchstükken. Wir reden davon im Deutschen, wenn Kinder Verse auswendig lernen und zur Freude der Eltern ‚aufsagen'. Der wirkliche Könner oder Künstler der Rezitation wird dagegen ein Ganzes von sprachlicher Gestalt präsent machen, ähnlich wie der Schauspieler, der die Worte seiner Rolle wie im Augenblick gefunden neu gebären muß. Es darf nicht eine Reihe von Redeteilen sein, sondern ein Ganzes aus Sinn und Klang, das in sich selbst ‚steht'. Daher wird sich der ideale Sprecher gar nicht selbst präsent machen, sondern nur den Text, der selbst einen Blinden, der seine Gestik nicht sehen kann, voll erreichen muß. Goethe sagt einmal: „Es gibt keinen höhern Genuß und keinen reinern, als sich mit geschloßnen Augen durch eine natürlich richtige Stimme ein Shakespearesches Stück nicht zu deklamieren, sondern rezitieren zu lassen"*. Man kann sich fragen, ob Rezitation bei jeder Art dichterischer Texte überhaupt möglich ist. Z. B., wenn es sich um meditative Dichtung handelt. Auch in der Gattungsgeschichte der Lyrik bildet sich dieses Problem ab. Chorlyrik und überhaupt alles Liedhafte, das zum Mitsingen einlädt, ist etwas von der elegischen Tonart durchaus Verschiedenes. Meditative Dichtung scheint vollends im einsamen Vollzug allein möglich.

Jedenfalls ist das Sukzessionsschema hier ganz fehl am Platze. Man erinnert sich dessen, was man im Erlernen der lateinischen Prosodik das Konstruieren nennt: Der Lateinschüler hat das ‚Verb' zu suchen und dann das Subjekt, und von da aus die gesamte Wortmasse zu artikulieren bis zum plötzlichen Zusammenschießen von Elementen, die anfangs völlig sinndisparat schienen. Aristoteles beschreibt einmal das Gefrieren einer Flüssigkeit, wenn sie erschüttert wird, als schlagartigen Umschlag. Ähnlich ist es mit dem Schlagartigen des Verstehens, wenn sich die ungeordneten Wortfragmente in die Sinneinheit eines Ganzen auskristallisieren. Hören wie Lesen haben offenbar die gleiche Zeitstruktur des Verstehens, deren zirkulärer Charakter zu den ältesten Erkenntnissen der Rhetorik und Hermeneutik zählt.

Das gilt für alles Hören wie Lesen, aber im Falle literarischer Texte ist die Sachlage noch weit komplizierter. Da geht es ja nicht allein um das Abernten einer durch den Text vermittelten Information. Man eilt nicht ungeduldig und gleichsam unbeirrbar auf das Sinn-Ende zu, mit dessen Ergreifung das Ganze der Mitteilung erfaßt wird. Gewiß gibt es auch hier so etwas wie ein schlagartiges Verstehen, in dem die Einheit des Gebildes aufleuchtet. Beim dichterischen Text ist das ebenso wie beim künstleri-

---

* *Shakespeare und kein Ende,* in: Johann Wolfgang Goethe. Sämtliche Werke, Artemis-Gedenkausgabe Band 14, S. 757 (Anm. d. Hrsg.).

schen Bild. Sinnbezüge werden — wenn auch vielleicht vage und fragmentarisch — erkannt. Aber in beiden Fällen ist der Abbildbezug auf das Wirkliche suspendiert. Der Text bleibt mit seinem Sinnbezug das einzig Präsente. Wenn wir literarische Texte sprechen oder lesen, werden wir daher auf die Sinn- und Klangrelationen zurückgeworfen, die das Gefüge des Ganzen artikulieren, und das nicht nur einmal, sondern immer wieder. Wir blättern gleichsam zurück, fangen neu an, lesen neu, entdecken neue Sinnbezüge, und was am Ende steht, ist nicht das sichere Bewußtsein, die Sache nun verstanden zu haben, mit dem man sonst einen Text hinter sich läßt. Es ist umgekehrt: Man kommt immer tiefer hinein, je mehr Bezüge von Sinn und Klang einem ins Bewußtsein treten. Wir lassen den Text nicht hinter uns, sondern lassen uns in ihn eingehen. Wir sind dann in ihm darin, so wie jeder, der spricht, in den Worten, die er sagt, darin ist und sie nicht in einer Distanz hält, wie sie für den gilt, der Werkzeuge anwendet, sie nimmt und weglegt. Die Rede vom Anwenden von Worten ist daher seltsam schief. Sie trifft nicht das wirkliche Sprechen, sondern behandelt Sprechen mehr wie den Gebrauch des Lexikons einer fremden Sprache. So muß man grundsätzlich die Rede von Regel und Vorschrift einschränken, wenn es sich um wirkliches Sprechen handelt. Das gilt aber erst recht vom literarischen Text. Er ist ja nicht deshalb richtig, weil er das sagt, was ein jeder sagen würde, sondern hat eine neue, einzigartige Richtigkeit, die ihn als ein Kunstwerk auszeichnet. Jedes Wort ‚sitzt‘, so daß es fast unersetzbar scheint und in gewissem Grade wirklich unersetzbar ist.
Es war Dilthey, der in Fortentwicklung des romantischen Idealismus hier die ersten Orientierungen gegeben hat. In Abwehr des zeitgenössischen Monopolismus des Kausaldenkens sprach er statt von dem Zusammenhang von Ursache und Wirkung vom *Wirkungszusammenhang,* also von einem Zusammenhang, der zwischen den Wirkungen selber (unbeschadet dessen, daß sie alle ihre Ursachen haben) besteht. Er hat dafür den später zu Ehren gekommenen Begriff ‚Struktur‘ eingeführt und hat gezeigt, wie das Verstehen von Strukturen notwendig zirkuläre Form hat. Ausgehend vom musikalischen Hören, für das die absolute Musik durch ihre extreme Begriffslosigkeit ein Paradebeispiel ist, weil sie alle Abbildtheorie ausschließt, hat er von Konzentrierung in einem Mittelpunkt gesprochen und die Temporalstruktur des Verstehens zum Thema gemacht. In der Ästhetik spricht man in ähnlichem Sinne, sowohl bei einem literarischen Text wie bei einem Bilde, von ‚Gebilde‘. In der unbestimmten Bedeutung von ‚Gebilde‘ liegt, daß etwas nicht auf sein vorgeplantes Fertigsein hin verstanden wird, sondern daß es sich gleichsam von innen heraus zu seiner eigenen Gestalt herausgebildet hat und vielleicht in weiterer Bildung begriffen ist. Es leuchtet ein, daß es eine eigene Aufgabe ist, dergleichen zu

verstehen. Die Aufgabe ist, das, was ein Gebilde ist, in sich aufzubauen, etwas, was nicht ‚konstruiert' ist, zu konstruieren — und das schließt ein, daß alle Konstruktionsversuche wieder zurückgenommen werden. Während die Einheit von Verstehen und Lesen sich sonst in verständnisvollem Lesen vollzieht und dabei die sprachliche Erscheinung ganz hinter sich läßt, redet beim literarischen Text ständig etwas mit, das wechselnde Sinn- und Klangbezüge präsent macht. Es ist die Zeitstruktur der Bewegtheit, die wir das Verweilen nennen, die solche Präsenz ausfüllt und in die alle Zwischenrede der Interpretation einzugehen hat. Ohne die Bereitschaft des Aufnehmenden, ganz Ohr zu sein, spricht kein dichterischer Text.

Zum Abschluß mag ein berühmtes Beispiel zur Illustration dienen. Es ist der Schluß des Gedichtes von Mörike *Auf eine Lampe.** Der Vers lautet: „Was aber schön ist, selig scheint es in ihm selbst."

Der Vers war Gegenstand einer Diskussion zwischen Emil Staiger und Martin Heidegger. Er interessiert hier nur als ein exemplarischer Fall. In diesem Verse begegnet eine Wortgruppe von anscheinend trivialster Alltäglichkeit: ‚Scheint es.' Das kann man wie ‚anscheinend', ‚dokei', ‚videtur', ‚il semble', ‚it seems', ‚pare' usw. verstehen. Dieses prosaische Verständnis der Wendung gibt Sinn und fand deshalb seinen Verteidiger. Nun kann man aber sehen: es erfüllt nicht das Gesetz des Verses. Es läßt sich zeigen, warum ‚scheint es' hier ‚es leuchtet', ‚splendet' meint. Da ist zunächst ein hermeneutisches Prinzip anwendbar. Bei Anstößen entscheidet der größere Zusammenhang. Jede Doppelmöglichkeit des Verstehens ist aber ein Anstoß. Da ist es nun von entscheidender Evidenz, daß das Schöne hier auf eine Lampe angewendet wird. Das ist die Aussage des Gedichtes als eines Ganzen, die man durchaus verstehen soll. Eine Lampe, die nicht leuchtet, weil sie altmodisch und vergangen in einem ‚Lustge-

---

* Mörikes Gedicht lautet:

Noch unverrückt, o schöne Lampe, schmückest du,
An leichten Ketten zierlich aufgehangen hier,
Die Decke des nun fast vergeßnen Lustgemachs.
Auf deiner weißen Marmorschale, deren Rand
Der Efeukranz von goldengrünem Erz umflicht,
Schlingt fröhlich eine Kinderschar den Ringelreihn.
Wie reizend alles! lachend, und ein sanfter Geist
Des Ernstes doch ergossen um die ganze Form —
Ein Kunstgebild der echten Art. Wer achtet sein?
Was aber schön ist, selig scheint es in ihm selbst.

Die Auseinandersetzung zwischen Emil Staiger und Martin Heidegger, auf die Gadamer im folgenden anspielt, ist dokumentiert in: Emil Staiger, *Die Kunst der Interpretation*, dtv Wissenschaftliche Reihe 4078 (1971, Lizenzausgabe des Atlantis Verlages, Zürich und Freiburg i. Br. 1955), S. 28–42 (Anm. d. Hrsg.).

mach' hängt („wer achtet sein?") gewinnt hier ihren eigenen Glanz, weil sie ein Kunstwerk ist. Es ist kein Zweifel, daß das Scheinen hier von der Lampe gesagt wird, die leuchtet, auch wenn sie niemand gebraucht.

Leo Spitzer hat in einem hochgelehrten Beitrag zu dieser Diskussion die literarische Gattung solcher Dinggedichte näher beschrieben und ihren literaturgeschichtlichen Ort überzeugend angegeben. Heidegger hat seinerseits mit Recht den Begriffszusammenhang von ‚schön' und ‚scheinen' geltend gemacht, der in Hegels berühmter Wendung vom sinnlichen Scheinen der Idee anklingt. Aber es gibt auch immanente Gründe. Gerade aus dem Zusammenwirken von Klang und Bedeutung der Worte folgt eine weitere klare Entscheidungsinstanz. Wie in diesem Verse die S-Laute ein festes Gewebe bilden („wa*s* aber *s*chön i*s*t, *s*elig *s*cheint e*s* in ihm *s*elb*s*t") oder wie die metrische Modulation des Verses die melodische Einheit der Phrase konstituiert (ein metrischer Akzent liegt auf schön, selig, scheint, in, selbst), ist für eine reflexive Irruption kein Platz, wie sie ein prosaisches ‚scheint es' darstellen würde. Sie würde vielmehr den Einbruch kolloquialer Prosa in die Sprache eines Gedichtes bedeuten, eine Beirrung des dichterischen Verstehens, die uns allen immer droht. Denn im allgemeinen sprechen wir Prosa, wie Molières Monsieur Jourdain zu seiner Überraschung erfährt. Eben das hat die Gegenwartsdichtung zu extremen hermetischen Stilformen geführt, den Einbruch der Prosa fernzuhalten. Hier, in Mörikes Gedicht, liegt solche Beirrung nicht einmal ganz fern. Manchmal nähert sich die Sprache dieses Gedichtes der Prosa („wer achtet sein?"). Nun gibt aber die Stellung des Verses im Ganzen, nämlich, daß er der Schluß des Gedichtes ist, demselben ein besonderes gnomisches Gewicht. Und in der Tat, das Gedicht illustriert durch seine eigene Aussage, warum das Gold dieses Verses keine Anweisung ist, wie eine Banknote oder eine Information, sondern seinen eigenen Wert selbst hat. Das Scheinen wird nicht nur verstanden, sondern es strahlt über das Ganze der Erscheinung dieser Lampe, die in einem vergessenen Gemache unbeachtet hängt und nirgends mehr scheint als in diesen Versen. Das innere Ohr hört hier die Entsprechungen von ‚schön' und ‚selig' und ‚scheinen' und ‚selbst' – und vollends läßt das ‚selbst', mit dem der Rhythmus endet und verstummt, die verstummte Bewegung in unserem inneren Ohr nachhallen. Es läßt in unserem inneren Auge das stille Sich-Verströmen des Lichtes erscheinen, das wir ‚scheinen' nennen. So versteht unser Verstand nicht nur, was da über das Schöne gesagt wird und was die Autonomie des Kunstwerkes ausspricht, das von keinem Gebrauchszusammenhang abhängt – unser Ohr hört und unser Verständnis vernimmt den Schein des Schönen als sein wahres Wesen. Der Interpret, der seine Gründe beibrachte, verschwindet, und der Text spricht.

Jacques Derrida

Guter Wille zur Macht (I)

Drei Fragen an Hans-Georg Gadamer

Gestern abend, beim Vortrag und der anschließenden Diskussion*, habe ich mich gefragt, ob es hier etwas anderes geben würde als Auseinandersetzungen, deren Zustandekommen unwahrscheinlich sein dürfte, Gegenfragen und uneinlösbaren Sachbezug (um einige Formulierungen wieder aufzunehmen, die wir gehört haben). Ich frage mich das immer noch.

Versammelt sind wir hier um Professor Gadamer. An ihn möchte ich mich daher zunächst wenden und ihm die Ehre erweisen, ihm einige Fragen zu stellen.

Die erste Frage geht auf das, was er uns gestern abend über den guten Willen gesagt hat, den Appell an den guten Willen und die absolute Verbindlichkeit im Bestreben nach Verständigung. Wie könnte man nicht versucht sein, die machtvolle Evidenz dieses Axioms zu unterschreiben? Ist es doch nicht bloß eine ethische Forderung, sondern es steht am Anfang aller für eine Sprechergemeinschaft geltenden Ethik, ja, es regelt sogar noch das Auftreten von Streit und Mißverständnis. Das Axiom bringt den guten Willen mit der „Würde" im Sinne Kants in Zusammenhang – und auf solche Weise mit dem, was in einem moralischen Wesen über jedem Marktwert, jedem auszuhandelnden Preis und jedem hypothetischen Imperativ steht. Es wäre demnach etwas Unbedingtes und stünde wohl auch jenseits jeglicher Bewertung überhaupt, jenseits aller Werte, wenn anders Werte eine Skala und Vergleichung voraussetzen.

Meine *erste Frage* wäre also folgende: Setzt dieses unbedingte Axiom nicht gleichwohl voraus, daß der *Wille* die Form dieser Unbedingtheit, ihr

---

* Die Einlassung von Jacques Derrida, die wir hier nach ihrer Bandaufnahme transkribieren, nimmt selbstredend auf den Vortrag Bezug, den Professor Gadamer am 25. April 1981 in Paris gehalten hat. Für die vorliegende Veröffentlichung wurde derselbe umgearbeitet und stark erweitert. Dabei wurden selbstverständlich Akzente verlagert. So war z. B. die Problematik des guten Willens, die von Jacques Derrida fast ausschließlich zum Thema des ersten Teils seiner Einlassung gemacht wurde, in der Vortragsfassung etwas ausführlicher ausgefallen, als es hier in der Druckfassung der Fall ist. Dessen Funktion als mitkonstituierende Voraussetzung des Verstehens bei Gadamer ist aber auch hier, wie der Leser selbst festgestellt haben wird, völlig erhalten geblieben (Anm. d. Hrsg.).

absoluter Rückhalt und in letzter Instanz ihre Bestimmung bleibt? Und was ist Wille, wenn es, wie Kant sagt, nichts unbedingt Gutes außer dem guten Willen gibt? Würde diese Bestimmung — als letzte Instanz — nicht dem angehören, was Heidegger mit vollem Recht die Bestimmung des Seins des Seienden als Wille oder wollende Subjektivität nennt? Gehört nicht eine solche Redeweise — bis in ihre Notwendigkeit hinein — einer vergangenen Epoche an, nämlich jener der Metaphysik des Willens?

Zweite Frage, immer noch in bezug auf den Vortrag von gestern abend: Was macht man mit dem guten Willen als Voraussetzung von Verständigung, die auch noch im Streit gilt, wenn eine psychoanalytische in eine allgemeine Hermeneutik integriert werden soll? Genau das aber hat Professor Gadamer gestern abend vorgeschlagen. Was bedeutet der gute Wille in einer Psychoanalyse? Oder auch nur in einem Diskurs, der mit dergleichen wie Psychoanalyse rechnet? Wird da, wie Professor Gadamer offensichtlich der Ansicht ist, eine einfache Ausweitung des interpretatorischen Zusammenhangs genügen? Wird nicht vielmehr im Gegenteil, wie ich eher sagen würde, ein Bruch notwendig sein oder eine allgemeine Neustrukturierung des Kontextes bis zum Kontextbegriff selber? Dabei beziehe ich mich auf überhaupt keine spezifische psychoanalytische Doktrin, sondern nur auf eine Frage, die durch die Möglichkeit der Psychoanalyse ge(kenn)zeichnet ist, auf eine psychoanalytisch interessierte Interpretation. Eine solche Interpretation stünde doch vielleicht der Interpretation im Stile Nietzsches näher als jener anderen hermeneutischen Tradition von Schleiermacher bis zu Gadamer — mit all den inneren Differenzierungen, die man in ihr feststellen mag (wie das ja gestern abend der Fall war).

Hinsichtlich dieses Kontextes hat uns Professor Gadamer mehrmals gesagt, er sei der Lebenszusammenhang (so lautete sein Ausdruck) im lebendigen Dialog, in der lebendigen Erfahrung des lebendigen Miteinanderredens. Dies war gestern abend einer der entscheidenden Punkte und der in meiner Sicht besonders problematische in allem, was wir über kontextbezogene Kohärenz hörten — systematische oder auch nichtsystematische Kohärenz — muß doch nicht jede Kohärenz die Form des Systems haben. Für mich ganz besonders problematisch in allem, was uns über die Definition des literarischen, poetischen oder ironischen Textes gesagt wurde.

Ich erinnere auch an die letzte Frage, die ein Diskussionsteilnehmer aufwarf. Es ging da um die Geschlossenheit eines Corpus. Was ist in dieser Hinsicht Zusammenhang und was ist eigentlich streng genommen die Erweiterung eines Zusammenhangs? Kontinuierlich fortschreitende Ausweitung? Oder nicht eher diskontinuierliche Umstrukturierung?

Dritte Frage: Auch diese geht auf die Axiomatik des guten Willens. Mögen nun psychoanalytische Hintergedanken mit im Spiele sein oder nicht, so ist doch die Frage berechtigt, was es mit dieser axiomatischen Bedingung des Interpretationsdiskurses auf sich hat, mit dem, was Professor Gadamer „verstehen", „verstehen des anderen", „sich miteinander verstehen" nennt. Ob man nun von der Verständigung oder vom Mißverständnis (Schleiermacher) ausgeht, immer muß man sich doch fragen, ob die Bedingung des Verstehens, weit entfernt davon, ein sich kontinuierlich entfaltender Bezug zu sein (wie es gestern abend hieß), nicht doch eher der Bruch des Bezuges ist, der Bruch als Bezug gewissermaßen, eine Aufhebung aller Vermittlung?

Schließlich hat sich Professor Gadamer mit Nachdruck auf jene „Erfahrung" berufen, „die wir alle kennen", auf eine Beschreibung von Erfahrung, die nicht selber eine Metaphysik sein soll. Oft hat sich nun Metaphysik (und womöglich sogar in allen Fällen) als Beschreibung der Erfahrung, nämlich als ihre Selbstdarstellung, vorgestellt. Ich bin nun meinerseits auch nicht sicher, ob wir eben diese Erfahrung überhaupt machen, die Professor Gadamer meint, nämlich daß im Dialog „Einvernehmen" oder erfolgsbestätigende Zustimmung zustandekommt.

Kommt im Netz dieser Fragen und Bemerkungen, die ich hier ihrer elliptischen und improvisierten Form überlasse, nicht doch ein anderes Denken von „Text" in den Blick?

Aus dem Französischen von Friedrich A. Kittler

Hans-Georg Gadamer

Und dennoch: Macht des Guten Willens*

Die Fragen von Herrn Derrida demonstrieren unwiderleglich, daß meine Bemerkungen über Text und Interpretation, soweit sie die wohlbekannte Position Derridas im Auge hatten, jetzt ihr Ziel nicht erreicht haben. Ich habe Mühe, die an mich gestellten Fragen zu verstehen. Aber ich gebe mir Mühe, wie jeder tut, der einen anderen verstehen will oder von dem anderen verstanden werden will. Ich kann absolut nicht einsehen, daß diese Anstrengung etwas mit der Epoche der Metaphysik zu tun hat oder gar mit dem kantischen Begriff des guten Willens. Was ich meinte, habe ich deutlich gesagt, auch in dem wirklich gehaltenen Vortrag in Paris: Guter Wille meint das, was Plato „eumeneis elenchoi" nennt. Das will sagen: man ist nicht darauf aus, Recht zu behalten und will deshalb die Schwächen des anderen aufspüren; man versucht vielmehr, den anderen so stark wie möglich zu machen, so daß seine Aussage etwas Einleuchtendes bekommt. Solches Verhalten scheint mir für jede Verständigung wesentlich. Das ist eine pure Feststellung und hat nichts mit einem „Appell" zu tun, und am allerwenigsten etwas mit Ethik. Auch unmoralische Wesen bemühen sich, einander zu verstehen. Ich kann mir nicht denken, daß Derrida mir in dieser Feststellung nicht in Wahrheit zustimmt. Wer den Mund auftut, möchte verstanden werden. Anderenfalls würde er weder reden noch schreiben. Und schließlich habe ich doch diese überlegene Evidenz für mich: Derrida richtet Fragen an mich und muß doch wohl dabei voraussetzen, daß ich sie zu verstehen gewillt bin. Dies hat zwar mit Kants gutem Willen nicht das geringste zu tun, wohl aber mit dem Unterschied von Dialektik und Sophistik.

Nun glaube ich nicht, daß ich verstanden werde, wenn man mir unterstellt, ich wollte die psychoanalytische Hermeneutik − und damit ist doch das Verfahren gemeint, durch das der Analytiker dem Patienten hilft, sich selber zu verstehen und mit seinen Komplexen fertigzuwerden − in die allgemeine Hermeneutik integrieren bzw. die klassisch-naiven Verstehensformen bis dorthin ausdehnen. Mein Ziel war umgekehrt, zu zeigen, daß die psychoanalytische Interpretation in eine ganz andere Richtung geht,

---
* Vom Herausgeber formulierter Titel.

nicht das verstehen will, was einer sagen will, sondern das, was er nicht sagen will oder sich nicht eingestehen will.

Auch in meinen Augen ist dies ein Bruch, eine *rupture,* und nicht eine andere Methode, die dasselbe verstehen will. Es fällt mir gar nicht ein zu leugnen, daß man an Äußerungen auch in einer ganz anderen Absicht herangehen kann, als in der, durch die Verständigung gelingen kann. Meine Frage war geradezu: Wann und warum vollzieht man einen solchen Bruch? Das habe ich zeigen wollen, weil ich weiß, daß etwa Ricœur diesen Bruch nicht als einen radikalen wahrhaben will, wenn er die Interpretation des Mißtrauens und die Interpretation des Gemeinten als zwei Methoden nebeneinanderstellt, die beide das gleiche verstehen wollen.

Nun mache ich mir keine Illusionen, daß Derrida, auch wenn ich im Punkte Rupture mit ihm übereinstimme, mit mir wirklich einverstanden ist. Er wird doch wohl sagen, daß dieser Bruch immer vollzogen werden muß, weil es ein bruchloses Verstehen des anderen überhaupt nicht gibt. Der Wahrheitsbegriff, der in harmonischer Verständigung impliziert ist und die „wahre" Meinung des Gesagten definiert, ist für ihn eine Naivität, die seit Nietzsche nicht mehr durchgelassen werden könne. Es ist wohl aus diesem Grunde, daß Derrida meine Rede vom Lebenszusammenhang und von der fundamentalen Stellung des lebendigen Dialogs besonders problematisch findet. In diesen Formen des Austauschs von Wort und Wort, Frage und Antwort, vermag sich wirklich Einverständnis herzustellen (*homologia*). Das ist der von Plato beständig betonte Weg, wie man scheinhafte Übereinstimmungen, Mißverständlichkeiten, Mißdeutungen aufzulösen vermag, die den Worten als solchen anhängen. Es ist ja nicht nur das System der Sprache als ein System von Zeichen, das durch *Syntheke,* Konvention, Übereinkommen, konstituiert ist. Weit mehr noch gilt das von dem in dieser Weise Mitgeteilten und Miteinandergeteilten, das sich in dem vollzieht, was Derrida selbst *collocution* nennt (*La voix et le phénomène,* 40 ff.).

Mir scheint damit gerechtfertigt, daß man von diesem Prozeß des sich bildenden und sich umbildenden Einverständnisses ausgeht, wenn man Sprache und ihre mögliche schriftliche Fixierung in ihrer Funktion zu beschreiben hat. Das ist wirklich noch keine Metaphysik, sondern macht die Voraussetzung namhaft, die jeder Partner eines Gesprächs machen muß, auch Derrida, wenn er an mich Fragen richtet. Wird er enttäuscht sein, daß wir uns nicht recht verständigen können? Aber nein, das wäre in seinen Augen eher ein Rückfall in die Metaphysik. Er wird also befriedigt sein, weil er in der privaten Erfahrung der Enttäuschung seine Metaphysik bestätigt sieht. Doch vermag ich nicht zu sehen, daß er damit auch nur für sich selbst recht hat und mit sich selbst im Einverständnis ist. Daß er sich dabei auf Nietzsche beruft, verstehe ich freilich sehr gut. Aber eben, weil sie beide gegen sich selbst unrecht haben: Sie reden und schreiben, um verstanden zu werden.

Nun will ich wirklich nicht sagen, daß die Solidaritäten, die Menschen miteinander verbinden und zu Gesprächspartnern machen, jeweils ausreichen, um über alle Dinge zur Verständigung und zum totalen Einverständnis zu gelangen. Zwischen zwei Menschen würde es dazu eines nie endenden Dialogs bedürfen, und für sich selber, für den inneren Dialog der Seele mit sich selber, gilt das gleiche. Aber daß wir immer wieder an Grenzen stoßen und spüren, daß wir aneinander (oder an uns selbst) vorbeireden — ich meine, wir könnten das nicht, wenn wir nicht lange Wegstrecken, vielleicht ohne uns das eingestanden zu haben, gemeinsam zurückgelegt hätten. Alle Solidarität zwischen Menschen, aller Bestand von Gesellschaft, setzt das voraus.

Nun meint Derrida doch wohl — er möge mir verzeihen, daß ich ihn zu verstehen suche — daß das beim Text anders ist. Alles als Schrift erscheinende Wort sei immer schon ein Bruch, und vollends gilt das für den literarischen Text, für jedes Kunstwerk der Sprache, daß es uns einen Bruch mit unseren Erfahrungslinien und ihren Erwartungshorizonten zumutet. Mit Heidegger zu sprechen: Das Kunstwerk begegnet als ein Stoß, versetzt einen Stoß und bedeutet keineswegs Bestätigung im beruhigten Einverständnis. Darüber sollten wir uns doch verständigen können. Die Erfahrung der Grenzen, die wir im Leben an anderen machen, ist es doch nicht allein, die die Gemeinsamkeiten, die uns sonst tragen, voraussetzt und zur Erfahrung kommen läßt. Die Erfahrung des Textes mag immer ein Moment solcher Grenzerfahrung einschließen, aber eben damit auch all das mit einschließen, was uns verbindet. Ich habe in meinem Text zu zeigen versucht, daß der literarische Text, daß das sprachliche Kunstwerk, uns nicht nur wie ein Stoß trifft, sondern auch angenommen wird — mit einer Zustimmung, die der Beginn eines langen, eines zuweilen oft wiederholten Verständigungsversuchs ist. Jedes Lesen, das zu verstehen sucht, ist nur ein Schritt auf dem nie zu einem Ende führenden Wege. Wer diesen Weg geht, weiß, daß er mit seinem Text nie „fertig wird"; er nimmt den Stoß an. Wenn ein dichterischer Text ihn so angerührt hat, daß er ihm am Ende „eingeht" und er sich darin erkennt, setzt das nicht Einvernehmen und Selbstbestätigung voraus. Man gibt sich auf, um sich zu finden. Ich glaube mich gar nicht so fern von Derrida, wenn ich unterstreiche, daß man nicht vorher weiß, als was man sich findet.

Jacques Derrida

Guter Wille zur Macht (II)

Die Unterschriften interpretieren (Nietzsche/Heidegger)

Die erste Frage betrifft den *Namen* Nietzsche, die zweite den Begriff *Ganzheit*.

I

Beginnen wir mit den Kapiteln 2 und 3 von Heideggers Nietzschebuch. Das eine ist der „ewigen Wiederkehr des Gleichen" gewidmet, das andere dem „Willen zur Macht als Erkenntnis". Zuwenden werden wir uns vorab dem Unterkapitel, das vom *Chaos* und vom „angeblichen Biologismus Nietzsches" handelt. Die Risiken dieser Wahl schränken sich, hoffe ich, ein, sobald sich regelmäßig dieselbe Interpretation am Werk erweist. Ein selbes Lektüresystem sammelt und versammelt sich mit Macht an jeder Stelle. Es zielt auf die Versammlung der *Einheit* und *Einzigkeit* von Nietzsches Denken, das es selber in Funktion der vollendeten Einheit, auf dem Vollendungsgang abendländischer Metaphysik versteht. Nietzsche wäre recht eigentlich der *Kamm,* Scheitel oder Grat auf dem Gipfel dieser Vollendung. Er würde somit nach beiden Seiten, auf beide Abhänge oder Richtungen blicken.

Wie steht es also um diese *Einheit*, um diese doppelte Einheit? Wie ist ihr Bezug auf den Namen oder vielmehr die Unterschrift Nietzsche? Welche Rechnung trägt Heidegger jener Frage, die andere bio-graphisch, autobiographisch oder autographisch nennen würden − als Singularität einer Unterschrift mit dem vorgeblich eigenen Namen Nietzsche? Wenn man, anders gesagt, hinter Heideggers Nietzschelektüre das ganze Fundament einer allgemeinen Lektüre abendländischer Metaphysik erkennt, dann lautet die Frage: Inwiefern schließt diese Interpretation der Metaphysik in ihrer Ganzheit und als einer Ganzheit eine interpretatorische Entscheidung über Einheit oder Einzigkeit des Denkens ein? Und inwiefern setzt diese Entscheidung eine andere voraus − über das „Biographische", den Eigennamen, das Autobiographische und die Unterschrift, ja über die Politik der Unterschrift?* Heideggers Stellung zu dieser Frage werde ich zunächst mit einem summarischen und vereinfachenden Satz anzeigen, von dem man aber (hoffe ich) zeigen könnte, daß er nicht falsch ist: Es gibt eine Einheit von Nietzsches Denken, selbst wenn sie nicht die eines Systems im klassischen Sinn ist. Und diese Einheit ist zugleich seine Einzigkeit, seine Singularität. Ausdrückliche These bei Heidegger: jeder große Denker hat nur einen Gedanken. Diese Einzigkeit wurde durch die Instanz des Namens oder der Eigennamen, durch das „normale" oder „wahnsinnige" Leben Friedrich Nietzsches weder konstituiert noch bedroht, weder versammelt noch bewirkt. Sie hat diese einzigartige Einheit vielmehr aus der Einheit der abendländischen Metaphysik, die sich hier auf ihrem Gipfel versammelt, einem Gipfel, der auch der einfachen Einheit einer Faltungslinie vergleichbar wäre. Konsequenz: das Biographische, Autobiographische, der Schauplatz oder die Kräfte des Eigennamens, der Eigennamen, der Unterschriften usw. – all das erhält einmal mehr jenen Minderheitenstatus oder unwesentlichen Platz, den es in der Geschichte der Metaphysik schon immer innegehabt hat. Und das bezeichnet hier die Notwendigkeit oder den Ort eines Fragens, das ich allerdings nur skizzieren kann.

So sähe die Vereinfachung aus. Lesen wir Heidegger nunmehr aus größerer Nähe und versuchen wir, die stärkste Kohärenz seiner Interpretation oder, noch über die Kohärenz hinaus, seinen denkendsten Gedanken zu beglaubigen. Nehmen wir – als vorläufiges Zugeständnis an die klassischen Lesenormen – dieses Buch bei seinem Anfang oder gar, noch über seinen Anfang hinaus, beim Anfang seines Vorworts. Natürlich wurde dieses Vorwort, wie so viele andere auch, nachträglich geschrieben. Wie man weiß, geht das Buch zurück auf eine Reihe von Vorlesungen, die zwischen 1936 und 1940 gehalten wurden, sowie auf Abhandlungen, die zwischen 1940 und 1946 geschrieben wurden. Und diesen Daten ist größtes Gewicht beizumessen, wenn man die Interpretation, im ganzen wie im einzelnen, in Bezug zum historisch-politischen Feld ihrer Präsentation setzen will. Die Absicht jener zwei Seiten, wie in solchen Fällen fast immer, ist es, die Veröffentlichung dieses Ganzen durch Bezugnahme auf die wesentliche Einheit seiner Totalität zu rechtfertigen:

---

* Diese Frage hat Jacques Derrida, unter Bezug auf Nietzsche, entwickelt in *Nietzsches Otobiographie oder Politik des Eigennamens. Die Lehre Nietzsches* (in: Fugen. Deutsch-Französisches Jahrbuch für Text-Analytik, Olten-Freiburg/Breisgau, Bd. 1, 1980). Dieser Text ist jetzt auch in französischer Sprache zugänglich in: *Otobiographies. L'enseignement de Nietzsche et la politique du nom propre*, éditions galilée, Paris 1984 (Anm. d. Hrsg.).

„Die Veröffentlichung möchte, als Ganzes nachgedacht, zugleich einen Einblick in den Denkweg verschaffen, den ich seit 1930 bis zum *Brief über den Humanismus* (1947) gegangen bin." (I 10)[a]

Die Einheit dieser Veröffentlichung wie dieser Lehre ist also auch die Einheit von Heideggers ganzem Denkweg in einem entscheidenden Augenblick und während mehr als fünfzehn Jahren. Das aber heißt zugleich: die Einheit der Nietzscheinterpretation, die Einheit der abendländischen Metaphysik, auf die diese Interpretation Bezug nimmt, und die Einheit von Heideggers Denkweg sind hier untrennbar. Man kann die eine nicht ohne die andere denken.

Was nun sind die ersten Worte dieses Vorworts? Was findet man im ersten Satz? Sagen wir, um elliptisch zu sein: zwei Sachen, die beide einen buchstäblichen Bezug auf den Namen Nietzsche haben.

Dieser Name steht zwischen Anführungszeichen.

Was geschieht, wenn ein Eigenname in Anführungszeichen gesetzt wird? Heidegger fragt es sich nicht. Sein Unternehmen, obwohl „Nietzsche" betitelt, ist womöglich in all seinen Kräften darin versammelt, die Dringlichkeit oder Notwendigkeit dieser Frage zu beseitigen.

Ich lese den ersten Satz in der Übersetzung von Pierre Klossowski: „ ‚Nietzsche' le nom du penseur intitule ici la cause de sa pensée." Der folgende Abschnitt erklärt und rechtfertigt bis zu einem gewissen Punkt die Übersetzung eines bestimmten Wortes durch *cause:*

„La cause, le cas litigineux, est en soi-même ex-pli-cation — Aus-einander-setzung —: prise de position de l'une par rapport à l'autre partie. Laisser notre pensée se pénétrer de cette cause, la préparer à celle-ci — voilà le contenu de la présente publication."

Für jemand, der dieses Buch so aufschlagen würde, ohne den deutschen Text zu kennen, könnte dieser Einsatz sehr ungewöhnlich scheinen, aber zugleich auch sehr passend zu einer Sache von letzter Modernität, um nicht zu sagen: von letztem Modeschrei. Der Name des Denkers wäre also die Ursache seines Denkens! Nietzsches Denken wäre der Effekt seines Eigennamens! Und hier nun würde ein Buch mit dem Namen Nietzsche und mit den Bezügen zwischen seinem Namen und seinem Denken beginnen. Berücksichtigt man noch die Tatsache, daß der Name Nietzsche in der französischen Ausgabe durch den Effekt eines seltsamen Druckfehlers zu Niet-zsche zerstückelt wird, dann könnte dieser neue Leser in der Naivität seines allzu großen oder allzu geringen Bescheidwissens sich gefaßt machen auf ich weiß nicht welche Analyse der Schize des Eigennamens, auf eine Analyse, die zwischen der Zerstückelung des Signifikanten bzw. den an die slavische (polnische) Namensherkunft gebundenen

---

[a] Hier und überall bezeichnet die römische Ziffer den Band, die arabische Ziffer die Seite in Martin Heidegger, *Nietzsche*, 1. Aufl. Pfüllingen 1961 (Anm. d. Ü.).

semantischen Elementen einerseits und andererseits all dem, was Nietzsche über seinen Namen, über die Negativität oder Zerstörungskraft seines Denkens gesagt hat, Beziehungen herstellen würde. Und wenn diese Analyse bis ins Delirium abdriften würde, ließe sich all dies (warum nicht? warum auf halbem Weg stehenbleiben?) in Beziehung setzen zum Namen der einzigen zwei *Städte*, in denen er 1887 denken zu können oder zu wollen sagte: *Venice* und *Nice* (und das ausgerechnet in einem Peter-Gast-Brief vom 15. September, den Heidegger ganz zu Beginn des Buches und des Kapitels über den „Willen zur Macht als Kunst" zitiert). Diese zwei Städte bleiben für Nietzsche das einzige Heil, der einzige Ausweg. Aha, würde unser naiver und eifriger Leser sagen, ich sehe, ich sehe, er will *Nice* er will *Venice*, er will Nietzsche, er will und er will nicht, da sind sie, die Orte, die gesagten Orte, die Toponyme seines Willens zur Macht!^b Aber das Unglück will, daß all dies nur auf französisch läuft und daß das Delirium Halt machen muß im Augenblick der Einsicht, daß *Venice* Venedig und *Nice* Nizza ist. „Somit läuft es auf Venedig und Nizza hinaus", sagt der von Heidegger zitierte Nietzsche (I 22).

Aber dann, wenn er im Lesen ein wenig weiterrückt, fragt sich der französische Leser, was es heißen soll, daß „ ‚Nietzsche', der Name des Denkers, hier sein Denken betitelt". Eingeschlossen in die Übersetzung, läßt er sich durch den folgenden Abschnitt aufklären, der ihm wirklich sagt: Hören Sie das Wort *cause* nicht in seiner Opposition zu *effet*, als materielle oder bewegende, als finale oder formale Ursache des Denkens, sondern hören sie *causa* – Rechtsstreit, gerichtliche Auseinandersetzung, Gegensatz der Parteien. Auch diese Perspektive kann auf den französischen Leser von heute noch eine Art modischer Versuchung ausüben: Der Name Nietzsche als Strittigkeit eines Denkens, als Einsatz, Krieg oder Streitfall des seinen – das klingt kaum mehr klassisch. Das kann, in einem neuen Anlauf befragt, die Lektüre öffnen. Bei Konsultation des Originals aber entdeckt der französische Leser etwas anderes, sehr anders als *cause* im abgeleiteten und geläufigen Wortsinn: „ ‚Nietzsche' – der Name des Denkers steht als Titel für *die Sache* seines Denkens." (I 9)

Was man im Französischen gemeinhin als *cause* übersetzt, ist „Ursache". Aufgrund dieser Nähe hat sich Klossowski bei der Übersetzung von „Sache" durch *cause* autorisiert. Üblicherweise bezeichnet „Sache" die *chose*, nicht das sinnliche oder zuhandene Ding, sondern die fragliche Sache, die Angelegenheit, die dann gegebenenfalls Anlaß zum Streit gibt.

---

^b Das Wortspiel ist im französichen Original deutlicher herauszuhören, weil die drei Syntagmen dort einen fast vollkommenen Gleichklang bilden: il *veut Nice* / il *Venise* / il *veut Nietzsche* (Anm. d. Ü.).

In diesem Sinn ist *causa, cause* im Sinn von Streit oder Prozeß eine gute Übersetzung. Sie statuiert nicht nur das fragliche Ding, sondern jene *Frage nach dem Ding*, die anderswo in Heideggers großer Meditation und vorab in Hinblick auf den Bezug zwischen allen semantischen Bestimmungen der Ursache behandelt wird. Aber die Übersetzung von „Sache" durch *cause* hat ihre Stütze in der Folge des Textes selber. Heidegger fährt in der Tat fort: „Die Sache, der Streitfall ist in sich selbst Auseinandersetzung." Doch wenn er sagt, daß „der Name des Denkers als Titel für die Sache seines Denkens steht", will er nicht den Namen zur Ursache einer Wirkung machen, die Nietzsches Denken wäre. Der Genitiv bezeichnet hier die Sache *als* sein Denken. Alles folgende wird bestätigen, daß der Eigenname Nietzsche nicht als der eines Individuums oder Unterzeichners gesehen wird; es ist der Name eines Denkens, dessen Einheit gerade umgekehrt dem Eigennamen Sinn und Referenz gibt. „Nietzsche" ist nichts anderes als der Name dieses Denkens. Die Syntax des Genitivs verfährt, wenn man so sagen kann, in der anderen Richtung: der Name ist nicht vor dem Denken, er ist die Sache des Denkens, durch es erzeugt und bestimmt. Nur im Denken dieses Denkens wird man den Possessiv, den Genitiv und den Eigennamen denken. *Wer Nietzsche ist* und was sein Name sagt, wird man eigentlicher nur von seinem Denken her erfahren, nicht aber aus mehr oder minder raffinierten biographischen Karteien.

Hier tun sich zwei Wege auf. Der eine liefe darauf hinaus, diese Problematik des Namens in einem neuen Anlauf und auf die Gefahr hin zu erforschen, daß er sich in Masken und Simulakren zerstückelt und vervielfältigt. Man weiß, was Nietzsche in dieser Hinsicht alles riskiert hat. Der Name würde sich dann erst weit jenseits vom „Leben" des Denkers konstituieren, von der Zukunft der Welt, ja von der Bejahung der „ewigen Wiederkehr" her.*

Der andere Weg ist es, die Wesentlichkeit des Namens von der „Sache des Denkens" her zu bestimmen, von einem Denken her, das selber als ein Gehalt von Thesen bestimmt ist, und mithin den singulären, zum Index einer individuellen „Biographie" oder „Psychologie" gewordenen Eigennamen in die Unwesentlichkeit fallen zu lassen. In berechtigtem Mißtrauen gegen Biographismus, Psychologismus, ja Psychoanalytismus greift man demnach reduktionistische Empirismen an, die das, was sich als Denken gibt, nur verhüllen. Genau dies tut Heidegger mit den besten Gründen von der Welt. Aber kommt er damit nicht auf eine Geste der klassischen Metaphysik zurück und zwar im selben Augenblick, wo er an ein Anderes der Metaphysik appelliert? Im Augenblick, wo er Nietzsche auf den Gipfel dieser Metaphysik stellt? Diese klassische Geste läuft darauf hinaus, die

---
* Eben diese Interpretation hat Jacques Derrida im oben zitierten Text vorgebracht (Anm. des Hrsg.).

Sache des Lebens oder Eigennamens von der Sache des Denkens zu trennen. Daher dann der Anfang von Heideggers Vorlesungen: Auf ganz konventionelle Art trennt er von einer summarischen und „offiziellen" Biographie einerseits die großen Fragen ab, an denen sich der große Philosoph andererseits bis zur Grenze seiner Kräfte gemessen hat. So die Form der ersten Vorlesung, angepaßt ans alte pädagogische Modell: Zunächst ganz knapp das „Leben des Autors" in seinen herkömmlichsten Zügen, dann das Denken oder dasjenige, was Heidegger „die eigentliche Philosophie Nietzsches" nennt. Sie aber, bemerkt Heidegger, „kommt nicht zur endgültigen Gestaltung und nicht zur werkmäßigen Veröffentlichung (I 17). In einer Kritik der damals besorgten Sämtlichen Werke zeigt er deren Grenze auf. Diese Grenzen liegen ebenso in jenem Vollständigkeitsprinzip, das schlechthin alles veröffentlicht und auf Modelle des 19. Jahrhunderts zurückgeht, wie auch in jenem Biographismus oder Psychologismus, der wie die ungeheuerliche Perversion unserer Zeit ist. Heidegger kritisiert ein editorisches Unternehmen, das „in der Art der biographisch-psychologischen Erläuterung vorgeht" und „alle ‚Daten' über das ‚Leben' aufspürt – bis hin zu den „Meinungen" der „Zeitgenossen". Es handelt sich dabei um eine „Ausgeburt der psychologisch-biologischen Sucht unserer Zeit". Eine solche Ausgabe „wird nur in der wirklichen Bereitstellung des eigentlichen ‚Werkes' (1881–1889) zukünftig sein, falls ihr diese Aufgabe gelingt".

„Niemals aber ist dieses Eigentliche zu leisten, wenn wir nicht im Fragen Nietzsche als das Ende der abendländischen Metaphysik begriffen haben und zu der ganz anderen Frage nach der Wahrheit des Seins übergegangen sind." (I 18 f.)

Die Frage nach der Wahrheit des Seins jenseits von Ontologie stellen, den Ort Nietzsches als Ende der abendländischen Metaphysik bestimmen – das ist die vorgängige Bedingung, um gegebenenfalls auch Zugang zur „Biographie", zum Namen und vor allem zum Textkorpus Nietzsche zu erlangen und um zu erfahren, „wer Nietzsche war".

Vor jeder anderen Frage gilt es die prinzipielle Notwendigkeit eines solchen Schemas zu beachten, alles auch, was es in einer bestimmten historischen und politischen Situation rechtfertigen kann. Der psychologistische und biographistische Eifer von jenem Stil, in dem er sich zumeist betätigt, umgeht den Gehalt eines Denkens, seine Notwendigkeit und innere Eigentümlichkeit. Man kennt das Schema. Und zudem hatte Heidegger zur Zeit, als er seinen „Nietzsche" lehrte, damit begonnen, zum Nazismus in Distanz zu gehen. Seine Vorlesung enthält zwar kein Wort, das sich unmittelbar gegen das Regime und dessen Benutzung von Nietzsche richten würde (eine Vorsicht und ein Schweigen, die man sicher an anderer Stelle auch interpretieren kann), aber Heidegger kritisiert offen die Ausgabe, die vom Regime patronisiert wird. Anfangs, scheint es, war er mit ihr verbunden, hat sich dann aber zurückgezogen; es handelte sich bei jener Ausgabe um das Unternehmen einer Fälschung unter Mitarbeit von Nietzsches Schwester:

„Für die Kenntnis der Lebensgeschichte Nietzsches", fährt Heidegger fort, „bleibt immer wichtig die Darstellung durch seine Schwester Elisabeth Förster-Nietzsche: *Das Leben Friedrich Nietzsche's,* 1895–1904. Aber wie alles Biographische ist auch diese Veröffentlichung großen Bedenken ausgesetzt. Auf eine weitere Angabe oder gar Besprechung des sehr verschiedenartigen Schrifttums über Nietzsche sei hier verzichtet, da nichts davon der Aufgabe dieser Vorlesung dienlich sein könnte. Wer nicht den Mut und die Ausdauer des Denkens aufbringt, mit Nietzsches Schriften selbst sich einzulassen, braucht auch nichts *über* ihn zu lesen." (I 19)

Hier und anderswo gilt ein Angriff Heideggers dem, was er „Lebensphilosophie" nennt. Angezielt wird der Nazismus, aber auch eine klassische Universitätstradition, die aus Nietzsche einen „Dichterphilosophen", einen Lebensphilosophen ohne begriffliche Strenge machte, den man dann von „den deutschen Lehrstühlen der Philosophie" her denunzierte. In beiden Fällen lobt oder verdammt man jene „Lebensphilosophie", die Heidegger schon in *Sein und Zeit* als Ungereimtheit bekämpft hat.

Diese Kritik am Psycho-Biographismus unterliegt auch der Kritik an Nietzsches „angeblichem Biologismus". Sie antwortete auf die Frage nach dem Namen Nietzsche, auf die Frage, „was Nietzsche heißt". Hier nun kehrt sie wieder, in Antwort auf die Frage, „wer Nietzsche *ist*", genau zu Beginn des dritten Kapitels „Der Wille zur Macht als Erkenntnis", ja einmal mehr in den ersten Worten des ersten Unterkapitels, das da betitelt ist „Nietzsche als Denker der Vollendung der Metaphysik":

„Wer Nietzsche *ist* und vor allem: wer er sein *wird* wissen wir, sobald wir imstande sind, denjenigen Gedanken zu denken, den er in das Wortgefüge ‚der Wille zur Macht' geprägt hat. Nietzsche ist jener Denker, der den Gedanken-*Gang* zum ‚Willen zur Macht' gegangen ist. Wer Nietzsche ist, erfahren wir niemals durch einen historischen Bericht über seine Lebensgeschichte, auch nicht durch eine Darstellung des Inhaltes seiner Schriften. Wer Nietzsche ist, wollen und sollen wir auch nicht wissen, wenn wir und solange wir dabei nur die Persönlichkeit und die historische Figur und das psychologische Objekt und seine Hervorbringungen meinen. Wie aber . . ." (I 473)

Hier bringt Heidegger einen Einwand vor, den er bald darauf zurückweist. Ich möchte, bevor ich auf ihn eingehe, eine Bemerkung machen, um Vereinfachungen meiner Frage nach Heideggers Vorgehen zu verhindern. Sicher gibt es bei Heidegger ein Bemühen, den Namen Nietzsche oder das „Wer ist Nietzsche" auf die Einheit der abendländischen Metaphysik, ja auf die Einzigkeit einer Grenzsituation auf dem Gipfel dieser Metaphysik zu reduzieren. Und dennoch war die Frage „Wer ist X?" seinerzeit, auf Denker bezogen, eine seltene Frage; sie ist es noch immer, wenn man sie nicht in einem trivialen biographischen Sinn versteht: der Mensch und das

Werk, der Mensch hinter dem Werk, das Leben von Descartes oder Hegel plus eine Art von Doxographie. Aber sich in einem anderen Sinn fragen, wer Nietzsche war, seinen Namen in einem Buch des Denkens zum Titel machen — das war nicht so üblich.

Hier nun der Einwand, den sich Heidegger zum Schein macht, sobald er erst einmal die Psychobiographie abgewiesen hat: „Wie aber — hat nicht Nietzsche selbst als Letztes jene Schrift für den Druck vollendet, die betitelt ist: ‚*Ecce homo*. Wie man wird, was man ist'? Spricht ‚*Ecce homo*' nicht wie sein letzter Wille, daß man sich mit ihm, diesem Menschen beschäftige und sich von ihm das sagen lasse, was die Abschnitte der Schrift ausfüllt: ‚Warum ich so weise bin. Warum ich so klug bin. Warum ich so gute Bücher schreibe. Warum ich ein Schicksal bin.' Zeigt sich hier nicht der Gipfelpunkt einer entfesselten Selbstdarstellung und maßlosen Selbstbespiegelung?"

Heideggers Antwort: *Ecce homo* ist keine Autobiographie und wenn das Buch einen Gipfelpunkt darstellt, dann „in der Geschichte des Zeitalters der Neuzeit als einer Endzeit des Abendlandes" (I 474). An dieser Stelle verknoten sich die Dinge sicher. Man wird gern zugeben, daß *Ecco homo* nicht Nietzsches autobiographische Geschichte ist. Aber wenn Heidegger den hergebrachten Begriff von Autobiographie, statt ihn umzuformen, einfach bestehen läßt und nur einem Geschick des Abendlandes entgegensetzt, dessen „Träger" dann Nietzsche gewesen wäre, fragt man sich doch: Entgeht er selber einer im ganzen ziemlich traditionellen Unterscheidung zwischen biographischer (psycho-biologischer, historischer) Empirizität einerseits und einem wesentlichen Denken andererseits, das auf der Höhe einer geschichtsmächtigen Entscheidung wäre? Man kann sich auch fragen, welches Interesse Heideggers Diskurs an einem solchen Vorgehen hat.

Mit diesem Schema will Heidegger Nietzsche sicherlich vor seinem eigenen singulären Schicksal retten. Dieses Schicksal ist zweideutig geblieben, es hat seltsame Benutzungen seines Denkens nach sich gezogen, die sich ihrerseits gegen dasjenige wendeten, was Heidegger „seinen innersten Willen" nennt. Es gälte also, zu diesem Innersten des Willens vorzudringen und es der Doppelheit von Nietzsches empirischer Figur ebenso entgegenzusetzen wie auch der Zweideutigkeit seiner Nachwirkung — seiner unmittelbaren Nachwirkung, denn Heidegger glaubt, daß die Zukunft zur Wiederherstellung jenes innersten Willens wirken wird. Nachdem dies gesagt ist, um Nietzsche vor jener Zweideutigkeit zu retten, richtet Heidegger seine ganze Interpretation von Nietzsches wesentlichem und einzigem Denken auf folgende Beweisführung aus: Dieses Denken hat die Vollendung der Metaphysik nicht wahrhaft überschritten; es ist selber noch eine große Metaphysik und wenn es eine Überschreitung vorgezeichnet hat, dann nur um weniges und um auf dem steilsten Kamm der Grenze zu verharren, anders gesagt: in voller Zweideutigkeit. Die wesentliche Zweideutigkeit also — diejenige Nietzsches laut Heidegger, aber auch diejenige Heideggers gegenüber Nietzsche. Sie bleibt konstant. Wenn Heidegger Nietzsche rettet, verdammt er ihn; er will ihn zu gleicher Zeit retten und verdammen. Im selben Augenblick, wo er die Einzigkeit seines Denkens behauptet, tut er alles für den Nachweis, daß es das mächtigste (und demnach allgemeinste) Schema der Metaphysik wiederholt. Wenn er vorgibt, Nietzsche vor dieser oder jener (etwa nazistischen) Entstellung zu bewahren, dann geschieht das mit Kategorien, die selber zur Entstellung dienen können — nämlich mit jener Entgegensetzung wesentlicher und unwesentlicher Denker, mit der Definition des wesentlichen Denkers als eines Erwählten, Erkorenen, ich würde sogar sagen: Gezeichneten[c]. Gezeichnet durch was oder wen? durch niemand, durch die Geschichte der Wahrheit des Seins. Nietzsche ist dafür hinreichend auserwählt und doch vom selben Geschick dazu verdammt, die Vollendung der Metaphysik zu vollbringen, ohne zu einer Entscheidung vorzustoßen, die er lediglich vorbereitet hat, ja sogar ohne die Tragweite dieser Entscheidung „zwischen der Vormacht des Seienden und der Herrschaft des Seins" zu erkennen. Für all diese Punkte verweise ich auf die ersten Seiten des Kapitels „Der Wille zur Macht als Erkenntnis": „Nietzsche als Denker der Vollendung der Metaphysik" (I 473 f.).

Es war zweifellos nötig, dieses Interpretationsschema für ein *biographein* Nietzsches aufzustellen, um zur Interpretation von Nietzsches „angeblichem Biologismus" vorzudringen. Auch hier geht es in zweitdeutigster Weise darum, die Einzigkeit eines Denkens gegenüber der Zweideutigkeit eines Lebens und Werkes zu retten. Die Ausgrenzung des Biographischen und des Eigennamens öffnet den allgemeinen Raum, in dessen Inneren die Interpretation des Biologischen geschieht.

Vor den ersten Worten des Vorworts, die ich zitiert habe, steht ein Motto. Es stammt aus der *Fröhlichen Wissenschaft* und sein erstes Wort ist „Leben". „Das Leben" also am Anfang selber von Heideggers Buch, noch vor seinem Anfang, vor jeder Entscheidung zwischen Biographie und Biologie. Irritierenderweise begnügt Heidegger sich nicht damit, den Text vor dessen Ende abzubrechen; er überspringt auch einige Wörter und ersetzt sie durch Auslassungszeichen: „Das Leben ... geheimnisvoller — von jenem Tage an, wo der große Befreier über mich kam, jener Gedanke, daß das Leben ein Experiment des Erkennenden sein dürfe —" Unter den übersprungenen Wörtern sind das Wort „wahr" und das Wort „begehrens-

---

[c] Deutsch im französischen Original (Anm. d. Ü.).

wert", die beide dem Leben zukamen. Hier nun das Nietzschefragment in seiner (wenn man so sagen kann) Integralität:

„*In media vita!* Nein! [Diese vier Wörter oder dieser Titel, vor allem aber diese zwei Ausrufungszeichen sind von Heidegger, und zwar diesmal ohne Auslassungszeichen, übersprungen worden] Das Leben hat mich nicht enttäuscht! Von Jahr zu Jahr finde ich es vielmehr wahrer, begehrenswerter und geheimnisvoller – von jenem Tage an, wo der Große Befreier über mich kam, jener Gedanke, daß das Leben ein Experiment des Erkennenden sein dürfe – und nicht eine Pflicht, nicht ein Verhängnis, nicht eine Betrügerei! Und die Erkenntnis selbst: mag sie für andere etwas anderes sein, zum Beispiel ein Ruhebett oder der Weg zu einem Ruhebett, oder eine Unterhaltung, oder ein Müßiggang – für mich ist sie eine Welt der Gefahren und Siege, in der auch die heroischen Gefühle ihre Tanz- und Tummelplätze haben. *„Das Leben ein Mittel der Erkenntnis'* – mit diesem Grundsatze im Herzen kann man nicht nur tapfer, sondern sogar fröhlich leben und fröhlich lachen! Und wer verstünde überhaupt gut zu lachen und zu leben, der sich nicht vorerst auf Krieg und Sieg gut verstünde?" (Buch IV, § 324)

Aussagen, die sehr schwer zu interpretieren und im Grund geheimnisvoll sind, ganz wie der Titel *In media vita!* Er macht das Leben zu einem Mittel – ebensosehr im Sinn einer Mitte zwischen zwei Extremen wie im Sinn eines elementaren Milieus, in dem das Experiment des Erkennens seinen Ort findet, welches Experiment dann seinerseits das Leben als Mittel benutzen kann, während es sich doch in ihm befindet und es von innen her steuert. Mitsamt der Macht, das Leben zu steuern, läuft das also wieder darauf hinaus, jenseits und außerhalb des Lebens zu stehen, auf der Seite seines Endes und seines Todes, usw. Man sieht, weshalb Heidegger diesen Text als Motto zitiert. Von vornherein scheint er eine biologische Lektüre Nietzsches zu erschweren, ob man sie nun als Unterwerfung unters Modell der biologischen Wissenschaft versteht oder als Erhebung des Lebens zum höchsten Ziel, ja zur Bestimmung des Seins des Seienden oder des Seienden im Ganzen als Leben. Die Mottowahl bestätigt zur Genüge, daß die Fragen nach dem Leben und dem „angeblichen Biologismus" im aktiven Zentrum von Heideggers *Nietzsche* stehen. Und doch könnte der paradoxe Charakter dieses Textes *(In media vita!)* dem hermeneutischen Schema Heideggers auch das Spiel verderben. Das Leben hat zwar ein Jenseits, aber es läßt sich auch nicht einfach sekundär machen. Als es selbst und in sich selbst entfaltet es noch die Bewegung der Wahrheit oder Erkenntnis. In sich selbst wie jenseits seiner selbst. Ganz zu schweigen von den Akzenten, der Fröhlichkeit, dem Lachen und dem Krieg, den Frage- und Ausrufungszeichen, von denen Heidegger, weil er sie ja tilgt oder ausläßt, in einem genauen Sinn hier nicht reden hören will . . .

Ich hebe an diesem Motto etwas Zweites oder besser, einmal mehr, etwas ganz Erstes, Vor-Erstes hervor. Ich sagte, „das Leben" sei das erste Wort des Mottos. Genauer gesagt, ist es das erste Wort im Nietzsche-Zitat.

Diesem Zitat geht allerdings ein kleiner Satz von Heidegger voran, der — ein sehr seltener Fall — das Motto eigens vorstellt: „Die sein Denken bestimmende Erfahrung nennt *Nietzsche* selbst: ‚. . .'" Es ist also Nietzsche selbst, der *nennt,* was sein Denken oder seine inständige Denkerfahrung bestimmt. Und wenn, wie Heidegger das unmittelbar darauf zeigen will, der Name des Denkers die Sache seines Denkens betitelt, dann bedeutet das Motto im ganzen: Nietzsche nennt sich, er nennt sich von dem her, von dem her man ihn nennen können muß. Er wird von seiner Denkerfahrung benannt, von ihr empfängt er seinen Namen. Und doch muß in diesem autonymen Zirkel das benannte Denken recht verstanden werden. Steht es fest, daß es, wie Heidegger behauptet, eins ist? daß Nietzsche mithin nur einen Namen hat? Nennt er sich ein einziges Mal? Für Heidegger begegnet sein Name nur ein einziges Mal, selbst wenn die Stätte dieses Ereignisses der Zug einer Grenze bleibt, von der man auf beide Seiten zugleich blicken kann, auf dem Gipfel der abendländischen Metaphysik, die sich unter diesem Namen versammelt.

Aber wer hat gesagt, daß man einen einzigen Namen trägt? Nietzsche sicher nicht. Und wer hat entsprechend gesagt oder entschieden, daß es dergleichen wie eine abendländische Metaphysik gäbe, etwas, das unter diesem Namen einzig und zu seiner Versammlung imstande wäre? Die Einzigkeit des Namens, die versammelte Einheit der abendländischen Metaphysik, was ist das? Ist es mehr oder anderes als das Begehren (dieses in Heideggers Nietzschezitat getilgte Wort) des Eigennamens, des einzigen Namens und der denkbaren Genealogie? War Nietzsche nicht neben Kierkegaard einer der wenigen, der seine Namen vervielfältigt und mit den Unterschriften, Identitäten und Masken gespielt hat? Der sich mehrere Male und mit mehreren Namen genannt hat? Und wenn genau das die Sache[d], die *causa* seines Denkens, der Streitfall[d] gewesen wäre?

Wie wir eben gesehen haben, will Heidegger Nietzsche um jeden Preis retten, vor der Zweideutigkeit mit einer selber ambivalenten Geste retten. Und wenn es eben diese Rettung wäre, die im Namen von Nietzsche oder Nietzsches wieder in Frage gezogen werden muß?

Beim Lesen von Heideggers Lektüre würde es womöglich darum gehen, weniger den Gehalt einer Interpretation als vielmehr eine Voraussetzung oder Axiomatik an ihr zu verdächtigen. Womöglich ist es die Axiomatik selber der Metaphysik, sofern *die* Metaphysik als solche ihre eigene Einheit begehrt oder träumt oder sich vorstellt. Seltsamer Zirkel — eine Axiomatik, derzufolge es eine Interpretation geben muß, versammelt um ein Denken, das seinerseits einen einzigen Text und letzten Endes den einzigen Namen

---

[d] Deutsch im Original (Anm. d. Ü.).

für das Sein, für die Erfahrung des Seins vereint. Mit dem Wert des *Namens* stützen sich diese Einheit und diese Einzigkeit gegenseitig gegen die Gefahren der Dissemination. Hier liegt vielleicht der Streitfall[c] oder die Auseinandersetzung[c] (um die Worte des Vorworts wieder aufzunehmen) zwischen den Nietzsches und Martin Heidegger, den Nietzsches und *besagter* abendländischer Metaphysik. Seit Aristoteles und mindestens bis zu Bergson hat „sie" immer wiederholt, immer wieder angenommen, daß Denken und Sagen heißen müßten, etwas zu denken und zu sagen, das *eine* Sache und eine *Sache* wäre. Und daß der Akt, nicht eine (Ur)Sache zu denken/sagen, überhaupt kein Denken/Sagen, sondern Verlust des *logos* ist. Das *legein* dieses *logos*, ja die Versammlung dieser Logik ist es wohl, was durch die Nietzsches in Frage gezogen wird. Dieser Plural fängt an, den Familiennamen von Gauklern und Seiltänzern zu ähneln. Er verführt zum Fest. Von diesem Fest reden Nietzsche und Heidegger mit Akzentsetzungen, deren Unterschied Sie selber ermessen mögen:

„Der Irrtum wird nur dann erkannt, wenn eine Auseinandersetzung mit Nietzsche zugleich durch eine Auseinandersetzung im Bereich der Grundfrage der Philosophie in Gang kommt. Im voraus darf jedoch ein Wort Nietzsches angeführt werden, das aus der Zeit der Arbeit am ‚Willen zur Macht' stammt. Es lautet: ‚Das abstrakte Denken ist für Viele eine Mühsal, – für mich, an guten Tagen, ein Fest und ein Rausch.' (XIV, 24)
Das abstrakte Denken ein Fest? Die höchste Form des Daseins? In der Tat. Aber wir müssen auch zugleich beachten, wie Nietzsche das Wesen des Festes sieht, daß er es nur aus seiner Grundauffassung alles Seienden denken kann, aus dem Willen zur Macht. ‚Im Fest ist einbegriffen: Stolz, Übermut, Ausgelassenheit; der Hohn über alle Art Ernst und Biedermännerei; ein göttliches Jasagen aus lauter animaler Fülle und Vollkommenheit, – lauter Zustände, zu denen der Christ nicht ehrlich Ja sagen darf. *Das Fest ist Heidentum par excellence.*' (‚Der Wille zur Macht', Nr. 916) Deshalb – so können wir hinzufügen – gibt es auch niemals im Christentum das Fest des Denkens, d. h. es gibt keine christliche Philosophie. Es gibt keine wahrhafte Philosophie, die sich irgendwoher anders als aus sich selbst bestimmen könnte. Es gibt daher auch keine heidnische Philosophie, zumal ‚das Heidnische' immer noch etwas Christliches ist, das Gegen-Christliche. Man wird die griechischen Denker und Dichter kaum als ‚Heiden' bezeichnen dürfen.
Feste erfordern eine lange und sorgfältige Vorbereitung. Wir wollen uns in diesem Semester auf dieses Fest vorbereiten, selbst wenn wir nicht bis zur Feier gelangen und nur die Vorfeier des Festes des Denkens ahnen, und erfahren, was Besinnung ist und was das Heimischsein im echten Fragen auszeichnet." (I 14 f.)

Das *legein* dieses *logos*, der da vom Denken/Sagen des wesentlichen Denkers verlangt, daß es Denken/Sagen des Einen und Einzigen sei, was widerfährt ihm im Lauf des Festes? Das Fest der Nietzsches ist das Risiko,

---

[c] Deutsch im Original (Anm. d. Ü.).

den Denker in Stücke zu reißen oder in seine Masken zu zerstreuen. Sicher würde er sich jedem Biologismus entziehen, aber vorab deshalb, weil der —logismus in ihm jeden Halt verlieren würde. Und ein anderer Stil von Autobiographie wäre aufgekommen, um die Einheit des Namens und der Unterschrift zu sprengen (in jedem Sinn der Wendung *faire sauter*), um den Biologismus mitsamt seiner Kritik durcheinanderzubringen, sofern diese, mit Heidegger, im Namen des „wesentlichen Denkens" operiert.

Dies wären die vorläufigen Bemerkungen, die ich für eine spätere Lektüre von Heideggers *Nietzsche* vorbringen wollte, für diese zweideutige Rettungsaktion, in deren Verlauf man für den Seiltänzer oder denjenigen, der dort oben auf dem ausgefaserten Seil[f] das größte Risiko läuft, Netze nur insofern ausspannt, als man sich vergewissert hat, daß der demaskierte Seiltänzer, beschützt durch die Einheit seines Namens, die ihrerseits durch die Einheit der Metaphysik besiegelt wird, keinerlei Risiko eingegangen sein wird. Mit anderen Worten: er war tot, bevor er im Netz landete.

Abgespielt haben wird sich das alles gewiß nicht bei Zarathustra, nicht in Basel oder Venedig oder Nizza, sondern in Freiburg im Breisgau, zwischen 1936 und 1940, während der Vorbereitung zum Fest, zum „Heimischsein im echten Fragen".

II

Nachdem ich allzu lange das Wort behalten habe (was sie mir verzeihen mögen), werde ich beim Anknüpfen einer zweiten Frage an die vorangegangene noch schematischer vorgehen. All das wird noch nicht einmal vorläufig sein und betrifft, wie angekündigt, den Begriff Ganzheit. Man weiß, daß der Bezug zum „Ganzen des Seienden" in der Interpretation Heideggers wie auch in der abendländischen Metaphysik selber eine organisierende Rolle spielt. Um es sehr kurz zu machen, erinnere ich zunächst an zwei Zitate. Das erste entnimmt Heidegger den Entwürfen zum Willen zur Macht:

„Unsere ganze Welt ist die *Asche* unzähliger lebendiger Wesen: und wenn das Lebendige auch noch so wenig im Vergleich zum Ganzen ist, so ist *alles* schon einmal in Leben umgesetzt gewesen und so geht es fort." (XII, Nr. 112, von Heidegger zitiert in I 341 f.)

Nach dem Zitat fährt Heidegger fort:

„Dem scheint ein Gedanke entgegenzustehen, der in der ‚Fröhlichen Wissenschaft' ausgesprochen ist: ‚Hüten wir uns, zu sagen, daß Tod dem Leben entgegengesetzt sei. Das Lebende ist nur eine Art des Toten, und eine sehr seltene Art.' "

Der erste Gedanke weist auf eine Paradoxie im Wert Ganzheit hin. Er hat, wie sich zeigt, keinen Respekt vor der Sicherheit all dessen, was man im

---

[f] Im Original steht das unübersetzbare Wortspiel „fil effilé" (Anm. d. Ü.).

allgemeinen unter der Kategorie Ganzheit denkt. Vergessen wir aber nicht, daß Heidegger die Metaphysik als Denken des Seienden im Ganzen unter Ausschluß der Frage nach dem Sein des Seienden definiert; und von eben dieser Definition her macht er Nietzsche oft zum letzten Metaphysiker. Ohne hier in die Verwicklungen dieser ganzen Fragestellung einzutreten, ahnt man schon bei der Lektüre dieses Satzes allein, daß Nietzsche keinerlei Ganzheitsdenken traut. Wer sagt, daß, „wenn das Lebendige auch so wenig im Vergleich zum Ganzen ist, so *alles* schon einmal in Leben umgesetzt gewesen ist und so fortgeht", äußert einen Gedanken von Leben-und-Tod, der sich in keinem Fall einer eindeutigen Bedeutung der Ganzheit, des Bezugs zwischen Ganzem und Nichtganzem unterstellt. Der Gedanke der Ewigen Wiederkehr, der diesen Satz ersichtlich durchzieht, ist kein Denken der Ganzheit. Heidegger aber präsentiert ihn *als* ein Denken der Ganzheit. Es ist das eins der beständigsten und bestimmendsten Motive seiner Lektüre. Zum Beispiel schreibt er am Schluß der ganzen Interpretation, die mit den zwei (von mir wiederum zitierten) Zitaten begonnen hat:

„Wir haben einmal das Feld umschrieben, in das der Wiederkunftsgedanke gehört und das er als solcher betrifft: das Seiende im Ganzen ist feldmäßig umschrieben als die in sich verschlungene Einheit des Lebendigen und Leblosen. Zum andern haben wir in den Grundlinien gezeichnet, wie das Seiende im Ganzen als diese Einheit des Lebendigen und Leblosen in sich gefügt und gefaßt ist: seine Verfassung ist der Kraftcharakter und die damit gegebene Endlichkeit des Ganzen ineins mit der Unendlichkeit, will sagen: Unermeßlichkeit der ‚Wirkungserscheinungen'." (I 355)

Zu erinnern ist daran, daß laut Heidegger der Wille zur Macht das Prinzip der Erkenntnis der Ewigen Wiederkehr des Gleichen ist. Er ist die Verfassung[g] des Seienden (sein quid, seine quidditas, seine essentia); die Ewige Wiederkehr ist die Modalität (das quomodo, die Weise[g]) des Seienden im Ganzen (I 425). Um Nietzsches metaphysische Grundstellung[g] zu analysieren, muß Heidegger die gegebene Antwort auf die Frage nach dem Seienden im Ganzen betrachten. Es ist eine zweifache Antwort: die Ganzheit des Seienden ist Wille zur Macht und sie ist Ewige Wiederkehr. Ob diese zwei Antworten verträglich, komplementär, zusammenstellbar sind, zählt im Grunde weniger durch ihren Gehalt, mehr durch ihren gegenseitigen Bezug; sie antworten in der Tat auf zwei Fragen, die in der Metaphysik ein Paar bilden (das Sein als quidditas oder essentia, das Sein als Existenzweise). Laut Heidegger war man bislang am Rätsel dieser zweifachen Antwort gescheitert, weil man dieses „metaphysische" Paar nicht hatte identifizieren können. Aber Sie sehen sehr wohl, daß in jeder der zwei Fragen die nach dem Seienden im Ganzen impliziert bleibt. Auf

---

[g] Deutsch im Original (Anm. d. Ü.).

diese Frage nach dem Seienden im Ganzen hätte Nietzsche, als der Metaphysiker, der er nun einmal bleibt, hartnäckig zu antworten versucht.

Nun aber meine Frage: Wenn die erste der zwei von Heidegger zitierten Aussagen („... wenn das Lebendige auch noch so wenig im Vergleich zum Ganzen ist, so ist *alles* schon einmal in Leben umgesetzt gewesen und so geht es fort"), sofern sie die Ewige Wiederkehr betrifft, sich nicht in ein Denken der Ganzheit oder einer jeden Entgegensetzung von Ganzem und Teil fügt, ist es vielleicht voreilig, aus Nietzsche einen Metaphysiker zu machen, sei es auch den letzten. Zumindest wenn der Metaphysiker laut Heidegger ein Denker ist, der dem Denken des Seins im Ganzen anhängt. Womöglich gar ist Nietzsche kein Denker des Seienden mehr, wenn anders zwischen Seiendem als solchen und Ganzheit ein wesentliches Band besteht.

Ist es nicht auch bemerkenswert, daß gerade das-Leben-der-Tod den Wert Ganzheit um alle Vorrechte bringt? Gibt das nicht zu denken – und zwar nach einer sehr nietzscheschen Geste, für die es viele andere Anzeichen gäbe –, daß das Lebendige (das-Lebendige-das-Tote) kein Seiendes ist, nicht unter eine ontologische Bestimmung fällt? Nietzsche hat eines Tages vorgeschlagen, das Wort „Sein" vom Leben her zu denken und nicht umgekehrt.

Zweite vorläufige Bemerkung: Heidegger hat die zwei Zitate aufgrund ihres scheinbaren Widerspruchs versammelt. Er merkt an, daß sie einander „entgegenzustehen" scheinen. Selbst wenn hier eine fingierte Hypothese oder Einwendung vorliegt, so wird doch, scheint mir, im Inneren von Nietzsches Satz das ganze Prinzip Heideggers durchkreuzt. Entgegensetzung oder Widerspruch haben nicht mehr den Rang des Gesetzes, wie es dem Denken Verbote auferlegt. Und das ohne Dialektik. Das Leben und der Tod (das-Leben-der-Tod), wovonher das Übrige gedacht wird, aber ohne daß sie ganz oder das Ganze wären, sind auch keine Gegensätze: „Hüten wir uns, zu sagen, daß Tod dem Leben entgegengesetzt sei. Das Lebende ist nur eine Art des Toten, und eine sehr seltene Art." Im selben Akt wird auch alles durchkreuzt, was ein Denken oder eine einfache Antizipation der Ganzheit regiert, namentlich der Bezug Art-Gattung. Es liegt vielmehr eine einzigartige Inklusion des „Ganzen" im „Teil" vor und zwar ohne mögliche Totalisierung. Eine entfesselte Metonymisierung ohne Rand und Band. Anders gesagt: ohne Schutzwehr. Schützen wir uns vor Schutzwehren gegen Verrücktheit[h] – das scheint Nietzsche zu sagen,

---

[h] Im Original steht das unübersetzbare Wortspiel „Gardons-nous du garde-fou". Das französische Wort für ‚Geländer' meint wörtlich zugleich den Schutz gegen Verrückte, die übers Geländer springen wollen (Anm. d. Ü.).

zu Anfang eines langen „Aphorismus" (Nr. 109), den Heidegger, einmal mehr, nicht ganz zitiert. Also eine weitere metonymische Gewalt, die seine Interpretation durchwaltet. Doch ich will Ihre Zeit nicht mißbrauchen, darauf werde ich vielleicht ein andermal und anderswo zurückkommen. Ich wollte hier nur die Skizze zweier Fragen riskieren.

Aus dem Französischen von Friedrich A. Kittler

François Laruelle

Anti—Hermes

I. Hermeneutik und Wahrheit

Besitzt die Hermeneutik die Autorität und die notwendigen Mittel, auch die gebotene Bescheidenheit, um das Wesen der Wahrheit im allgemeinen bestimmen zu können? Erschöpft die hermeneutische Form der Wahrheit das Wesen der Wahrheit im allgemeinen, also auch das Wesen der hermeneutischen Wahrheit?

Man kann diesen Anspruch nicht anfechten – was wir hier versuchen möchten–, ohne eine unendliche Menge an Vorsichtsmaßnahmen zu treffen. Ihren philosophischen Charakter proklamiert die Hermeneutik nämlich genau dann, wenn sie *das hermeneutische Wesen der Wahrheit* dem *Wesen der hermeneutischen Wahrheit* in Form eines Chiasmus überkreuzt, wenn sie die Reziprozität, genauer gesagt die Umkehrbarkeit (réversibilité) und die Verschränkung dieser beiden Formeln einsetzt, um dem Interpretations„zirkel" seine höhere Mächtigkeit zu verleihen. Der Leitfaden dieser Tradition besteht darin, daß der Philosoph – wie der Interpret als Philosoph – sich schon „mitten in..." der Wahrheit im allgemeinen befindet, daß dieses „mitten in..." gerade das hermeneutische Wesen der Wahrheit bedeutet und das dieses wie jene nur durch eine zusätzliche Wieder-Erinnerung, Wieder-Aneignung und Wieder-Abbildung (re-projection) der Aussagen erhellt werden können, die die Tradition zu diesen Problemen übermittelt – kurz: durch eine Wiederbelebung des „Zirkels" von zugleich interpretierender und interpretierter Interpretation. Die Autonomie der Hermeneutik würde dann hergestellt über die Wesensmöglichkeit ihrer Wieder-Bejahung, sie nähme die Form eines unendlichen Werdens der Wahrheit an, ihre eigene Positivität und die des Zirkels wären im unendlichen Ablauf des Zirkels begründet, der, in der Mitte durchbrochen, unendlich offen ist und gradlinig fortschreitet. Was auch immer die Definitionen und die Grenzen des Sinns, des Signifikats, des Signifikanten, des Textes, des Diskurses, des Dialogs, der Kultur usw. sind: es wäre ein Wesensgesetz der hermeneutischen Wahrheitsform, daß diese Macht über sich selbst hätte und daß diese Macht so weit ginge, auch die eigenen „äußeren" Grenzen oder ihre Machtlosigkeit bestimmen zu können. Im hermeneutischen Zirkel ist jenes Gesetz inbegriffen, demzufolge er sich bis zur Mächtigkeit steigert und sich selbst affiziert durch seine Theorie, seine Gegenstände und seine Wirkungen hindurch, und gerade dadurch sich selbst reproduziert oder wieder-bejaht. Die „zirkuläre" Natur der Wahrheit wäre nicht Schwäche oder Seinsverfehlung, sie würde gerade ihre Positivität bzw. ihre Existenzbedingung ausmachen. Wahrheit, wie im übrigen auch ihr „Zirkel" selbst, müßten werden, was sie sind, um das zu sein, was sie werden. Was ein logizistisches und objektivistisches Ideal für einen Zirkelschluß, einen Defekt, halten würde, drückt hier im Gegenteil die transzendentale Positivität − eines übrigens noch zu bestimmenden Typos − des *Wesens* der Wahrheit aus.

Sicherlich ist noch nichts gesagt, solange man allgemein vom Zirkel der Wahrheit spricht, solange dieser Zirkel nicht als eine *Reziprozität* oder auch als eine *Umkehrbarkeit* (ein Chiasmus) von Interpretierendem *und* Interpretiertem bestimmt ist. Dennoch wollen wir uns für den Augenblick mit dieser ersten Charakterisierung zufrieden geben. Zwei Arten der „Kritik" des hermeneutischen „Teufels"kreises sind dann möglich:

1. eine zu kurz greifende Kritik im Namen der logischen und vergegenständlichenden Weltkonzeption. Da sie eine Problemstellung innerhalb der Hermeneutik bleibt und da letztere sich eher gegen ein solches Vorgehen entscheidet, überlassen wir sie hier ihren fruchtlosen Einsprüchen.

2. eine weit greifende, aber würdigende Kritik ausgehend von einem anderen Wesen der Wahrheit, die keine irgendwie geartete „zirkuläre" Form mehr hätte, ohne Fehlschluß wäre und sich nicht mehr als unendliche Aufgabe der Erhellung oder der Produktion von Sinn, als eine endlose Wieder-Interpretation erweisen würde; *ohne sich indes damit in die Abhängigkeit des Identität-Prinzips zurückzubegeben, noch das „logozentrische" Ergebnis eines Idealisierungsprozesses zu sein.* Eine solche Kritik der Hermeneutik − wie sie hier entwickelt werden soll − erscheint ohne eine Form der Vermittlung unmöglich, und es ist notwendig, ihre theoretische Möglichkeit allererst wahrzunehmen, ihr Feld, das man aufzudecken und freizusetzen versuchen muß. Unter welchen mehr oder weniger vergegenständlichenden Formen sie auch erscheinen mag, welche Formen sie auch immer von den verdinglichten Produkten der Kultur abzieht, die Hermeneutik im allgemeinen gründet sich letztendlich auf zwei Postulate, die zusammen in Anspruch genommen werden müssen, deren Festigkeit und Überzeugungskraft aber daher rührt, daß sie nicht nur die griechisch-abendländische Ontologie oder die Metaphysik im Sinne des repräsentativen Denkens charakterisieren, so wie Nietzsche, Heidegger oder andere sie abgegrenzt haben, sondern sie kennzeichnen gleichermaßen die Versuche dieser Denker, sie zu überschreiten, ohne sie wirklich zu destruieren. Diese

beiden Postulate, die die Metaphysik und ihre *Überwindungs* (dt[a])- und *Verwindungs*(dt)versuche vereinigen, ohne von der einfachen „Wieder-Aneignung" der Kultur zu sprechen, sind die folgenden:
1. Die Hermeneutik im allgemeinen — wie das *D*enken des *S*eins selbst oder die *D*ekonstruktion, die daher in diesem grundlegenden Punkt nicht über erstere hinausgehen — nimmt im allgemeinen an, daß es nur zwei Seinsweisen des Wissens gibt: das Ding und den Sinn, die *Vergegenständlichung* und die *Distanzierung*[b] als positive Differenz, die nicht mehr nach dem Modell der Vergegenständlichungsdistanz gedacht wird, sondern die mehr oder weniger ohne Negation und ohne Referenz auf das anwesende Seiende eine positive und für das *S*ein spezifische Differenz darstellt. Anders gesagt denkt die Hermeneutik, die darin fast dem gesamten abendländischen Denken und sogar Nietzsche und Heidegger treu bleibt, Wahrheit nach dem Modell des Sinns und in dessen Verlängerung. Sie stößt die Wahrheit auf das Feld sicherlich weniger der Bedeutung als auf das des Sinns, dessen Wahrheit nichts anderes ist als die unendliche Fortsetzung, das endlose Werden, die „Potenzierung" (potentialisation) . . . In diesen Zangengriff (den des Chiasmus) will sie jeden anderen Versuch bringen, der die Wahrheit in ihrem Wesen, die *veritas transcendentalis*, jenseits dieser Dualität der Seinsweisen zu bestimmen beabsichtigt. Indem sie positiv die Objektivität, die identische und volle Präsenz, aufschiebt (différer) oder distanziert, glaubt sie, jede mögliche Form von Präsenz aufgeschoben oder destruiert zu haben. Tatsächlich hat sie durch dieses Vorgehen nur eine zweitrangige Form der Präsenz „destruiert", ja sogar „dekonstruiert" und abgeleitet, nämlich die vergegenständlichte Bedeutung; und sie glaubt sich vor der Präsenz im allgemeinen — in Wirklichkeit aber vor den Präsenzformen, die sie für destruktionswürdig erklärt — durch den Rekurs auf den Sinn zu retten. So kommt nicht nur keine Hermeneutik an jenen Heideggerschen und Gadamerschen Willen heran, jegliche Präsenz oder wenigstens das Wesen der Präsenz (in dem Maße, wie dieses Wesen selbst anwesend ist) zu destruieren, sondern gerade die Hermeneutik im allgemeinen — ob sie nun durch die *Verwindung* (dt) der Metaphysik zusätzliche „Schwere" und „Potentialität" gewinnt oder nicht — glaubt zu unrecht, das Wesen der Präsenz zu destruieren (zu „überwinden"), indem sie nur eine begrenzte und zweitrangige Form der *R*epräsentation de-

---

[a] Die Abkürzung (dt) besagt, daß das entsprechende Wort sich auch im Originaltext in deutscher Sprache findet (Anm. d. Ü.).
[b] Der französische Ausdruck „distanciation" läßt sich im Sinne von J. Derridas Sprachgebrauch der „différenciation" (vgl.: *Marges de la philosophie*, Paris 1972, S. 14) zugleich als Feststellung einer Distanz und als die Distanz schaffende Bewegung verstehen (Anm. d. Ü.).

struiert, wobei letztere um vieles den Rahmen der Bedeutung und des Bedeuteten, ja sogar den der vergegenständlichten Präsenz, überschreitet. Ein Ansatz, der in gar keiner Weise mehr versuchen würde, das Wesen der Wahrheit auf Prozesse der Interpretation und der Sinnproduktion abzubilden, müßte damit anfangen, den Sinn selbst zu verwerfen (rejeter) — jenen Sinn, der den „Differenz"-Begriff nicht ausschöpft, ihn aber notwendigerweise impliziert und darin vor allem die Wahrheit impliziert —, nämlich im Bereich der *R*epräsentation; und dieser müßte er ihren ganzen Umfang, ihr ganzes Wesen geben, das sich genau mit der „Differenz" im allgemeinen deckt, d. h. jenes Axiom, das sowohl für die Metaphysik als auch für deren *Verwindung* (dt) wie auch für deren *D*ekonstruktion gilt: *ein Ausdruck repräsentiert, für sich selbst und für einen „anderen" Ausdruck, das Andere.* In der Form dieses Axioms erweist sich die *D*ifferenz als Chiasmus oder die Syntax des „Inmitten-von-Seins", die das noch sehr stark präsentisch gedachte Wesen der Präsenz „selbst" oder des Seins ausmacht. Wenn das Wesen der Wahrheit mehr sein soll als nur eine fortgesetzte Sinnwirkung, muß es noch jenseits der *D*ifferenz und ihrer zwangsläufigen Verknüpfung mit der Vergegenständlichung gesucht werden.

2. Die Hermeneutik postuliert — aber das mag vielleicht nur eine andere Variante derselben Voraussetzung sein —, daß die Totalität (was auch immer bis jetzt noch ihre Bestimmung sei und ob sie mehr oder weniger *differenziert* oder im Gegenteil *vergegenständlicht* ist) nicht allein sich die Teile unterordnet, sondern auch die Wahrheit in ihrem Wesen erschöpft. Sie schließt vom *G*anzen oder, anders gesagt, von der Totalität des *G*anzen auf das *A*bsolute, vom Ganzen des Sinns auf den absoluten Charakter der Wahrheit. Sie gesteht sich einen partiellen und vorläufigen Zugang zum Absoluten nur auf dem Umweg und über die Form des *G*anzen zu: ein anderer Weg, zur Wahrheit nur über die Vermittlung (médiation) und Ausdehnung (longueur) des Sinns zu gelangen. Die Gleichsetzung des *G*anzen mit einer absolut autonomen Instanz, was immer der Fall ist, selbst wenn dieses *G*anze für „endlich" erklärt wird, hat offensichtlich ganz den Schein griechisch-abendländischen Denkens für sich; dieser läßt sich nur ernsthaft durch einen Ansatz subvertieren, der noch etwas anderes wäre als ein „Gebiets"- oder „Problemstellungswechsel", und zwar durch den Rekurs auf eine Erfahrung des Wesens der Wahrheit, die so absolut ist, daß sie den hermeneutischen Begriff der Wahrheit als differenzierte und wieder-umfassende Totalität — als „Zirkel" — ab- und entwertet. Wir bestreiten, daß die Hermeneutik Gesetze über das Wesen der Wahrheit im allgemeinen aufstellen kann. *Das Wesen der hermeneutischen Wahrheit ist selbst nicht hermeneutisch.* Die Form der Wahrheit, die über eine Vermittlung von Produktion und Verständnis des Sinns funktioniert, setzt viel-

leicht eine ganz andere Form voraus, eine nicht-hermeneutische, d. h. unmittelbar absolute (ohne andererseits relativ sein zu müssen), nicht-„differenzierte" Erfahrung der Wahrheit, die in gar keiner Weise in der Form eines Prozesses abläuft, die die Selbst-Affektion wie auch die Fremd-Affektion des Zirkels und seine Potenzierung durchbricht und die eine solche transzendentale Immanenz wäre, daß sie jeden Abbildungsvorgang, jede Interpretations- und Verstehenstechnik, kurz: jedwede fortlaufende oder nicht-fortlaufende Transzendenz ausschließt, die aber immer relativ zu dem bleibt, was sie transzendiert.

Um zum Letztproblem des Wesens der Wahrheit, ihrer Unterscheidung von jeglicher „Zirkularität" und deren Wirkungsformen (Dialog, Interpretation von Texten und kulturellen Phänomenen usw.) vorzudringen, muß man gleichwohl Vorarbeiten leisten. Man muß damit beginnen, dem hermeneutischen Zirkel seine ganze Tragweite, seinen Umfang, vielleicht auch seine ganze Intensität zuzugestehen. Diese einleitende Arbeit besteht darin, die Hermeneutik zu verallgemeinern, ihr wirklich universale Geltung zu verschaffen, ihr Prinzip jenseits der theologischen, exegetischen, ja selbst metaphysischen Begrenzungen freizusetzen, die ihre historischen Existenzbedingungen innerhalb der Tradition vorstellen. Um die Hermeneutik wirklich in ihrem Wesen und nicht nur in einigen ihrer kontingenten Formen zu destruieren, ist es notwendig, sie in ihrem universalsten apriorischen Sinn zu bestimmen. Der „Zirkel" ist dieses universale Apriori, aber er selbst muß, als transzendentales Element und transzendentale Ökonomie der Wahrheit, zuerst auf das Niveau eines Universals gehoben werden, daß das Maximum an empirischen Bedingungen oder Begrenzungen von sich ausschließt (allerdings dafür gilt). Auf das Begriffsinventar dieser empirischen Bedingungen (Signifikat? Signifikant?) kommen wir im Zusammenhang der Unterscheidung von Hermeneutik und Dekonstruktion zurück. Hier kommt es auf ihren Status an. Denn es genügt nicht mehr, zu sagen, daß das Interpretierte seinerseits interpretierend sei und umgekehrt. Wahrscheinlich macht gerade diese Wechselseitigkeit, diese Reziprozität, dieser Parallelismus von Interpretierendem und Interpretiertem den Zirkel zu einem Universalen. Aber wie kann man sicher sein, daß der Zirkel nicht einfach eine Allgemeinheit ist, die noch nicht in ihre Definition eine gewisse konstitutive empirische Referenz einschließt, z. B. auf das Signifikat, oder auch auf den Signifikanten, oder gar auf die Macht oder das Begehren (die bekannten Formen von Hermeneutik schließen wahrscheinlich den Signifikanten aus ihrem Konstitutionshorizont aus, was ihn aber um so konstitutiver für ihren Entwurf macht – außerdem untersuchen wir hier das zirkuläre Wesen der Wahrheit im allgemeinen, in der Hermeneutik oder anderswo: z. B. in der Dekonstruktion)? Wie, d. h.

durch welche Reduktionsverfahren der empirischen Bestimmungen stellt man ein absolut universales Apriori her, ein Wahrheitsfeld, das der letztgültige Sinnhorizont für jedwede Erscheinungsweise von Lektüre, Dialog und Verstehen wäre?

Genau genommen reflektieren sich die Inhalte, die Gegenstände und die Mittel, welche es auch seien, immer in der Definition, die diese Philosophien vom Wesen als Zirkel geben. Jene stellen nicht nur Bausteine, Instrumente und begrenzte Ziele dar, die innerhalb von Sinnformationen zu kritisieren und einzuschließen wären, sondern das Wesen der Zirkularität bedeutet auf alle Fälle, da es transzendental ist, daß diese Inhalte − weit davon entfernt, einem transzendenten Zirkel äußerlich zu bleiben − in sein Funktionieren eingehen und zur Möglichkeit seiner Entfaltung mit-dazugehören. Wenn sie zum Wesen selbst gehören, verbinden sie das Wesen *und* sich, versammeln sich *im* oder *als* das Wesen selbst, und letzteres ist kontinuierlich mit den „konkreten" Inhalten verbunden, deren Bewegung im Zirkel der Interpretation sie in Gang bringt. Hermeneutik bedeutet die Erhebung der Wahrheit, des Zirkels und des *S*eins selbst über ihre empirischen und ontischen Wirkungsbereiche hinaus. Dieses „über ... hinaus" bedeutet jedoch keine radikale Diskontinuität oder eine absolute Transzendenz der Wahrheit in bezug auf die Texte oder Kulturphänomene im allgemeinen und deren Interpretationstechniken. Die Reflexion der Inhalte im Wesen bedeutet die Relativität des letzteren, selbst wenn es in anderer Hinsicht vorgibt, absolut, nämlich absolute Grenze des Interpretationsprozesses zu sein. Diese Reflexion vollzieht sich vermöge oder kraft der Zirkularität selbst, die keine transzendente *I*dee ist, die vielmehr Gültigkeit für die Interpretation der Erfahrung besitzt, welche für ihren Teil dazu beiträgt, jene in ihrem positiven Wesensinhalt zu bestimmen.

Aufgrund dieser relativen, aber auch relativierenden Begrenzung des Wesens der Wahrheit durch die Inhalte, aus denen sie den Sinn gewinnt, wird das Apriori des Zirkels folgerichtig erst dann universal und hört auf, eine empirische Allgemeinheit zu sein, wenn es sich für das mögliche Maximum empirischer Erscheinungen und Bestimmungen Geltung verschaffen kann, die es in seine Ökonomie der interpretiert-interpretierenden Interpretation einbeziehen würde. Und umgekehrt: Je besser sich dieses apriorische Feld der Interpretation für einen Großteil kultureller oder textueller Tatsachen Geltung verschaffen könnte, desto mehr wäre es mit der Macht ausgestattet, sich − als Apriori − von diesen Bestimmungen zu unterscheiden, sie zu verdrängen, sie aus sich zu verbannen, um sich als Apriori bestimmen zu können. In einem bestimmten Sinne ist der Zirkel nicht logisch, ist er kein „Zirkel"; er ist nämlich seiner ganzen Länge nach von einer anti-hermeneutischen Verdrängungskraft gespalten, die aus dem zu produzierenden Sinn alles das zurückwirft, was nicht Sinn ist. Diese nicht-hermeneutische Funktion stellt ein Interpretationsvermögen dar, das mit der Zirkularität, mit dem Universalen als affirmativer Kraft des Sinns, eine Einheit bildet. Diese (nicht-formale) Syntax, derart zusammengesetzt aus zwei Funktionen, die über dem zu interpretierenden Material wirksam werden, bildet einen „Zirkel" mit ihm. Sie hat in der Moderne einen besonderen Namen bekommen, nämlich den der „*Differenz*", die somit die beiden Momente des Sinns, das Kritische und das Affirmative, verknüpft.

Um eine wirklich allgemeine Hermeneutik zu erhalten, müssen also zwei komplementäre Bedingungen erfüllt werden: eine Realitätsbedingung, die verlangt, daß das universale Apriori des Sinns für das Maximum (in Umfang und Inhalt) empirischer Erscheinungen Geltung habe; eine syntaktische Bedingung, die verlangt, daß der Zirkel der Interpretation (was auch immer ihr materieller Inhalt wäre) in der Lage sei, den bedrohlichen Parallelismus der empirischen Erscheinungen „so weit wie möglich" zu durchbrechen oder zu verformen und sie in einer Zirkularität zu verbinden, die keine vorgängige, überschauende oder überragende Einheit mehr wäre, sondern eine des „Inmitten-Seins-von ..."; diese Syntax wurde im hermeneutischen Bereich nur von Heidegger und Gadamer beachtet, geht aber bei weitem über die Grenzen dieses Bereichs hinaus, da sie alle Denkmöglichkeiten der „*Differenz*" im allgemeinen einschließt (die Unterscheidung zwischen der Hermeneutik und der *D*ekonstruktion ist weniger eine der allgemeinen Syntax als eine des sich in dieser Syntax reflektierenden Inhalts: erstere verneint den Signifikanten, letztere integriert ihn in ihre Arbeit). Der Parallelismus wird, wenn schon nicht durchbrochen — wir werden sehen, daß dies nicht der Fall ist —, so doch zumindest in Form einer gleichzeitig umkehrbaren wie nicht-umkehrbaren Kontinuität „gedehnt", wenn die Hermeneutik folgenden zwei Axiomen gehorcht:

1. Es gibt keine hermeneutischen Erscheinungen, sondern nur eine „hermeneutische Interpretation" der Erscheinungen; diese Formel begründet eine verallgemeinerte, universale und autoreflexive (en abîme) Hermeneutik;

2. Die interne Regel des Interpretieren-Könnens ist folgende: Jedes Interpretierende stellt für ein anderes Interpretierendes ein Interpretiertes dar; und umgekehrt: Jedes Interpretierte stellt für ein anderes Interpretiertes ein Interpretierendes dar. Wenn diese Regel für gleich welche Erscheinung oder gleich welchen Inhalt gilt, dann ist die Hermeneutik, die sie begründet, wirklich universal.

Die hier benutzten Kriterien — die einzigen, die in Frage kommen, um die Universalität der hermeneutischen Wahrheit zu bestimmen — sind gleichwohl dieselben, die zeigen, daß die Hermeneutik niemals wirklich hat „allgemein" werden können, da sie sich immer über die Verwerfung zumindest eines ihrer Inhalte konstituiert hat, der des Signifikanten nämlich, ohne daß wir von anderen empirischen Inhalten sprechen wollen, die vielleicht dem Denken unbekannt geblieben sind. Gerade innerhalb der Entscheidung allein für das Signifikat oder, im Grenzfall, für den Diskurs konnte die Hermeneutik — bei Heidegger und Gadamer — eine gewisse Allgemeingültigkeit erlangen, die selbst noch durch das Vergessen des Signifikanten begrenzt ist. Aber vielleicht ist Nietzsche derjenige der — trotz der diesbezüglich allgemein abwertenden Interpretation Heideggers —, immer noch innerhalb dieser Begrenzung bleibend, die syntaktischen und materiellen Bedingungen einer allgemeinen Hermeneutik schafft. Die Fetischisten der Interpretation, die bei dem eingeschränkten, onto-theologischen Begriff der Interpretation stehenbleiben, weigern sich, Nietzsche diesen Entwurf zuzugestehen. Aber es läßt sich durchaus, wahrscheinlich auf latenter Ebene, aus dem nietzscheanischen Text produktiv und „aktiv"[1] eine allgemeine Hermeneutik entwickeln. Nietzsche ist nicht nur, wie die anderen Autoren, einer *endlosen* Interpretation fähig, er *fordert* sie geradezu. Wenn der Wille zur Macht, wie Nietzsche sagt, noch eine Interpretation ist, fällt er einer unendlichen Selbstspiegelung anheim, geht es um ihn selbst in diesem Interpretieren-Können als Wille zur Macht.

Was ist das Kriterium, nach dem Nietzsches Denken funktioniert, das Kriterium seiner besten Interpretation? In einem gewissen Sinne gibt es keine Kriterien außer jenen, die dem Willen zur Macht immanent sind. Besonders die philologische Treue, obwohl sie der Interpretation überhaupt nicht fremd ist, reicht als Kriterium nicht aus, weil es dem Zirkel der verallgemeinerten Interpretation zufolge — der kein Thema oder Gegenstand des nietzscheanischen Textes, sondern seine Produktionsregel ist — keinen Originaltext gibt, es sei denn im eingeschränkten, lokalen Sinne. Ein Text im allgemeinen ist zugleich und wahlweise (Regel der Umkehrbarkeit) Interpretiertes und Interpretierendes. Das einzige Kriterium ist die Möglichkeit von deren „Zugleich" und von dessen Umstellung. Alle Strukturen der Hermeneutik müssen auf diese Differenz, die der Wille zur Macht als Interpretations-Vermögen und -Unvermögen darstellt, und auf diesen verallgemeinerten hermeneutischen Zirkel bezogen werden, der nicht nur für Texte, sondern für die ganze Kultur, für Blumen, Tiere und Sterne gilt: die Ewige Wiederkehr des Gleichen. Das einzige Kriterium der Interpreta-

---

[1] Eine allgemeine Hermeneutik im Geiste Nietzsches ist in einem Buch des Autors: *Au-delà du Principe de pouvoir*, Payot 1977, unter dem Namen „minoritäre Hermeneutik" entwickelt worden. Dieser Ansatz fällt natürlich auch unter die hier geleistete Kritik der allgemeinen Hermeneutik.

tion ist transzendental in einem noch klassischen Sinn (genau diesen wollen wir bestreiten) einer Einheit von Immanenz *und* Transzendenz. Nietzsche wieder-bejaht, sowohl nach innen als nach außen hin, den Zirkel der Wahrheit, wie ihn die traditionelle Hermeneutik in noch eingeschränkten Formen voraussetzte.

Durch welchen Schritt hat die Moderne (Nietzsche, Heidegger, Gadamer) letztlich der Hermeneutik, innerhalb der stiftenden Verneinung des Signifikanten, eine gewisse Allgemeingültigkeit gegeben und das vollendet, was man als ihren *telos*, als ihre immanente Tendenz betrachten muß: nämlich universal zu werden, keine Ontologie zu sein — was sie aber immer und allemal ist —, sondern sich eine Autonomie zu geben und aufzuhören, eine Disziplin am Rande der theologischen Exegese, der Linguistik, der Semantik, der Rhetorik, der psycho-linguistischen Disziplinen zu sein? Genau dies muß die *hermeneutische Wende* (le Renversement herméneutique) genannt werden, d. h. ihre *Rück-Kehrung* (reversion)[c] zu ihrem universalen Wesen ausgehend von ihren theologisch, psychologisch und linguistisch begrenzten Formen her. Genau diese *W*ende, verstanden als Rück-Kehrung zu..., Rückwendung (retour) zu... sich selbst, als Kehre (tournant) hin zu... ihrem „eigenen" Wesen, stellt den im übrigen immanenten Schritt dar — mit seinem Wesen und dem zirkulären Wesen der Wahrheit identisch —, durch den die Hermeneutik zum Prinzip wird und sich endlos (allerdings niemals vollständig, da sich ihre Inhalte im Sinn und in der Wahrheit reflektieren) von ihren historischen Ausgangsbegrenzungen freimacht, ohne indes mit ihnen zu brechen: denn ein radikaler hermeneutischer „Einschnitt" (coupure) würde eine Absurdität bedeuten, die das umkehrbare und kontinuierliche Wesen der Wahrheit ausschließt.

Genau genommen ist es die These der allgemeinen *H*ermeneutik, daß diese Begrenzungen zwar zurückverlegt und verschoben, nicht aber unterdrückt werden können, um den Zugang zu einem absoluten und vollen Sinn freizulegen, so daß sie eine fortlaufende Einheit mit der Wahrheit bilden, mit welcher sie zusammengehören. Diese Begrenzungen sehen ihrerseits ihren Einflußbereich durch ein unendliches Sinnstreben (appétition de sens)[d] eingeschränkt. Die Interpretation spielt sich zwischen diesen beiden Begrenzungstypen ab, der Sinn stellt sich her zwischen den empirischen Bedingungen des zu interpretierenden Materials und der

---

[c] Der Begriff „reversion" taucht in der Bedeutung von Zurückkehrung (zu dem Ursprung) bereits bei Meister Eckehart auf (Deutsche Predigten, hrsg. von J. Quint, München 1963, S. 181), hat im Französischen aber zugleich die Bedeutung von „Wieder-Fassung" (Anm. d. Ü.).

[d] „Appetition", „Streben", ist ein Begriff Leibnitz', vgl.: *Monadologie*, § 15, Hamburg 1959, S. 32 f. (Anm. d. Ü.).

absoluten Begrenzung von deren Einflußbereich, gesetzt durch die absolute Forderung oder Wahrheit. Folgerichtig kann eine Kritik der Hermeneutik – die etwas anderes als eine *relative* „Destruktion" ihrer historischen Bedingungen, etwas anderes als ein universales Werden wäre – vor allem keine Anleihe beim Verfahren der hermeneutischen *W*ende machen und deren Techniken des Aufschubs der Inhalte, der Reflexion letzterer in der *D*ifferenz und der Konstitution umkehrbarer Sequenzen von Interpretiertem und Interpretierbarem nicht nutzen. Es geht hier nicht mehr darum, ihre begrenzten klassischen Formen von innen und außen her umzukehren, was ich an anderer Stelle versucht hatte[2], um sie das werden zu lassen, was sie werden muß. *Es geht darum, der Erfahrung – und den Rechten, die ihr zukommen – einer anderen Konzeption des Wesens der Wahrheit, und folgerichtig auch des Transzendentalen, Geltung zu verschaffen, die nicht mehr auf der Einheit einer Immanenz und einer Transzendenz beruhen würde, sondern auf der „Bejahung" einer Immanenz der Wahrheit, die so radikal wäre, daß sie frei von Transzendenz ist, ohne deshalb eine Erfahrung des Anderen auszuschließen; einer Immanenz, die keinesfalls in der Form der Transzendenz, sondern in der der absoluten Immanenz verstanden wird.* Diese Wahrheit ist das *N*icht-*I*nterpretierbare, von dem der Zirkel der Interpretation ab-hängig bleibt.

II. Gadamer und die allgemeine Hermeneutik

Das Werk Gadamers ist zum einen vom Vorhaben der Verallgemeinerung der Hermeneutik getragen; es schreitet stetig auf eine *U*mkehrung (Renversement) ihrer klassischen Formen zu, indem es sie zu der dem *S*ein eigenen Distanz oder *D*ifferenz rück-kehrt und ihr universales Apriori im „Zirkel" als *reversio* oder „Kehre" freisetzt. Es unterscheidet sich von französischen Formen der Hermeneutik durch seine Strenge, d. h. durch die zweifache Unterordnung: nämlich der der vollen Präsenz unter die *D*ifferenz und der der *D*ifferenz unter die für das *S*ein spezifische Positivität. Diese zweifache Unterordnung ist gewissermaßen die dem Diskurs der *D*ifferenz eigene „zweifache Artikulation" und definiert die Syntax der allgemeinen *H*ermeneutik. Die erste Unterordnung kann nicht ohne die zweite gedacht werden, die die Anstrengung ausmacht, durch und für das *S*ein selbst und seine Wahrheit zu denken.

Andererseits scheitert der Ansatz Gadamers, wie alle anderen einer allgemeinen *H*ermeneutik – wir haben weiter oben die Ursachen dargelegt

---

[2] vgl. *Au-delà du Principe de pouvoir.*, 2. Teil, Kap. 13–16.

—, *auf bestimmte Weise* daran, ein wirklich universales Apriori freizusetzen, da er regelmäßig die *U*mkehrung in einer Form durchführt, die sicherlich sprachlich ist, aber im restringierten Sinne des Signifikats, der Stimme, des Logos, kurz: in einer Form, die den Signifikanten negiert. Die volle und mit sich selbst identische Präsenz wird nur in ihrer rational-vergegenständlichenden Form aufge(sc)hoben, kehrt aber klammheimlich wieder als die *P*räsenz überhaupt, als innerer Logos, als philosophierendes Zusammenspiel von Stimme und Gehör, als Dialog — als *P*räsenz der Präsenz. Gadamer leitet die wissenschaftliche Idealisierung von ihrem Ursprung im phonologisch-transzendental Erlebten her, stellt aber weder dieses in Frage noch dessen Relevanz als Element der *D*ifferenz. Das Vorhaben der allgemeinen Hermeneutik bleibt gefangen im Gegensatz von gegenständlicher Präsenz und innerer *P*räsenz, bleibt verklebt und verhaftet mit einem Signifikat, das zum transzendentalen Wesen der Wahrheit erhoben wird.

Wir wollen diese beiden Punkte näher ausführen:

1. In der Sorge um den Zirkel als Wahrheit, als Umkehrbarkeit oder *U*mkehrung der vergegenständlichten Formen des Verstehens und der Interpretation hält sich die Strenge Gadamers an deren „existentiales" Wesen. Z. B. löst er, der Syntax des Chiasmus entsprechend, das klassische Problem jeder Hermeneutik: wie kann man dem Verstehen seine philosophische Autonomie bewahren, ohne indes die Interpretation der texuellen, linguistischen, phänomenologischen, künstlerischen usw. Techniken zu berauben? Folgende Regel gilt für diese Beziehung: das Sinnverstehen ist keine besondere Form einer fundamentaleren und schon vergegenständlichten Beziehung zur Welt; es ist eher ein „Existential" als eine gegenständliche Struktur des *G*eistes, des *S*inns, des *L*ebens, der *K*ultur, des *P*sychismus, des *T*extes oder einer psycho-textuellen Mischform. Das Wesen eines Existentials ist jedoch nichts anderes als die Syntax des Chiasmus in seiner Umkehrbarkeit. Das Verstehen wird zu seinem Wesen zurückgeführt, wenn es sich in das Gesetz des folgenden Chiasmus einschreiben läßt: Das Verstehen des *S*eins (ausgestattet mit seinen Techniken verschiedener Herkunft) *und* das *S*ein des Verstehens bilden einen unteilbaren Prozeß. Oder anders gesagt: der Sinn des *S*eins *und* das *S*ein des Sinns bilden einen unteilbaren Prozeß. Dieser Chiasmus hemmt — zumindest teilweise — die Vergegenständlichung des Verstehens, indem er fortlaufend seine Definition und die des Sinns, des Horizontes und der Interpretation mit einer *positiven Distanz* oder einer *D*ifferenz verbindet, d. h. mit einer *unteilbaren,* Bezug oder Einheit stiftenden Kraft, am Ende von und durch deren Wirken diese Strukturen a) sich gewissermaßen von sich selbst zurück- oder abziehen, sich von ihrer Vergegenständlichung

lösen, die sie umkehren (d. h. ein Entzug [retrait] des Sinns in bezug auf die Bedeutung, des verstandenen Textes in bezug auf den in Wissenschaft und Kultur usw. vergegenständlichten Text) b) sich aber gleichzeitig mit anderen, nicht unmittelbar als hermeneutisch bekannten Techniken vereinigen, wie z. B. theologischen, künstlerischen, politischen, linguistischen usw. Diese Distanz, diese Beziehung-ohne-Bezug der *D*ifferenz oder der „Selbstheit" (mêmeté), die keine Beziehung einfacher voller Identität mehr ist, wird konstitutiv für den Gebrauch oder die Zuhandenheit (l'ustensilité) des Verstehens und seiner Techniken; wobei sie jenes durch das äußerst positive Nicht?Sein affiziert, das das *S*ein in die Definition und den Wirkungsbereich der Techniken hineinlegt.

Gadamer überträgt so die heideggersche Phänomenologie der Zuhandenheit des Werkzeugs auf den Dialog und die Elemente der hermeneutischen Bedingung (condition), vor allem auf die sprachliche Bedingung des Sinns und des Verstehens. Die Sprache stellt das unendlich Umgreifende des Verstehens, des Dialogs wie der geschriebenen Texte dar. Das eine wie die anderen sind In-der-Sprache, wie man In-der-Welt ist; sie folgen der Regel des Inmitten-der-Sprache-Seins, die die Syntax selbst der Zirkularität der Wahrheit ausmacht. Obwohl Gadamer keinesfalls das *S*ein und dessen die Sprache durchziehende Macht verkannte, blieb ihm – als Hermeneuten – nur übrig, die Sprache als Leitfaden für das Verstehen des *S*eins zu nehmen und in gewisser Weise (allerdings können beide auch zusammenbestehen) das In-der-Welt-Sein durch das Inmitten-der-Sprache-Sein zu ersetzen. Es erscheint demnach nicht evident, ihm eine Abschwächung der „Frage nach dem *S*ein" nachzuweisen, außer wenn man das *S*ein fetischistisch d. h. metaphysisch beim Wort nimmt, während er es gerade vermochte, das Wesen (des *S*eins) zu erhalten, das auf Syntax der *D*ifferenz als dem „Inmitten-von . . ." beruht.

Er führt auf diese Weise eine streng existentiale Analyse der Sprache durch. Statt sie als Werkzeug in der Verfügungsgewalt eines einzelnen sprechenden Subjekts zu behandeln, ordnet er sie in den Bereich des rein Instrumentalen (l'instrumentalité), in die existential-ontologischen Strukturen dieses Werkzeugs ein, insofern diese die Beziehungen der Sprache und des Denkens (oder des Sinns) beherrschen. Die Einheit von Sprache und Denken ist die fixe Idee jeder Hermeneutik; aber gerade diese Einheit wird in einer „allgemeinen" *H*ermeneutik zum Problem, wo sie keinesfalls mehr die Einheit eines „ontisch" oder, genauer, gegenständlich gedachten Subjekts und Werkzeugs darstellt. Gadamer macht, hinsichtlich der Beziehungen der Sprache und des Denkens, das, was Heidegger hinsichtlich jener des *S*eins und des Seienden gemacht hat: er „destruiert" die „vergegenständlichende" und „darstellende" Tradition der Sprache, um den Prozeß zu beschreiben, durch den er dem Denken und dem Sinn — sich in sie einhüllend — eine Richtung gibt. Die gesprochene und geschriebene Sprache, in der Immanenz des Verstehens und des Dialogs erlebt, tritt als Werkzeug in den Hintergrund, und sie verbirgt ihre Präsenz hinter den Manifestationen des Sinns und des Denkens, die die Sprache „ermöglicht", aber die sie ihrerseits verschleiern. Die Immanenz des Sinns und des Denkens schließt die einfache psychologische Innerlichkeit aus: Sie stellt die Einheit oder das Gemeinsam-Sein des *S*eins (l'être-commun de l'Être) dar, das sowohl die Sprache-als-Werkzeug als auch das Denken-als-Wirkung — über deren Differenz hinaus — wieder-aufnimmt und wieder-umhüllt, also eine Differenz-Einheit des Wortes *und* der Sache, des Denkens *und* des Ausdrucks. Das In-der-Sprache-Sein ist durch ein Zurückweichen hinter den Sinn und das Denken affiziert, die es manifestiert. Doch muß dieser Entzug zusammen mit dem positiven Wesen der Sprache, ihrem Sein, gedacht werden und nicht in seinem Gegensatz zum manifesten Denken.

2. Gleichwohl ist die Syntax der *D*ifferenz nicht formal und transzendent, sondern „immanent und transzendent" gegenüber Inhalten, von denen sie nicht zu trennen ist. Selbst eine existentiale und allgemeine Hermeneutik hängt in ihrer Wahrheit und in ihrem Sinn von „Werten", in denen sie sich verwirklicht, und von einer ganzen „Semantik" ab. Das Inmitten-der-Sprache-Sein ist ein universales und plastisches Gesetz, das gleichermaßen für die *D*ekonstruktion wie für die *H*ermeneutik gilt, das jedoch unterschiedlichen Gebrauch erfahren kann. Die *H*ermeneutik spezifiziert es durch das Signifikat und das Diskursive, ignoriert aber jenen „Verstärker", den der Signifikant als Bedeutung-Destruierendes darstellt; sie hat ihn in ihrem Umgang mit dem Text und der Rede weder miteinberechnet noch eingeschlossen und behandelt ihn als eine Negativbedingung des Dialogs. Selbst als „allgemeine" *H*ermeneutik kann sie also noch durch das Wirken einer *D*ifferenz erschüttert werden, die das Auftreffen des Signifikanten berücksichtigen würde, ohne augenscheinlich diesen als „Gesichtspunkt" einer linguistisch fundierten Ideologie zu konstruieren.

Der hermeneutische Zirkel ist also davon bedroht, sich zu rezentrieren und wiederzuverschließen auf der Basis einer neuen, subtileren Form der Präsenz, nämlich der unbedingten Bejahung der Autonomie der Idealität, so wie sie im phonologisch Erlebten und dessen intuitiver Fülle erfahren wird. Die erlebte Erfahrung der Sprache schöpft die Logik der „Differenz" nicht aus, restringiert sie eher, als daß sie sie universalisiert. Auch Heidegger hat die Phono-Logik der *D*ifferenz niemals vollständig und systematisch kritisiert, obwohl er die psycho-theologische Hermeneutik durch eine existentiale ablösen wollte. Auf alle Fälle enthält die „hermeneutische

Kehre", selbst wenn sie einen fortlaufenden Verzicht auf historisch vorgängige Formen der Interpretation impliziert, immer noch notwendigerweise eine große Menge paleo-hermeneutischer Elemente. Aber es ist in diesem Zusammenhang nur zu offensichtlich, daß dieses Zurückweichen und Verblassen des instrumentellen und signifikanten Moments der Sprache eine dem Logos, dem Sprachvernehmen (l'entendre-parler) immanente Wirkung ist, eine banale phonologische Erfahrung, die aber von der Hermeneutik mit einer transzendentalen Relevanz ausgestattet wird; und es ist offensichtlich, daß die Anstrengung, sich dieses Zurückweichen der Sprache eher als eine Funktion von deren Wesen denn in Oppositionsbeziehung zum Denken vorzustellen (der Versuch, das Wesen und die Wahrheit der Sprache selbst unabhängig von ihrem technischen Werkzeugcharakter zu denken), nur eine zusätzliche, allerdings auf einem sehr gewöhnlichen Mechanismus beruhende List des Sprechen-Könnens ist. So ist nicht nur der Psychologismus, die Autorität der Innerlichkeit, eine Illusion, die auf einem Typos immanenter Einheit des In-der-Sprache-Seins fest gegründet ist und den sie auf ihre Weise ausdrückt, sondern ganz genauso ist die Autorität der transzendentalen Immanenz, die „ihre" Wahrheit für den Dialog und das Verstehen freistellt, eine gegenständliche Illusion des Entzugs oder des Verblassens, die fest mit der alltäglichen Erfahrung des Sprechens verbunden ist (und nicht nur mit der Poesie). Von daher rührt eine Frage, die über die Hermeneutik hinausgeht: Erlaubt die Wiedereinführung des Signifikanten in das Kalkül der *D*ifferenz, wenn diese ein Mehr an Allgemeingültigkeit und eine relative Transformation der hermeneutischen Vorgehensweisen gestattet, wirklich die zirkuläre, umkehrbare Konzeption der Wahrheit zu überschreiten, die das gemeinsame Element der Hermeneutik und z. B. der Dekonstruktion darstellt?

Die ausschließliche Entscheidung für das phonologisch Erlebte begrenzt also den Wirkungsbereich und die „Wachsamkeit" (vigilance) der *D*ifferenz. Von daher ergeben sich gewisse Gefahren der „Rezentrierung", die die allgemeine Hermeneutik niemals hat vermeiden können, selbst dann nicht, als sie sich inmitten-der-Sprache ansiedelte. Dies gilt erst recht für Gadamer, bei dem ich zwei Symptome dieser Brüchigkeit und dieser mangelnden Festigkeit — was nicht notwendigerweise immer eine Stärke ist — der Logik der *D*ifferenz feststellen würde:

1. Die „Distanz", die dem *S*ein und dem In-der-Sprache-Sein wie deren Immanenz — oder „Selbst"-Einheit (unité d'immanence ou de „même") eigen ist und die diese Einheit von der vollen Identität unterscheiden soll, läuft ständig Gefahr, sich im Netz des Logos wieder zu verfangen. Diese Gefahr ist in jedem Fall konstitutiv, aber hier stärker ausgeprägt als bei Heidegger. Z. B. wird die hermeneutische Aufgabe von Gadamer zuwei-

len³ damit begründet, daß es einer „kritischen Haltung" gegenüber der Arbeit und den Normen des *Experten* als Schlüsselfigur der industriellen Welt bedarf. Aber ein Existential im allgemeinen, insbesondere das des „Verstehens", kann nicht durch eine Haltung der Opposition, der Reaktion auf die Vergegenständlichung oder einfach der Kritik begründet werden — der Gegensatz Werte/technische Normen reicht dazu nicht aus. Das Wesen eines Existentials beruht auf dieser unteilbaren und positiven Distanz, dieser Spannung eines *Se*lben, dieser un?entscheidbaren Distanz, die das Wesen der kritischen Distanz selbst ist. Nur von dieser *Di*fferenz, die die Gegensatzglieder von diesem Ort des Selben aus trägt, können die Techniken der Interpretation ihren sich bemächtigenden und technizistischen Charakter teilweise abstreifen, womit sie vermeiden, daß der Hermeneut nicht selbst zum Experten des Sinns wird. Dank ihres Entzugs von sich selbst vereinigen sich diese Techniken mit anderen auf dem Wege *fortlaufender Kontiguität*, wenn man so will, durch Pfropfung (greffe), Schaltung (relais) oder durch Verzweigung (bifurcation), seien diese Techniken philosophischer oder gar „industrieller" Natur. Nichts ist ausschließlich industriell oder ausschließlich hermeneutisch. Diese „Selbst"-Beziehung ist die Regel, die das Wesen des Verstehens und all diese verschiedenen Techniken „verbindet", und zwar *als* dieses Wesen und das Spiel ihrer Anordnung. Die nur kritische Opposition gegenüber der Welt der Industrie würde aus dem Hermeneuten einen Techniker machen, der im Vergleich zu den „industriellen" Experten den Nachteil hätte, zu unrecht zu glauben, daß er sein Experte-Sein überwunden hat. Allein diese Spannung des „Selbst", die a-kritisch, aber nicht bar aller kritischen Mittel ist, kann der Hermeneutik ihre wahrhafte Universalität verleihen, den Ort, der sie weder auf ununterscheidbare noch auf widersprüchliche Art mit den vielfältigen Arbeitsbereichen vereint, wie sie neue Entwicklungslinien, neue Schnittpunkte von Techniken benachbarten Sinns und Ursprungs schaffen kann.

Von daher ist eine Interpretation der Strukturen der Interpretation notwendig, unter der Voraussetzung allerdings, daß sie auch eine Destruktion, eine „Dekonstruktion" (*Abbau*/dt) der historischen und technischen Existenzbedingungen des Verstehens darstellt. Die Hermeneutik umzukehren bedeutet nicht, sie vollständig zu destruieren oder sie zu verneinen. Die Hermeneutik ist weniger überholt als diejenigen, die sie dafür halten. Es geht darum, auf ihrer ganzen Oberfläche — dem Sinn, ihrem Verständnis, ihrer Auslegung, ihren Orten — das einzuschreiben und aufrechtzuer-

---

[3] Vgl. das Gespräch von Hans-Georg Gadamer mit Ph. Forget und J. Le Rider in *Le Monde Dimanche* vom 19. April 1981.

halten, was „Differenz" heißt: ein Gleichgewicht, eine unteilbare Einheit des Entgegengesetzten, welches dennoch entgegengesetzt bleibt (Ding und Sinn, Sprache und Denken, Subjekt und Kultur usw.); eine Einheit, die also keine höhere und beherrschende Einheit ausmacht, die durch Überschau oder Überragen und zwar als Drittes die Zusammen-gehörigkeit der Ausdrücke absichert, welche allein durch sich selbst, durch ihre eigene Kraft oder durch ihre eigene Schwäche, zueinander gehören. Die Hermeneutik ist dann „allgemein" und revolutionär, wenn sie eine Kehre zu der so verstandenen Differenz vollzieht. *Damit hört sie auf, sich als Disziplin konstituieren zu wollen,* die mehr oder weniger den Disziplinen der Experten entgegengesetzt ist, als eine Technik des Sinns gegenüber den Techniken des Gegenstands. Die Konstitution einer hermeneutischen Disziplin, wie Gadamer sie will, läuft Gefahr, letztere vergessen zu lassen, daß ihre erste Aufgabe in der Anerkennung eines gewissen Unvermögens-zu-interpretieren, im Verzicht auf einen Willen zur Vergegenständlichung und zur Wirksamkeit liegt. Der Verlust des wissenschaftlichen Herrschaftsgestus (maîtrise) bedeutet nichts, wenn ihm nicht der Verlust des hermeneutischen Herrschaftsgestus folgt. Diese „Schwäche" schließt keineswegs aus, daß die Hermeneutik darüberhinaus einen Zusammenhang festgesetzter Regeln darstellt. Wenn sie aber in eingeschränktem Umfang von elaborierten Verfahren Gebrauch machen muß, deren Leistungsfähigkeit durch die Tradition der Geistes- und sogar der Naturwissenschaften lange erwiesen ist, kann sie ihrerseits, umfassend gesehen, keine einfache Technologie des Sinns werden.

2. Allgemeiner gesprochen laufen alle Fundamentalbegriffe der Hermeneutik, insbesondere die Kategorien der Wahrheit, ihrer zirkulären Bewegung und ihrer „Einheit", Gefahr, in der Positivität der interpretierten historischen Inhalte zu versanden. Das Vorgehen Gadamers scheint jeden Augenblick bereit, haltzumachen, sich in die Momente oder die Phasen der Tradition einzukapseln, bei der es Anleihe macht und die es durchschreitet. Z. B. scheint sich die Definition des Wesens der Wahrheit — aber dieses Beispiel ist genau das des Wesens — bald am Platonismus, seiner Metaphysik des Schönen und seiner Form des optischen Denkens, bald am Hegelianismus, bald an Heideggerschen Analysen festzumachen, die räumlich begrenzt und mehr oder weniger von der genealogischen Bewegung isoliert sind, außerhalb derer sie gerade ihren Sinn verlieren. Insbesondere wird das Wesen, der Wahrheit oder der Sprache, in der „spekulativen" Form einer lebendigen Einheit verstanden, die sich von sich selbst abtrennt und über den anderen wiederfindet, die in dem verblaßt, was sie manifestiert oder reflektiert und mit dem sie eine höhere Einheit bildet: die Unterscheidung des Seins und der Präsentation, die als Unterscheidung

verblaßt und zugleich nicht verblaßt. Gadamer weiß offensichtlich, daß diese bewegliche Einheit des Seins immer in Formen wirksam wird, die *für immer* endlich und begrenzt sind, aber diese Charakterisierung des Wesens des *Seins* hegelianisiert im Übermaß die heideggersche Praxis der Zusammen-Gehörigkeit des Entgegengesetzten, die keine *Aufhebung* (dt) im hegelschen, sondern in einem anderen Sinne ist. Es handelt sich um ein Gleichgewicht ohne einen Austausch des Entgegengesetzten, um ein positives Zögern, das nicht wirklich die Bewegung der Unterdrückung und der Verinnerlichung kennt, selbst wenn es mit einer gewissen kritischen Wirkung verbunden ist, die auf die Präsenz des Seienden ausgeübt wird. Gadamer ist nahe daran, es auf eine Selbstvergegenständlichung des *Bewußtseins* oder des idealistischen *Seins* zu reduzieren. Letztlich liegt der spezifische Unterschied zwischen Gadamer und Heidegger − in welchem wir weiter unten ein gewisses Scheitern begründet sehen, eine wahrhaft allgemeine Hermeneutik zu konstituieren − darin, daß der erstere die Positivität der ontischen Inhalte, die durch das *Sein* manifestiert werden und in welchen dieses sich verbirgt, um sich zu manifestieren, privilegiert auf Kosten des Entzugs des *Seins* in bezug auf diese Inhalte und es selbst; während der zweite sein Talent ins Spiel, ins gegenständliche Oszillieren, ins Fließen, in die sich von einem Entgegengesetzten zum anderen wendende Bewegung investiert. Zwei sich ergänzende Formen entgegengesetzten Sinns sind über Heidegger möglich: entweder einseitig die Enthüllung des Seins oder einseitig der Entzug oder die Zurückhaltung des Seins zu betonen. *Die Einseitigkeit ist selbst in eine Umkehrbarkeit eingeschlossen, die in ihrer Simultaneität oder ihrer Zusammen-Gehörigkeit ohne überragende Identität dem Gegensatz Verhüllung-Enthüllung Rechnung trägt.* Um die Originalität seines Ansatzes einschätzen zu können, muß man Gadamer insofern Gerechtigkeit widerfahren lassen, als daß er sich ganz bewußt dafür entscheidet, die historische Positivität der Manifestation des *Seins*, die reine *Präsenz*, wie sie erlebt wird im Aufblitzen der Schönheit oder im dialogischen Vernehmen (audition), zu privilegieren und einseitig zu akzentuieren, wobei er das Gleichgewicht der Umkehrbarkeit zugunsten der Einseitigkeit durchbricht. Gadamer weiß, daß der „Entzug" des Wesens des Seins notwendig ist, um die idealistische Identität aufzuheben und das *Sein* davon abzuziehen; er weiß um die Unendlichkeit der Präsenz und der Absenz, der nicht-ausschließenden Trennung, die dem *Sein* und seiner Transzendenz eigen ist und welche nicht die eines Seienden ist. Aber weil er scheinbar manchmal glaubt − vielleicht zu unrecht, worüber man lange diskutieren müßte −, daß Heidegger einseitig den Entzug privilegiert (man kann im Gegensatz dazu auch annehmen, daß Heidegger − gerade weil er versucht, das bewegliche Gleichgewicht der Zusammen-Gehörigkeit zu denken — noch zuviel Aufmerksamkeit einer höheren Form von Präsenz oder Positivität erweist), akzentuiert Gadamer die andere, „positivere" Seite des Wesens und ist in der Folge gezwungen, sich mit der Thematik der „Spekulation" als lebendiger und voller *Präsenz* abzumühen. Diese aber läuft Gefahr, über sich wieder den von der *Differenz* gespaltenen ausgedehnten Zirkel zu schließen und glauben zu machen, daß er in der Vergangenheit in der Form gewisser platonischer Gedanken „vollendet" sei.

III. Allgemeine Hermeneutik und Dekonstruktion

Die allgemeine *H*ermeneutik und die *D*ekonstruktion haben das Schema der *D*ifferenz — des geteilten, gedehnten und eingeebneten Zirkels, der nicht mehr reziprok oder überschauend, sondern ein Zirkel der Rückwendung (reversion) ist — gemeinsam im Gemeinsam-Sein und als Wesen der Wahrheit. Sie unterscheiden sich vielmehr über die behandelte Materie, die — weil in diesem Zusammenhang nichts als rein empirisch gilt — gleichzeitig empirisch und transzendental ist. Der Kampf zwischen der allgemeinen *H*ermeneutik und der *D*ekonstruktion hat, gerade weil ein Kampf stattfindet, jene allgemeine Syntax des Wesens der Wahrheit als *Einsatz,* aber die Entscheidung führen jene Inhalte herbei, die diese Syntax mit-bestimmen. Auf eine Nuance sei indessen hingewiesen: die *D*ekonstruktion unterscheidet sich von der allgemeinen *H*ermeneutik auch durch eine, allerdings oberflächliche, syntaktische Tatsache, die weit eher das Pathos Derridas oder, wie wir sehen werden, seine, einzig wahrnehmbare, jüdische Komponente betrifft als seine wirkliche Praxis. Und zwar bejaht sie regelmäßig, im Zusammenhang der *D*ifferenz, den Primat der Umkehrung als Bruch, Einschnitt, Aufschub oder Verzögerung gegenüber dem Moment der Wiederkehr oder der Bejahung. Die *D*ifférance (neben anderen „Markierungen") ist offensichtlich das „*S*elbst" und Derrida scheint mehr und mehr sensibel für die Notwendigkeit einer *Wieder-Bejahung* der *D*ifférance. Aber ansonsten findet sich in seinen ganzen Arbeiten das beharrliche Pathos der Inversion und des Einschnitts, als ob diese sich (was aber eine Illusion wäre) von dem *S*elbst oder dem „*Ja*" befreien könnten, die es einsetzt. Dieses Beharren auf dem Einschnitt ist der einzige — jüdische — Punkt, der Derrida und Levinas annähert, denn ansonsten unterscheidet sie alles und insbesondere ihre Konzeption des Einschnitts: Levinas' Konzeption ist nämlich gerade nicht die „*D*ifferenz" oder die „*D*ifférance", die Formen des *S*elbst sind, sondern die im Kern jüdische Inversion des griechisch-abendländischen Primats der Synthese gegenüber dem Einschnitt zum nunmehr absolut (d. h. ohne Vermittlung) gültigen Primat des Einschnitts gegenüber der Synthese. Das Schema, dem Derrida folgt, bleibt in dieser Hinsicht durch und durch griechisch-abendländisch, aber er betont in der Praxis das Moment der Umkehrung (die der Rückkehr des Logos und der Wieder-Bejahung „vorhergeht"), ohne allerdings dabei zur vollständigen Inversion der beiden Phasen fortzuschreiten, wie Levinas es glaubt tun zu können. Die *D*ekonstruktion nimmt also keinen Gebietswechsel in bezug auf die allgemeine *H*ermeneutik vor, wenigstens was das Wesen der Wahrheit im allgemeinen anbetrifft. Aber der Zirkel des *S*elbst bewegt sich von nun an „entlang" einer zum Teil neuen Abweichung (écart). Offensichtlich ist es nicht der logifizierte, autonomisierte Signifikant, der den Standpunkt der *D*ekonstruktion begründet, die keine Spielart des Strukturalismus darstellt. Der Signifikant spielt hier keine Rolle als Standpunkt, sondern nur in dem Maße, wie er sich in der *D*ifferenz reflektiert und dazu dient, sie zu intensivieren oder ihre Macht zu vergrößern. Zwei Konsequenzen ergeben sich daraus:

1. Das universale Apriori der *D*ekonstruktion erstreckt sich weiter, leistet mehr an Verstehen und ist umfassender als das der allgemeinen Hermeneutik (der Heideggers wie auch der Nietzsches), da es auch für das Spiel der Signifikanten gilt und weil die Logik der *D*ifférance auch die „Logik des Unbewußten" umschließt, deren Genealogie sie gleichzeitig mit der des Signifikats leistet. Auf der Ebene der Wahrheit als „Zirkel" trägt die *D*ekonstruktion dazu bei, das universale Feld des Sinns durch einen zusätzlichen „Grad" an Kraft auszudehnen, zu öffnen und auseinanderzustrecken. Die „spezifische Differenz" der *D*ekonstruktion in bezug auf die Hermeneutik ist *graduell,* d. h. qualitativ *und* quantitativ; aber eine graduelle Differenz setzt immer das zirkuläre Wesen der Wahrheit voraus und stellt keine qualitative Differenz in bezug auf dieses Wesen selbst dar.

2. Die kritische oder teilende Kraft, die auf die Präsenz ausgeübt wird, wächst ebenfalls mit der *D*ekonstruktion. Während die *H*ermeneutik sich – unter anderem (die Liste ist nicht geschlossen, ja, kann es gar nicht sein) – auf die Verneinung des Signifikanten gründet, den sie gleichzeitig verinnerlicht und von sich ausschließt, ist die *D*ekonstruktion nicht nur in der Lage, das Signifikat (durch den Signifikanten), sondern den Signifikanten selbst in einer Form zu teilen, die offensichtlich nicht die der signifikanten Teilung ist; sie ist in der Lage, das zu teilen, was im signifikanten Einschnitt an voller Identität übrig-bleibt. Sie „erschüttert" insbesondere die Ideologie des Unbewußten und der Sexualität in ihrem „logischen" Anspruch, die, anstatt den Signifikanten in der *D*ifferenz zu reflektieren, diese auf jenen umklappt. Insofern muß die Distanz der *D*ekonstruktion gegenüber der Hermeneutik in ihren Nuancierungen gesehen werden: sie erscheint jeweils anders in ihren klassischen Formen, in ihrer Ausarbeitung durch

Heidegger oder in ihrem „gemischteren" und klassischeren Gebrauch bei Gadamer. Diese Nuancen oder graduellen Unterschiede reichen indes nicht aus, einen Problemwechsel anzusetzen, dessen Prinzipien im übrigen von der *D*ekonstruktion — aufgrund ihrer Prinzipien und gerade wegen der zirkulären Konzeption der Wahrheit — zurückgewiesen würde. Zwischen Heidegger und Derrida finden sich nur (und dieses „nur" enthält sicherlich eine unendliche, aber gerade deshalb unwesentliche Differenz) eine Differenz in der Nähe, welche aber eben eine topologische Kontinuität voraussetzt. Gerade das Kriterium des Denkens und der Wahrheit bleibt jedoch beim einen wie beim andern von gleicher topologisch-transzendentaler Natur. Vielleicht findet sich bei beiden nicht derselbe Gebrauch der topologischen Relationen und Positionen, die Derrida als eines der Hauptsignifikate des zeitgenössischen Denkens destruieren zu können glaubt; von denen er in der Tat aber nur gewisse „untergeordnete" oder vergegenständlichte Formen destruiert, die er jedoch überhaupt nur destruieren oder verschieben kann, indem er ein weiteres Mal auf die Gesetze der philosophischen Topologie rekurriert, die sich in einem Typos von Regelmäßigkeit wiederherstellen, in dem die *D*ekonstruktion untergeht und der ihr entschiedenermaßen unzugänglich bleibt. Diese allgemeine Logik kann nur durch eine Erfahrung des Wesens der Wahrheit in Frage gestellt werden, die von ihr völlig verschieden ist und die die allgemeine *H*ermeneutik und die *D*ekonstruktion als etwas erscheinen ließe, das noch, wenn schon nicht derselben Epoche der Wahrheit, d. h. derselben historisch-systematischen Formation, angehört — gerade diese Begriffe der *D*ifferenz sind nicht mehr geeignet, die *D*ifferenz absolut zu begrenzen —, so doch wenigstens demselben Typos von Metaphysik, nämlich dem des „*S*elbst" als *D*ifferenz zuzurechnen ist, der das „*S*elbst" als dialektische Einheit des Entgegengesetzten abgelöst und eine positive Abwandlung der Dialektik begründet hat.

Paradoxerweise ist die allgemeine *H*ermeneutik niemals durch die *H*ermeneutik selbst, sondern durch die *D*ekonstruktion verwirklicht worden, die sie nur als schließlich allgemeine realisierte, indem sie sie als Hermeneutik „destruierte" und sie als räumlich begrenztes Spiel textueller Kräfte erscheinen ließ. D. h. — was ein weiteres Paradox darstellt — daß es unterschiedliche Grade an oder Typen von Universalität geben würde. Es handelt sich hier nur um eine der Auswirkungen der Wahrheit als Zirkel oder als *empirische oder transzendentale Mischform:* per definitionem ist das nicht-logische Universale (des hermeneutischen Sinnes oder des „Différance"-Effekts) immer für empirische Bestimmungen offen und durch diese bedingt, selbst wenn es, von seinem Blickwinkel als Universales aus, vorgibt, ihnen vorgängig zu sein und sie immer schon bedingt zu haben.

Diese aber sind kontingent und unausschöpflich, und ihre Liste ist niemals geschlossen, genauso wenig wie die des universalen Apriori: das formale Apriori bleibt, entgegen allen rationalistischen Versuchen, es vom empirischen Allgemeinen zu unterscheiden, trotz allem durch das Empirische bedingt. Von daher wird die Aussage unmöglich, die *D*ekonstruktion sei die mächtigste Form der Wahrheit als ein Zirkel, der potenziert werden könnte. Sie stellt nur die Wahrheitsform dar, die wir zu einem gegebenen historischen Zeitpunkt als die mächtigste kennen. Da allerdings die Nabelschnur, die das Transzendentale ans Empirische fesselt, in diesem Typos von Philosophien niemals vollständig durchtrennt ist, unterscheiden sie sich voneinander durch einen *grundsätzlichen* empirischen Bezug: das Signifikat im allgemeinen für die *H*ermeneutik, der Signifikant für die *D*ekonstruktion, Macht und Begehren für die auf Nietzsche aufbauenden Philosophien (das Inmitten-der-Macht-und-des-Begehrens-Sein). Andere Möglichkeiten werden vielleicht noch zurückgehalten, sind heimlich in eine Logik der Wahrheit eingeschrieben, die fähig wäre, andere universale Apriori zu erzeugen. Aber weil es sich um Universalien handelt und diese in letzter Instanz durch Bezüge auf einander ausschließende und antagonistische empirische Felder bedingt sind, treten sie miteinander in Krieg, wobei alle Universalien natürlich versichern, daß zwischen ihnen allen Frieden und Harmonie – die Ökonomie der Gewalt, Ökonomie im vollen Wortsinne – herrsche, vorausgesetzt, daß jedes einzelne dafür Sorge trägt und den anderen seine Organisationskraft zur Verfügung stellt. Der Kampf, den die *D*ekonstruktion gegen die *H*ermeneutik (und umgekehrt, was man nicht vergessen sollte) führt wie die noch exklusive und irreduzible Vielfalt der verschiedenen Typen der Hermeneutik beruhen nicht nur auf wechselseitigen, psychologischen Mißverständnissen. Vielmehr ist hierin das Symptom eines gewissen Typos des Wesens der Wahrheit zu sehen, der diesen Kampf verlangt, um das werden zu können, was sie ist. Darüber, daß der Kampf und die Gewalt – seien sie in „Ökonomien" abgeschwächt, reguliert, ausgehandelt – mit dem Wesen der Wahrheit zusammengehören, kann man immer wie über eine Fügung des Schicksals urteilen, mit der man rechnen muß. Man kann aber auch die Notwendigkeit einer Erfahrung der Wahrheit empfinden, die auf anderen Prinzipien beruhen würde: der des *N*icht-*I*nterpretierbaren.

IV. Das Nicht-Interpretierbare

1. Die Frage nach dem *S*ein ist bei Gadamer komplex und nuancenreich. Auf jeden Fall muß die Frage nach dem *S*ein „abgeschwächt" werden, um

vollendet werden zu können. Allerdings bestehen mehrere Möglichkeiten, sie abzuschwächen. Z. B. falsifizierend, was fast, aber nicht ganz und gar, bei Gadamer der Fall ist, der verstanden hat, daß die Vokabel „Sein", außer aus ontologischem Fetischismus, „aufgegeben" werden konnte für die Problemstellung, die sie verbirgt, nämlich die des *E*inen, des *V*ielen und vor allem die der Form ihrer Zusammengehörigkeit. Oder durch Überschreitung, indem man zuerst die Frage nach dem *S*ein genau auf ein Problem (transzendentaler, nicht logisch-grammatischer) Syntax, auf – teilbare und unteilbare – Bezüge und Nicht-Bezüge zurückführt, die den Inhalt der Zusammengehörigkeit ausmachen; wobei daraufhin gezeigt wird, daß diese Syntax immer nur eine halb-transzendierende Form des Wesens der Wahrheit ist.[4]

Als Philosophie richtet sich die allgemeine Hermeneutik gegen den logisch-idealistisch fundierten platonischen Dualismus und wirft das Problem der endlichen Einheit der Gegensatzglieder (les opposés) unter der allgemeinen Formel ihrer „Zusammen-Gehörigkeit" auf. Dieser Begriff bezeichnet die Einfügung eines Ausdrucks in einen anderen, der als kontinuierlich gedacht wird, eine Einfügung, die gleichzeitig einen Einschnitt in dieses ideale Kontinuum, eine Teilung der Präsenz und andererseits ein Aufrechterhalten, ein Bewahren der bloß auseinandergezogenen Nicht-Teilung (indivision distendue) bedeutet. Diesen Typos von Einfügung oder Verbindung, der die Teilung und zugleich die Nicht-Teilung, das *V*iele und das *E*ine, das *V*iele als *auch* *E*ins-Seiendes kombiniert, nennt man, im transzendentalen und nicht im logischen Sinne, „Einschluß" (inclusion). Diese Logik der Zusammen-Gehörigkeit oder *D*ifferenz ist transzendental, und die Hermeneutik wäre nicht allgemein, wenn sie sie nicht als unveräußerlich betrachten würde; diese Logik wird als solche in gleichgültig welchen philosophischen Inhalt eingesetzt, z. B. in die *D*ialektik und in die *S*pekulation, wo sich ihr unveräußerlicher Charakter letztendlich an einen Verrat, an eine Pervertierung, gewöhnt, die aber das Wesen dieser Logik nicht berührt, da dieses davon lebt, sich notwendig in den sich in ihr reflektierenden und sie endlich machenden Perspektiven zu verlieren. Eine zweifache, empirische *und* transzendentale Natur affiziert auf diese Weise alle Grundbegriffe, die den Sinn und die Wahrheit organisieren: insbesondere das *V*iele und das *E*ine. Derart geteilt und immer eine Interpretation durch die allgemeinen syntaktischen Regeln der *D*ifferenz

---

[4] Alle hier gegen die allgemeine *H*ermeneutik und die *D*ekonstruktion erhobenen Vorwürfe sind in einem Buch des Autors entwickelt worden, das eine nichtzirkuläre Konzeption des Wesens der Wahrheit analysiert und sie unter der Bezeichnung „Minorität" vorstellt; vgl. *Le Principe de Minorité*, Aubier – Montaigne, collection „Analyses et Raisons", 1981.

und durch die historischen Inhalte verlangend, verlieren das *E*ine und die anderen Begriffe, die mit ihm das Wesen ausdrücken (das *A*ndere, das *V*iele, die *I*mmanenz) ihre Unmittelbarkeit und ihre gelebte Immanenz, die ihr transzendentales Wesen bestimmen. Das immanente Wesen der Wahrheit ist z. B. dadurch, daß es keine hermeneutische Interpretation der *D*ialektik ohne eine von dialektischen und spekulativen Inhalten ausgehende Interpretation der Hermeneutik gibt (eine bei Gadamer verfolgbare Entwicklung), gespalten und auf immer verloren. Das *E*ine, das *A*ndere, die *T*eilung usw. werden also nicht mehr in ihrer Immanenz ohne Distanz und Differenz (die zu unrecht als logozentrische Identität interpretiert wird) erfahren, sondern als „Grenzen", durch die hindurchzugehen wie sich an ihnen zu stoßen das Denken verurteilt ist, um seinen Ort oder sein Wesen wiederzugewinnen. All diese Erlebnisinhalte verlassen ihre Immanenz und werden als „Begrenzungs"-Effekte aufgefaßt, d. h. auf eine halb-immanente und halb-transzendentale Weise. Sie hören auf, durch sich selbst und von sich selbst her wahrheitsstiftend (véritatif) zu sein, um es nur vereint mit der Identität und deren Komplement, der Erfahrung, sein zu können.

Die Einzigartigkeit des Sinns als Ereignis wie die der Einheit des Entgegengesetzten in seiner unteilbaren Spannung ist das, was die *H*ermeneutik als ihr Ideal oder ihr *Telos bezeichnet, ohne es gleichwohl wirklich als an sich* (en soi)[e] *zu denken.* Das *E*ine wird lediglich als Grenze für die Teilung und die Vervielfachung (démultiplication) der Perspektiven in Anspruch genommen. Gadamer stellt offensichtlich die Sprache nicht als eine Unterordnung des *V*ielen unter das *E*ine dar; ihre Bezüge sind vielmehr historisch und diese Historizität ist der Sinn selbst als Spiel des *V*ielen und des *E*inen. Ein solches Spiel ist indessen nur das universale Element — auch das singuläre; aber gerade in dem Maße universal, wie es singulär ist —, das nicht das *E*ine selbst, sondern wie ein Spiegel — jenen, den das teilbare Kontinuum darbietet — den Reflex des *E*inen erfaßt, mit dem sich die *D*ifferenz begnügt. Die Einzigartigkeit, oder besser die Unarität (unarité)[f], die man sich als sich (selbst) Immanentsein oder als unreflektierte Immanenz vorstellen muß, ist ein Bestandteil jedes ontologischen Universalen und des Sinnes als Ökonomie; aber ihr Wesen fordert, daß man sie einzig von sich her denkt. Durch ihre eigene Positivität, der des an sich bleibenden *U*nteilbaren, ist sie jeder Transzendenz und jeder Historizität vorgängig und sie reduziert sich nicht einmal auf ein „Dazwischen" (entre-

---

[e] „En-soi" bedeutet zugleich in-sich und an-sich, eine Doppeldeutigkeit, mit der schon Sartre in *Das Sein und das Nichts* spielt (Anm. d. Ü.).

[f] Unarität (Komplementärbildung zu: Binarität) bezeichnet die transzendentale Singularität des Einen, d. h. seine in keiner Relation aufgehende, bezuglose Selbstimmanenz (Anm. d. Ü.).

deux), auf eine Zusammen-Gehörigkeit, auf einen einschließenden und immer schon umfassenden Abstand der Vervielfachungen, die sie enthält und von denen jede immer nur schon über sie selbst hinaus reprojiziert.

Die Hermeneutik bleibt so in eine Ontologie des *E*inen *und* des *V*ielen, der Vielheiten als synthetische Mischformen eingeschrieben. Die *D*ifferenz begründet, ohne eine klassische metaphysische Ontologie zu sein, eine besondere Ontologie, die das *E*ine als eine ihrer notwendigen Komponenten einschließt. Aber das Wesen des *E*inen, wenn es schon nicht genau aus „der Mystik" hervorgeht (die selber auch in Form einer Ontologie von ihm, diesmal allerdings vom *E*inen selbst, Gebrauch macht), so konstituiert es zumindest doch „das Mystische", den Kern oder Gehalt an absolut bilderlos und ohne Mimesis gedachtem „Mystischem", wie es in jeder Ontologie einbegriffen ist. Was die Hermeneuten den „hermeneutischen Konflikt" nennen – die Spannung des „Dazwischen" der *D*ifferenz, z. B. der Kampf des Menschen und des *S*eins oder des *S*eins mit der Repräsentation; ein Kampf, der immer dem *S*ein immanent bleibt –, ist vielmehr das überstrapazierte Alibi, um nicht die innere Möglichkeit des *E*inen (und) des *V*ielen, die ihrem „Spiel" überlassen bleiben, untersuchen zu müssen. Als ob im übrigen der reflexive, spekulative und differenzierte Kampf gegen die idealisierte und vergegenständlichte Repräsentation ausreichen würde, das Wesen der *R*epräsentation, der *R*epräsentation im allgemeinen, d. h. als universale, als das Universal überhaupt, auszuschöpfen. Das *E*ine stellt das transzendentale, aber aufgrund seiner inneren Konstitution nicht-universale Apriori dar, das die Totalität der seins-sprachlichen Konstitution des Menschen und des Sinns existentiell trägt und sie bis zum Inmitten-der-Sprache (der Macht, des Begehrens usw.)-Sein ermöglicht. Die Forderung nach einer radikalen Immanenz in Form einer inneren Erfahrung des *E*inen, die sich gegen seinen transzendentalen Gebrauch als *auch* äußere oder begrenzende Instanz richtet, reicht nicht aus, die Wahrheit in all ihren Aspekten zu erhellen. Insbesondere schließt die Immanenz, wenn sie die transzendentalen Formen des *A*nderen ausschließt, nicht das *A*ndere als mit dieser Erfahrung selbst identisch aus: hierin liegt sein „mystischer" Aspekt, der ihn aber auch von *der* Mystik entfernt. Indessen ist die Wiedergewinnung dieser Immanenz ohne Rest, der das *A*ndere und das *V*iele genauso immanent sind wie das *E*ine selbst – genau diese Immanenz selbst des *A*nderen als solchem nennen wir „Minorität" –, die Letztvoraussetzung allen möglichen philosophischen Denkens, der „archimedische Punkt", von dem her alle Philosophien der *D*ifferenz aus den Angeln gehoben und zu dem Geständnis gezwungen werden können, daß auch sie, wie der größte Teil der vorangegangenen Metaphysik, vom *E*inen nur teilweise bzw. einen „halb" immanenten Gebrauch machen.

2. Bei diesem Typos von Philosophien stellt das Wesen der Wahrheit nur die unendliche und als *Einzigartigkeit* verstandene Wieder-Bejahung der Verfahren von Sinnproduktion dar. Dabei wird das *E*ine indessen nicht einfach dem Sinn zugeschlagen; die Hermeneutik unterscheidet auch beide teilweise als zwei Momente, die in einem Verhältnis der Zusammengehörigkeit verschachtelt sind. Vielmehr wird die Immanenz der Wahrheit, ihre Einzigartigkeit, als *E*ines zusammen mit dem *angeordnet,* was den Sinn, die Bezüge ausmacht (Ding *und* Sinn, Sprache *und* Denken, Thema *und* Text usw.), die sich ihrerseits in den Zirkel der Wahrheit einschreiben. Wenn der Sinn das Spiel oder die Verkopplung der Immanenz und der Transzendenz, die regulierte Vermengung oder Vermischung der Wahrheit mit der teilbaren Idealität oder der Präsenz, die Vermischung des *E*inen mit der *I*dee darstellt, dann bilden sie einen unauflöslichen Komplex. Also handelt es sich weder um das Durcheinander einer tautologischen Identität noch um die Identität einer Analyse oder Synthese, sondern um jene Art gedehnter Parallelität, von „verlängerter" und „auseinandergezogener" Ko-Existenz, um jene Art von offenem Zirkel, die die Unumkehrbarkeit mit derselben Macht ausstattet wie die Umkehrbarkeit. Genau von dieser Form nicht-unmittelbarer Parallelität, welche sich auf die topologische Kontinuität von Bezügen gründet, die gleichzeitig Nicht-Bezüge, Unteilbares sind, kann man sagen, daß sie der transzendentalen Autonomie der Wahrheit nicht gerecht wird. Die *H*ermeneutik ist ein sorgsames Denken, sie bewegt sich in erster Linie im Sinn und erst in zweiter Linie in der Wahrheit. Der Sinn ist immer Technik oder, bestenfalls, Technologie des Sinns, und die *H*ermeneutik ist in erster Linie die Produktionstechnologie des Sinns und erst in zweiter Linie die Erfahrung der Wahrheit. Diese ist in ihr mit den Techniken der Interpretation vermischt, die ihr als Halt oder als Vehikel, aber auch als Material dienen; sie ist den Vorgehensweisen des Verstehens beigeordnet, die jedoch nur in sehr transzendenter Weise die innere Erfahrung des *E*inen ausdrücken, das sie mit der *W*elt und der *G*eschichte vermengen. Der griechisch-zeitgenössische Chiasmus der Wahrheit und der Macht-des-Sinns ist besonders bei Heidegger wirksam, der immer in eins fragt, ohne dabei unterscheiden zu können, was der Sinn *und* was die Wahrheit des *S*eins ist. Aber er gestaltet auch, auf seine Weise, die Ökonomie der *D*ekonstruktion, die simultan alle Teilungen, Einschnitte oder Differenzen als gleichzeitige Nicht-Teilungen eines *S*elbst ausführt. Das Wesen der Wahrheit wird also den Gewinnungs- und Nutzungstechniken des Sinns oder der textuellen Bezüge ausgeliefert, welche währenddessen alle – in verschiedenen Graden – transzendent sind und zwar in bezug auf das unreflektierte Erleben (vécu) des *E*inen, oder des *A*nderen als *E*ines – die „Minorität" – wobei es sich nicht mehr

um einen Idealisierungseffekt handeln kann. Diese Philosophien glauben, den Grund der Wahrheit oder den unüberschreitbaren Horizont des Denkens erreicht zu haben, wenn sie der vollen und mit sich selbst identischen Präsenz die Historizität einer unendlichen Begrenzung oder einer endlosen Differenz entgegengestellt haben, die nichts als die Zusammen-Gehörigkeit der kontinuierlichen *I*dee, ihrer Teilung und des *E*inen ist. Unter den Bezeichnungen *D*ifferenz, *D*ifférance usw. verstehen sie jene unendliche Historizität, die sie als authentisches Wesen der Einzigartigkeit, des Ereignisses, des Individuums – der *V*ielheiten – ausgeben wollen. Aber das *E*ine bleibt – bis in die Interpretation hinein, die es befruchtet, ohne sich indes jemals in ihr zu verlieren – irreduzibel auf irgend ein Phänomen der Transzendenz, der Aktivität, der Temporalität oder der Historizität.

3. Seine Scharfsichtigkeit läßt Gadamer die Begründung der Hermeneutik in einem gewissen Platonismus sehen. Dieser hat in der Tat niemals das *E*ine „als" *E*ines denken können, sondern hat es immer, mehr oder weniger explizit, der *I*dee zugeschlagen und hat aus dem *E*inen eine höhere *I*dee oder das System der Ideen gemacht; niemals aber konnte er das *E*ine anders erfahren denn als transzendente Instanz, bis hinein in die transzendentale Funktion, die er ihm – als identisch mit der unären Immanenz – zugestehen mußte. *Das Eine und die immanente Erfahrung des Einen sind identisch, und sie selbst in nichts transzendent.* In der *U*nteilbarkeit als Wesen ist die Unterscheidung des Modells vom Abbild, die des *S*eins von der Erscheinung (présentation) unterdrückt. Vor allem aber ist sie absolut und unmittelbar unterdrückt. Es handelt sich hier nicht um eine Unterscheidung, die, wie es für das *S*ein gilt, für das *E*ine zunächst notwendig wäre und sein Wesen bestimmen würde, um später im Ergebnis unterdrückt – und aufbewahrt – zu sein. Die unäre Immanenz, die unteilbare Erfahrung des *U*nteilbaren, stellt den einzigen Gegenstand dar, den die Philosophie als ausschließlich philosophischen und in der *W*elt und der *G*eschichte unauffindbaren einklagen kann. Sie ist prä-spekulativ, sie ist eine unmittelbare Gegebenheit, die allen Lebens- und Todesspielen der verlorenen und wiedergefundenen spekulativen *E*inheit wie der *S*elbst-Einheit (unité de Même) der *D*ifferenz vorgängig ist. Das Verfahren einer solchen Immanenz ist nicht mehr die *Inklusion,* wie z. B. im Falle der Sprache als „*S*ein", die die Bedeutung einschließt, über das *S*ein sich in Form einer neuen, weil „differenzierten" Präsenz manifestiert und gleichzeitig versteckt. Dieser gesamte Prozeß wird als halb-transzendent aus dem *E*inen zurückgeworfen. Als Erlebtes, das in der *W*elt oder im *S*ein genauso gut wie in der Stimme nicht vorfindbar ist, als präphonologisch Erlebtes, hört die Erfahrung der *N*icht-Teilung (indivision) auf, die einer nicht nur

endlichen oder besonderen, sondern auch universalen oder unendlichen *Mitte,* die eines Seins-inmitten-von- ... zu sein. Unter dem Vorwand der Einheit des Entgegengesetzten sucht die *H*ermeneutik höhere und komplexe Formen von Syntax, und sie setzt ihren spekulativen oder gar differentiellen Stil dem geringer wertigen „reflexiven" Stil entgegen. Doch ist sie nur eine modernisierte Form der allerältesten Dialektik, eine neue Lösung des Problems der Einheit des Entgegengesetzten, das auch ein transzendentes Problem ist. Die Logik der *I*nklusion (der *D*ifferenz) stellt die moderne Form der Dialektik als griechisch-abendländisches Wesen des Denkens dar, sie löst u. a. die spekulative Logik des Entgegengesetzten ab, ohne dabei die philosophische Fragestellung zu wechseln, ohne dabei die Frage selbst des *V*ielen und des *E*inen anders zu stellen. Wenn sie nicht von deren wechselseitiger oder spekulativer Innerlichkeit spricht, spricht sie von ihrem differentiellen Gleichgewicht. Aber dies stellt immer ein syntaktisches Problem dar und jede Syntax, wäre sie auch „transzendental", ist immer ein dem *E*inen gegenüber transzendentes Phänomen.

Die wirklich begründende „Umkehrung" des Anti-Hermes (aber ist es noch eine Umkehrung? Eine *reversio?* Ist es wirklich ein Anti-Hermes? Nichts ist unsicherer und nur Hermes vollendet sich als Anti-Hermes) besteht in der Überlegung, daß gerade nicht das *E*ine der *I*dee oder dem *S*ein gegenüber transzendent sei, sondern daß die *I*dee oder das *S*ein dem *E*inen gegenüber transzendent sind. Die ausschließlich immanente Immanenz stellt in beiden Fällen der Transzendenz oder der Überschau keine Beziehung-zur-Einmaligkeit, keine Reziprozitäts- oder auch Umkehrbarkeitsbeziehung mehr dar. Die *H*ermeneutik wie die *D*ekonstruktion gründen sich auf ein letztinstanzliches Universal, auf ein komplexes Gemeinsam-Sein (être-commun), auf einen Bezug, der auch ein Absolutes zu sein vorgibt. Aber das *A*bsolute schließt kraft seines Wesens, das noch stärker verneint als das des Unbewußten oder das des *S*eins, die Beziehung im allgemeinen und die Teilung von sich aus. Seine innere Struktur ist nicht länger eine der *D*ifferenz oder die einer „absoluten Distanz". Das Wesen der Wahrheit ist in einem so strengen Sinne individuell=ungeteilt, daß es sich von der Transzendenz jeglicher Beziehung abstrahiert; das *U*nteilbare, insofern es als Unteilbares erlebt wird, abstrahiert sich oder zieht sich von jener unteilbaren „Beziehung" zurück, die die *D*ifferenz darstellt.

Das *E*ine ist das An-Sich überhaupt ..., ein transzendentales An-Sich, ein An-Sich der präspekulativen Immanenz ohne Für-Sich. Aber die *H*ermeneutik trennt es von sich selbst ab, indem sie es in die Transzendenz der immer teilbaren Idealität projiziert; sie projiziert das An-Sich und seine erlebte Immanenz in die Äußerlichkeit der *W*elt, der *S*prache, der *K*ultur und der *G*eschichte, denen sie es nunmehr zuordnet und in denen sie es sich verwirklichen zu sehen vermeint. Aber ein solches An-Sich stellt nur eine relative Entität vor, die *auch − in Form einer niemals in ihrem Wesen oder ihrer Möglichkeit nachgedachten Gleichzeitigkeit −* ein Absolutes ist, ein Nicht-Bezug, der jeden Bezug auf sich bezieht. Die Wahrheit dient also nur dazu, stellenweise den Weg des Sinns zu vernähen, ihn über sich zu versteppen, ohne indessen seine Beweglichkeit zu destruieren. Das *A*bsolute dient hier nur dazu, das Relative in seiner relativen Form zu verstärken, wobei es ihm durchaus seine Unteilbarkeit vermittelt; und das *E*ine dient nur dazu, die hiermit eher wieder-bejahte denn unterdrückte idealisierende Unterscheidung unendlich fortzusetzen. Umgekehrt wird dieses *A*bsolute, dieses An-Sich, immer durch die Beziehungen oder die endlichen Perspektiven hindurch realisiert, die es von innen oder von außen her „belebt", d. h. vermutlich von nirgendwo, zumindest von keiner realen Immanenz her. Sicherlich gibt die *H*ermeneutik, als Denken der *D*ifferenz, vor, sich in einem irreduziblen, absoluten und unmittelbaren Bezug zum An-Sich zu bewegen, und dies genau innerhalb der endlichen Perspektiven, in denen sich das An-Sich selbst als solches entwirft. Eine Beziehung aber kann − per definitionem − nichts weniger sein als absolut und unmittelbar, sie ist es immer nur in einer möglichen Teilung oder in einer naheliegenden Perspektive, die das *E*ine in eine Halb-Transzendenz zurückwirft. Wenn es wirklich in seinem An-Sich und als unmittelbare Gegebenheit erfahren wird, dann erschöpft sich das Wirken des *E*inen nicht allein in der Erhaltung, Fortsetzung, also in der Wieder-Bejahung oder in der Bewahrung, sondern auch in der Intensivierung des Unterschieds und der Relativität der Perspektiven oder Differenzen, ohne diese also folglich zu widerrufen − dies ist der Fall bei Nietzsche, Gadamer, Derrida, Deleuze usw. −, denn eine solche Fortsetzungs- und Wiederbejahungsarbeit obliegt eher der *I*dee und der Wiederholung, die der Idealität zugehört. Das An-Sich braucht nicht einmal in sich zurück-zukommen oder zurückzukehren; das *E*ine ist hinreichend unteilbar „an" sich, wobei dieses ‚sich' im „an" ruht, damit es keiner *reversio,* keiner *Kehre* (dt) bedarf, um zu werden, was es ist. Sein Wesen bedarf weder eines Prozesses noch einer Vollendung. Als Unreflektiertes wirft es, genau in dem Maße, in dem es kein transzendenter Idealisierungseffekt, keine Einheit in der *W*elt, in der *G*eschichte und in der *K*ultur mehr ist, nicht nur die Reflexivität, sondern auch die *S*pekulation und die *D*ifferenz aus sich zurück. Das *E*ine im streng transzendentalen Sinn, d. h. bar jeder Transzendenz, sei deren Form fortlaufend oder nicht, stellt die positive Abwesenheit jeder Form von Syntax dar. Gerade die Positivität dieser Abwesenheit ohne Negation bestimmt das Wesen des *E*inen und bedingt die zirkuläre Syntax wie die mehr oder weniger ent-bundene Parallelität der Wahrheit im hermeneutischen Sinn. Das Wesen des *E*inen schließt endlich von sich selbst jenen Letztanteil an mimetischem Denken aus, der den hermeneutischen oder dekonstruierenden Gebrauch der Wahrheit irreduzibel durchzieht.

4. Die Destruktion der Vermischung des Sinns und der Wahrheit beginnt damit, daß der Wahrheit ihre absolute Autonomie wiedergegeben wird, und vollendet sich in der Genealogie des hermeneutischen Sinnbegriffs. Von daher rührt eine letzte Frage: Von woher kommt, transzendental und nicht empirisch gesehen, jene Erfahrung, die sich an den Grenzen der Sprache und des Denkens abspielt und die ‚Sinn' heißt? Welches ist ihr Ursprung im Wesen der Wahrheit, unabhängig von der Vermengung letzterer mit der objektiven Bedeutung; eine Vermengung, die den Sinn selbst ausmacht? Um dieses wahrheitsstiftende Wesen wiederzufinden, das im Sinn eingehüllt und verborgen ist, muß man alle transzendenten Momente des Sinns aufheben (suspendre), die daraus einen nicht nur immanenten=transzendentalen, sondern auch topologischen Mischbegriff machen, wobei sie ihn dazu bestimmen, der Spielraum des Denkens zu sein. Selbst wenn man den Sinn als *für* ein Bewußtsein vergegenständlichte Idealität aufgehoben und sein Differentialkonzept herausgearbeitet hat, bleiben transzendente Bestimmungen weiter bestehen, die seinen Begriff doppeldeutig und daher äußerst nützlich für die Philosophien „der Vermischung" (philosophies à mixtes) machen. Von diesem Gesichtspunkt aus fragt sich, wozu der „Sinn"-Begriff gut ist. Nun, er bezeichnet:

a) den durch eine relative Hemmung der Bedeutung und des Signifikats bedingten Übergang zu einer Ordnung, die anders als die ihrige geartet ist;

b) den Übergang zur Ordnung der nicht-vergegenständlichten Idealität als der Form der Idealität überhaupt, zur Ordnung der Wahrheit oder wenigstens der jenes Elements, das sie ermöglicht;

c) einen Übergang, d. h. ein topologisches Ereignis, das zugleich eine Trennung oder eine Hemmung, eine Transzendenz oder eine Andersartigkeit, und die Kontinuität selbst enthält, die diese Trennung überwindet. Ein als solcher notwendig fortlaufender Übergang zur Kontinuität, in die er immer schon eingelassen ist: das ist der Sinn. Ist einmal seine ideale Objektivität zugunsten eines thetischen Bewußtseins aufgehoben, so stellt der Sinn diese teilbare/unteilbare Beweglichkeit des Denkens dar, die ihr *A*nderes intendiert und insofern überwindet, als sie mit diesem *A*nderen eins=unteilbar ist. Der Sinn ist, wenigstens in der allgemeinen *H*ermeneutik, nicht mehr nur die transzendente Idealität, d. h. eine Bedeutung für das Bewußtsein; er stellt die Zusammen-Gehörigkeits- oder Differenzbewegung des Denkens und seines *A*nderen dar, insofern diese Bewegung noch als kontinuierlich, d. h. als teilbar und nicht als unteilbar, oder von der Wahrheit her wahrgenommen wird. Nicht der Sinn stellt den Gegenstand der Transzendenz dar, sondern die Transzendenz selbst als Wesen des Bewußtseins; aber es handelt sich um eine Transzendenz, die von der Teilung oder von dem Einschnitt her erfahren wird, aus dem sie eher hervorgeht als aus der wahrheitsstiftenden Immanenz, in deren „Form" sie sich entfaltet.

Aber diese „Differentialreduktion" des Sinns ist noch ungenügend. Sie gibt sich in letzter Instanz diese Art von objektivem Sinn der Reduktion, ohne ihn seinerseits vollständig zu reduzieren. Was ist der unäre und wahrheitsstiftende Rückhalt (résidu) des Sinns? Wenn man sein bewegliches und überschreitendes Element, d. h. alle seine Transzendenz- und Andersartigkeitsbestimmungen in einer fortlaufenden und idealen Weise aufhebt, bleibt das Element des *A*nderen als solches übrig, nicht der Sinn des Sinns, sondern die Wahrheit des Sinns, endlich seiner Bewegung, seiner synthetischen Aktivität, seiner Macht und seiner Historizität ledig. Es bleibt eine Trennung, die selbst nicht mehr fortlaufend ist, die keinen *Übergang*, keine Konnexion und keine relativ-absolute Beziehung mehr darstellt, aber die auch nicht mehr das *A*ndere im transzendentalen Sinn ist, d. h. als *Andersartigkeit* des *A*nderen. Der absolut immanente Rückhalt des so aufgehobenen Sinns ist das *A*ndere als unteilbare und an/in sich verbleibende Selbsterfahrung, mehr „Minorität" als Endlichkeit. Also nicht die volle Identität als Idealisierungseffekt, noch der Prozeß oder das Gemeinsam-Sein (l'être-commun) des Sinns — sein *Mit-Eines* (co-un), das ,*Wie*' des ,*Wie-Eins*' (le comme du commun) und des *Als-Solchen* (et du comme tel) —, sondern die Einmaligkeit und das *E*ine des Wie-*E*ins (comm-Un), die Wahrheit als Bedingung des Sinns, die selbst des Sinns ledig ist. Das Wesen des Sinns ist das *A*ndere, insofern es in der vertrauten Nähe des *E*inen angesiedelt ist. Es handelt sich um einen absolut sich immanenten, passiven Anstoß, den Vorrang der „Richtung" (rection) vor jeder topologischen Übernahme und Ausarbeitung, vor jeder Aus-richtung (di-rection). Sein immanenter Anstoß kann nur auf seiten des *A*nderen ohne Transzendenz gefunden werden, was wir den *A*nderen-ohne-Andersartigkeit nennen wollen. Es gibt eine innere, absolut nichtkomprimierbare, unteilbare Erfahrung, die die vertraute Nähe des Sinns als Bewegung der unendlichen Fortsetzung oder Verschiebung der Grenze ausmacht. Es ist keine neue Form des Sinns, kein neues Vorhaben und keine Abwandlung der hermeneutischen Zirkularität, sondern die Wahrheit als innere, transzendentale Erfahrung des *A*nderen.

Das Wesen der hermeneutischen Wahrheit ist insofern das absolut *N*icht-*I*nterpretierbare.

Man hat regelmäßig einen für den Sinn konstitutiven Nicht-Sinn gesucht, aber dieser Nicht-Sinn stellt in den meisten Fällen nur das Fehlen der objektiven Bedeutung dar, oder bestenfalls, nämlich dann, wenn er als charakteristisch für den Sinn bezeichnet wird, eine Distanz oder einen Abstand (écart), der trotz allem mit dem Fehlen von Bedeutung verkoppelt bzw. in es eingehüllt bleibt. Die Hermeneutik verbietet es sich, das „Nicht" des Nicht-Sinns in seiner absoluten Positivität zu denken, d. h. in seiner Identität ohne Rest und ohne Bezug, mit seiner radikalen Immanenz. Das absolut Nicht-Interpretierbare oder der absolute Nicht-Sinn ist, ohne daß er eine vom Sinn ausgeübte relative Funktion der Bedeutung und des Sinns darstellt, absolut positiv. Hier liegt weder eine Rückkehr zum rohen Seienden noch eine genichtete Abwandlung der Bedeutung vor, sondern die Unmöglichkeit für die Wahrheit und auch für den Sinn, anders zu sein, als sie sind, sich zu entfremden, einen Übergang oder eine Beweglichkeit (mobilité) vorzustellen; und dies gerade, weil die Wahrheit die (sich-) Selbst-Immanenz des Anderen ist, während das Andere seinerseits letztlich — gemäß dem Wesen der Wahrheit — seiner transzendenten Attribute entäußert ist. Auf diese Weise stellt die Wahrheit in transzendentalem Sinne, nämlich als absolut positiver Nicht-Sinn, als mit den Verfahren von Sinnproduktion Nicht-Verkoppeltes, die absolute Grenze des Spiels der Interpretation dar; eine Grenze, die nicht gleichzeitig verschiebbar und relativ ist, die also folglich überhaupt keine Grenze mehr ist, sondern eine unmittelbare Gegebenheit. Sie markiert die restlose Auflösung jenes amphibolischen Begriffs von dem, was vielleicht der Begriff selbst der Amphibolie ist — des Sinns.

V. Die Logik des Anti-Hermes

Wenn sich die Hermeneutik nur als Verneinung des Wesens des Einen und des Nicht-Interpretierbaren konstituieren konnte, so fordern umgekehrt diese beiden eine Form von neuem Denken, dessen Vorgehen nicht länger die „Interpretation" noch selbst die „Destruktion" oder die „Dekonstruktion" wäre. Eine „Logik" des radikal Nicht-Interpretierbaren kann nur eine paradoxe sein. Sie schließt im Namen der wieder eingesetzten *veritas transcendentalis* die formalen, logischen, dialektischen, strukturalen oder differentiellen Kriterien, die traditionellen Modelle und Arbeitsweisen aus, die das Denken den Gesetzen einer mehr oder weniger von außen her gedachten Wahrheit unterwarfen. Dies aber geschieht, um jene durch einen Denkstil zu ersetzen, der sich schematisch auf die folgenden 4 oder 5

Regeln zurückführen läßt, welche in ihrer besonderen Kohärenz gedacht werden müssen:

1. *Regel der unären Geltung der Philosophie.* Zuerst gilt es mit der griechisch-zeitgenössischen Philosophie und insbesondere mit der Hermeneutik anzuerkennen, daß diese in der Tat das *E*ine in seinem Wesen denken, daß auf alle Fälle ihre Ansprüche in Hinsicht auf das *E*ine und ihre Fähigkeiten, es zu interpretieren, zum Teil begründet sind, da sie sich auf es stützen, es in Anspruch nehmen, ins Spiel bringen und davon die unterschiedlichsten Interpretationen geben, darunter möglicherweise folgende: Das *E*ine ist nicht nur eine absolute Grenze der Interpretierbarkeit der Realität und der Wahrheit, sondern es stellt selbst einen teilweise interpretierbaren Gegenstand dar. Der erste Schritt muß immer darin bestehen, jene Ansprüche zu berücksichtigen, deren Geltungsgrad man in der Folge zu bestimmen versucht.

2. *Regel der unären Nicht-Geltung der Philosophie.* Aber das Wesen des *E*inen ist dasjenige überhaupt, was jede mögliche Interpretation absolut überschreitet, was apriorisch die Distanz oder die Transzendenz, den Abstand oder den Winkel von sich ausschließt, welche die Einführung einer Perspektive, einer Kontinuität, einer universalen Regel, ganz einfach einer Beziehung in die Wahrheit und ihre „Nicht-Beziehung" zu sich selbst oder in ihre unreflektierte Daseinsweise erlauben würden. Wenn das prähermeneutische Wesen der Wahrheit jegliche Form des Spiels der Bedeutung *und* des Sinns, des Sinns *und* des Nicht-Sinns ausschließt, dann drängt sie die Philosophie, d. h. ihre hermeneutischen und dekonstruierenden Vorgehensweisen aus sich heraus und erklärt dieses als für sich nichtkonstitutiv.

3. *Regel der Indifferenz der Regeln 1 und 2.* Die Möglichkeit einer zumindest begrenzten Interpretation des *E*inen – einer Definition seines Wesens in Ausdrücken des Sinns und einer mehr oder weniger unmittelbaren Gleichsetzung des Sinns mit der Wahrheit – stellt also einen Glauben der Philosophie dar, eine Täuschung oder einen Schein, der ihr nicht akzidentell ist, nicht aus ihr herausfällt, sondern zu ihrem Wesen dazugehört; und dieser Schein besteht nur hinsichtlich des *E*inen, nicht hinsichtlich der Philosophie, die von ihm nicht zu trennen ist. Dennoch spricht die Philosophie diesen Schein aus – z. B. hier – und lädt ihn sich auf. Aber diese Übernahme (l'assomption) macht, immer noch derselben Logik folgend, nur die Spitze der philosophischen Täuschung in bezug auf das *E*ine aus. Die beiden sich augenscheinlich widersprechenden Glaubenssätze, d. h. die beiden ersten Regeln (1. eine *Interpretation* des Einen ist möglich, 2. es handelt sich dabei um eine Täuschung), sind der wahre und tiefste Inhalt jenes Anspruchs, an den sich das Denken klammert, das das *E*ine interpre-

tieren zu können vermeint. Dieses Denken wird vom *E*inen dazu verurteilt, sich in seinen Ansprüchen *festzubeißen* (s'enferrer dans ses prétentions) und sich in seinem Glauben an die Beherrschung des *E*inen zu vergraben, selbst wenn es — wie hier durch die Regel 2 — den Anschein erweckt, daß es auf das *N*icht-Interpretierbare verzichtet. Oder wenn man so will: Das *E*ine legt dem Denken die „transzendentale Deduktion" seiner absoluten Nicht-Geltung für das *E*ine auf. Die wahre Nicht-Geltung der Philosophie übersteigt um vieles jene, die sie selbst über die 2. Regel aufzuzeigen bemüht war; sie ist von anderer Qualität und anderen Ursprungs und zeugt sicherlich von einer — diesmal eher absoluten denn konzidierten — Nicht-Beherrschung. Gegenstand der Regel 4 ist es, den Ursprung dieses Scheiterns zu bestimmen, dieses Falls der Philosophie außerhalb-des-*E*inen.

4. *Regel des nicht-entwerfenden und nicht-rückläufigen Wesens des Zurückwerfens*[g] *der Philosophie.* Das Wesen des *E*inen wirft die *R*egel 1 ins Innere des philosophischen Feldes als einen ihm eigenen Glaubenssatz zurück, der überdies absolut aus dem Wesen der Wahrheit heraus*fällt*. Aber auf denselben Status wirft es auch durch eine zusätzliche und ununterbrochene Wirkung die Regel 2 zurück. Es ist nicht mehr die Philosophie, die sich selbst ent-grenzt, indem sie *schließlich und trotz allem* eine Äußerlichkeit oder eine Andersartigkeit auf sich nimmt, die infolgedessen als nur relativ und ökonomisierbar angesehen wird. Das *N*icht-Interpretierbare ist keine relative Hemmfunktion mehr, die dazu bestimmt wäre, absolut zu werden; vielmehr stellt es eine von vornherein absolute Funktionshemmung der Philosophie dar, einen irreduzibel nicht-verhandelbaren Gegenstand, den die Hermeneutik und die Dekonstruktion nicht einmal mehr als *Mittel,* als *Instrument* einer anderen Ökonomie des *Logos* und des *Seins gebrauchen, in Anspruch nehmen oder voraussetzen* könnten. Aber wenn dieses Zurück-Werfen (re-jet) der Philosophie im allgemeinen auf sich selbst jene Ökonomie nicht mehr zur Quelle, zum Antrieb oder zum Mittel haben kann, dann weil ihr Ursprung unmittelbar das Wesen der Wahrheit ist. Dieses Zurück-Werfen, dieses Ab-Werfen (dé-jet) dieser Ab-fall (déchet) oder *absolute Sturz* außerhalb der Wahrheit (und aus ihr heraus) sind die Wirkungen des *E*inen jenseits jeglichen Ent-Wurfs (pro-jet) und seiner Rückläufigkeit. Sie selbst sind keine konstituierenden Bestandteile dieses Wesens, sie machen nur seine Wirkungen auf die Philosophie und die Hermeneutik aus, da letztere — entsprechend den *R*egeln 1 und 2, die ihren Standpunkt wiedergeben — Gesetze über das Wesen des *E*inen aufstellen

---

[g] *Zurückwerfen* („rejet") entstammt gleichermaßen dem Denken Sartres (*Das Sein und das Nichts,* a. a. O.) und kennzeichnet dort den Gegenbegriff zu *Entwerfen* („projet"), d. h. den vom Ansichsein ausgehenden Widerstand, die Nichtung der subjektiven Möglichkeit (Anm. d. Ü.).

wollen. Aber wenn sie schon nicht für das Wesen der Wahrheit konstitutiv sind, so leiten sie sich doch unmittelbar von ihm her. D. h., daß dieses Zurückwerfen gerade nicht mehr die allgemeine, antizipierende-und-retrospektive Form eines mehr oder weniger verzögerten und aufge-(sc)hobenen Ent-wurfs von Sinn oder Sinnverstehen hat. *Die Auswirkung des Nicht-Interpretierbaren auf die Hermeneutik ist selber nicht hermeneutisch oder fähig, ein interpretierbarer Sinn zu sein.* Es handelt sich also auch nicht mehr um eine relative und völlig provisorische Funktionshemmung der klassischen Verfahrensweisen der Wieder-Aneignung, Ver-inner-lichung (intro-jection) und der Ausstoßung.

Worum geht es also? Es geht um das, was das Denken in der Folge des *E*inen erwägen muß: die von uns so genannte Dimension des *Nicht-Einen* in ihrer Unterscheidung von allen Formen des Nichts und des Nicht-Seins, die die Metaphysik und ihre zeitgenössischen Versuche „überwindender Überschreitung" oder „Destruktion" entworfen haben. Es geht um eine Trennung, eine Transzendenz, wenn man so will, die aber nicht mehr die Form einer Beziehung hat, sondern deren Wesen eher die unreflektierte Immanenz ist. *Es handelt sich um jene Unterart (espèce) der Transzendenz, zu der das Eine fähig ist, weil keine andere Form von Transzendenz mehr dazu geeignet ist, sein Wesen zu bestimmen.* Gegenstand der Regel 5 soll es sein, die allgemeinste Auswirkung des *Nicht-Einen* auf die Hermeneutik und die Interpretation wie auf die philosophische Entscheidung im allgemeinen zu bestimmen, der ein neuer Status zugewiesen werden muß.

5. *Regel von der Philosophie als unreflektierter Entscheidung.* Unter der Wirkung des Nicht-*E*inen, jenes Einschlags-von-Transzendenz (coup de transcendance), den das *N*icht-*I*nterpretierbare auf alles ausübt, was nicht es selber ist und was es — und sei es nur zum Teil — vereinnahmen will, fängt die Philosophie im allgemeinen auf eine Weise zu existieren an, die ihr genauso unerhört (inouï) bleibt wie das Wesen des *E*inen selbst. Gemessen am absoluten *N*icht-Interpretierbaren finden sich die Interpretationen, welchen Mechanismus sie auch immer haben, durchquert und durchzogen von einem Drang nach außen, von einer Transzendenz, die sie nicht noch einmal von sich selbst entfernt und kein Mehr an Transzendenz, keine gleichzeitige Entfernung-und-Nähe bedeutet. Es handelt sich hier eher um ihr Losreißen von sich selbst, das durch sich die unreflektierte „Form" des *E*inen hat, um eine Trennung, die in keiner Weise zu irgend einer Reflexion, Wieder-Aneignung, Ver-vielfachung, Intensivierung oder Wieder-Bejahung Anlaß gibt, da sie an sich selbst im strengsten Wortsinne unreflektiert oder absolut ist. Die Philosophie und ihre Entscheidungen, die — was auch immer sie im entgegengesetzten Sinn sein oder gewesen sein mögen — Anlaß zu einem Widerspruch oder auch zu einer Differenz

geben, werden absolut *auf sich* (en soi) zurückgeworfen; sie werden nur deshalb in den Außenbereich dessen, was nicht die Wahrheit ist, des Nicht-Einen, zurückgeworfen, weil dieses Werfen absolut oder ein Werfen *an sich* (en soi) ist, d. h. genauso *an sich* wie das Eine selbst und ohne allen Horizont des Entwerfens.

Die absolute, nicht relative Äußerlichkeit oder Transzendenz, wie sie als Korrelat des Einen denkbar ist, individuiert also alles, was — wie auch das Denken — auf eine Weise existiert, die trotz allem unär und unreflektiert bleibt. Dieser Riß-ohne-Rand, diese Verletzung-ohne-Wunde, ist der einzige Inhalt des *Daseins* selbst, wenn man es streng vom Einen her denkt. Es handelt sich um eine *Verabsolutierung* (absolution) der Interpretationen oder der Perspektiven, die aber selbst nicht mehr als eine Form oder eine Kraft letzterer zu verstehen ist, als ihre Ergänzung oder ihre Potenzierung. Wir haben es hier mit der rein transzendentalen Form des Daseins zu tun, insofern es sich von aller empirisch-idealen Daseinsweise unterscheidet. Das Dasein ist die absolute und unäre Form der Transzendenz, jene Form der Transzendenz, die sich nicht mehr in sich selbst reflektiert, sondern unmittelbar aus dem Einen selbst, d. h. aus der radikalsten Form von Immanenz, hervorgeht. Es geht also folglich nicht darum, zur empirischen *Absolutheit* zurückzukehren, die dem Spiel der Interpretation vorgängig ist, noch zu einer Absolutheit, die die Form einer mehr oder weniger aufge-(sc)hobenen oder gehemmten Totalisierung der Interpretation hätte, d. h. die Form einer Wieder-Interpretation, Wieder-Bejahung, Wieder-holung. Das Dasein stellt eine absolute (im Sinne von „unreflektierte") Entscheidung dar, d. h. auch eine Entscheidung, die keine, mehr oder weniger begrenzte, alternative Wahl, kein Ausschließen, noch selbst ein Einschließen der Möglichkeiten mehr impliziert. Es ist eine Entscheidung, die *unmittelbar* und auf die Weise einer Unentschiedenheit (indécision) existiert und keine synthetische Beziehung (composition synthétique) mit dem Dasein eingeht.

Was demnach auch immer ihr empirisch-idealer Inhalt, ihr empirischer und logischer Sinn sei — denn das Dasein im transzendentalen Sinne würde sie affizieren, ohne umgekehrt von ihnen affiziert zu werden —: die Interpretation im allgemeinen (die Meinungen des natürlichen Bewußtseins ebenso wie die Philosophien, die insofern undifferenziert sind, als sie alle gleichermaßen indifferent *für*, wenn auch nicht *gegenüber* dem Einen sind) beginnen auf diese absolute Weise zu existieren oder werden radikal kontingent. Das Denken des Einen gestattet es, den Begriff der „transzendentalen Kontingenz" zu radikalisieren, die Kontingenz des „Empirischen" von ihrem Ursprung im Empirischen der Kontingenz abzutrennen und die reflexive oder umkehrbare Vermischung der Gabe der empirischen

„Tatsache" *und* der Kontingenz, die ihr apriorischer Begriff oder ihre Idealisierung ist, aufzubrechen. Die Kontingenz oder die Existenz des Empirischen (des Empirisch-Idealen) hat eine rein transzendentale Wurzel und ist mit keiner empirischen und/oder idealen Faktizität vermengt. Weder Kant noch Nietzsche, nicht einmal Heidegger gelang es, über die Interpretation der „transzendentalen" Faktizität in Begriffen der Idealisierung (wäre sie im übrigen auch absolut, d. h. das „Reale" selbst) der empirischen Faktizität hinauszugelangen. Als Philosophen einer Endlichkeit der *V*ernunft, die trotz allem und selbst bei Heidegger noch der *unüberschreitbaren V*ernunft oder der unüberschreitbaren Geschlossenheit ihres Systems, der *M*etaphysik, zugeordnet bleibt, mißlang es ihnen, *eine von vornherein absolute transzendentale Faktizität zu denken, d. h. eine noch radikalere Transzendenz als alle Gegen-stands-transzendenz in Form des Seinshorizontes; eine Transzendenz, die nicht mehr entwerfend oder extatisch-horizontal, sondern unmittelbar unreflektiert wäre.*

Die Leitformel Nietzsches: „Es gibt keine moralischen Phänomene, sondern nur eine moralische Interpretation dieser Phänomene"[h] bedeutet in der Tat, daß das *S*piel der Interpretation selbst die „Phänomene" oder Tatsachen vorstellt (die in diesem Fall nicht mehr moralisch sind, ohne indes jedweder Moral fremd zu sein), daß also *die Interpretation das Faktum selbst ist* (das letztgültige Faktum, der Wille zur Macht). Es handelt sich also um eine „reine" Mischform, die sowohl ideal als auch real ist und sich als absolute wieder-bejaht. Diese Identität ist keine logische mehr, sondern jene, zu der die *D*ifferenz der Erscheinungen, die ihrer Regel oder Interpretation, fähig ist: eine Synthese der empirischen Tatsache und der Idealität, die zwar absolut und damit wirklich sein und/oder werden kann, die aber nichtdestoweniger eine aufwertende Idealisierung der empirischen Faktizität bleibt. Was Heidegger anbetrifft, so hat dieser den Begriff der „Endlichkeit" entwickelt, um genau diesen Typos von Faktizität aus-zugrenzen (délimiter) und ihm eine transzendentale Faktizität „entgegenzustellen", die nicht zuerst die Idealisierung ihrer empirischen Formen durchlaufen würde. Aber am Schluß muß er schließlich einen Kompromiß mit der Macht der Idealität oder des *S*eins als Präsenz eingehen und zugestehen, daß kein Überschreiten letzterer möglich ist, ohne daß dieses Überschreiten von ihnen in Schach gehalten und wieder-angeeignet würde. Die *Endlichkeit* des Wesens des *S*eins erreicht genauso wenig wie das *Faktum* des Willens zur Macht die Bedingungen einer rein transzendentalen oder absoluten Faktizität oder Existenz des *S*eins, jene Bedingungen ihres

---

[h] Nietzsche, *Aus dem Nachlaß der Achtziger Jahre,* Werke in drei Bänden, hrsg. von Karl Schlechta, Band III, München 1969, S. 485 (Anm. d. Ü.).

idealen Horizonts und von allem, was sich darin manifestiert, wie des Denkens, das sie zu manifestieren vermeint.

Wir können diese Existenz oder Transzendenz, die nicht reflektiert oder für sich ist, die *an sich* und nichts-als-verantwortlich für sich ist – ohne mögliche Vermittlung, ohne *W*esen, der *I*dee oder des *S*eins, um den Einschlag des Nicht-*E*inen abzuschwächen und ihn trotz all seiner Auswirkungen in die Ökonomie miteinzubauen und ihn miteinzubeziehen – *positive Absurdität* nennen. Es geht um eine *T*ranszendenz, die nicht in einer Rückläufigkeit endet, sich nicht mit einer Einheit im Gleichgewicht hält und nicht zur Umkehrung (reversion), zur Umkehrbarkeit, zur „*Kehre*" (dt) wendet: derart ist die Daseinsweise der Interpretationen, die *auf sich* (en soi) geworfen und nichts-als-verantwortlich für sich sind – bis hin zur Absurdität. Die Kontingenz und die Absurdität des Daseins durchzieht alle Philosophien – alle Interpretationen –, wenn sie, und dies tun sie immer, (sich am) das Un-Interpretierbare(n) aus/messen wollen. Die Interpretationen können sich nicht länger in Ökonomien flüchten, sich überwinden, untereinander kämpfen und unschuldig-grausame Spiele spielen, denen die Philosophie sie überantwortet hat; sie begnügen sich damit, als unmittelbar nicht-interpretierbare Ereignisse zu existieren.

Aus dem Französischen von Rainer Seeck und Michael Wetzel

Jean Greisch

Der Streit der Universalitäten

Schleiermachers Forderung einer allgemeinen Hermeneutik, die die Aufteilung in Spezialdisziplinen und besonders die Trennung von klassischer Philologie und biblischer Exegese überwindet, markiert die Geburtsstunde einer eigentlich philosophischen Hermeneutik. Seither läßt sich die Geschichte dieser Disziplin an der Ausformulierung jenes Universalitätsanspruchs verfolgen, der in Gadamers Hermeneutik seinen vorläufig letzten Höhepunkt erreicht hat. Die Auseinandersetzung mit Habermas hat inzwischen gezeigt, wie zentral dieser Universalitätsanspruch für das Selbstverständnis von Gadamers philosophischer Hermeneutik ist: An diesem Punkte scheiden sich die Geister, nicht nur der Ideologiekritik oder der kritischen Vernunft und der Hermeneutik, sondern innerhalb des hermeneutischen Lagers selbst.[1] Die französische Hermeneutik, wie sie etwa Paul Ricœur vertritt, verficht keinen Universalitätsanspruch im Sinne Gadamers. Aus diesem Grund ist es von entscheidender Bedeutung, jenen Universalitätsanspruch, oder jenes Postulat, das aller hermeneutischen Praxis vorausliegt, einer genaueren Analyse zu unterziehen.

Im Grunde handelt es sich um eine doppelte Frage: Einmal die Frage nach der Herkunft dieses Anspruchs, der auf die mit Schleiermacher ansetzende Geschichte dieser Disziplin zurückgeht und sich in immer neuen Fassungen bei Dilthey und Heidegger durchhält. In Gadamers eigenem Denken ist die Rückbesinnung auf die Geschichte der Hermeneutik untrennbar mit der systematischen Aufgabenbestimmung verbunden. Gerade hier gilt der Satz: das Wesen ist, was gewesen ist. – Andererseits ist nach der spezifischen Differenz zu fragen, die die Überlegenheit des hermeneutischen Universalitätsanspruchs gegenüber anderlautenden und gleichwohl berechtigten Universalitätsansprüchen begründet. Die Kontroverse mit Habermas hat gezeigt, daß Rhetorik, Hermeneutik und Ideologiekritik je verschiedene Universalitätsansprüche vertreten, die sich sogar zum Teil durchdringen.[2] Gerade darum kann der Frage nicht ausgewichen

---

[1] Vgl. *Hermeneutik und Ideologiekritik,* Theorie-Diskussion, Suhrkamp Verlag, Frankfurt 1971.

[2] Vgl. Hans-Georg Gadamer, Rhetorik, Hermeneutik und Ideologiekritik, metakritische Erörterungen zu Wahrheit und Methode, in: *Kleine Schriften I,* Tübingen 1967, 113–130. Id. Replik, in: *Hermeneutik und Ideologiekritik,* op. cit. 283–317.

werden, worin genau jene Universalität besteht, auf die die Hermeneutik sich beruft, und in der die übrigen Universalitätsansprüche gleichsam aufgehoben erscheinen. Versuchen wir eine vorläufige Antwort auf diese zweite Frage: die Überlegenheit des Universalitätsanspruchs, den die Hermeneutik vertritt, hat ihren Grund in der Kontinuität des hermeneutischen Universums, das allen übrigen Verhaltungen (der Wissenschaft mit eingerechnet) zu Grunde liegt. Das Universalitätspostulat muß vom Begriff des hermeneutischen Universums her verstanden werden. Von hier aus erklärt sich auch die scheinbare Zweideutigkeit in der Verwendung des Begriffs: im Vorwort von *Wahrheit und Methode* heißt es, „daß die Einseitigkeit des hermeneutischen Universalismus die Wahrheit des Korrektivs für sich hat"[3]. Aber ein bloß einseitiger Universalismus kann schwerlich einen Anspruch auf wahre Universalität durchhalten − daher versucht etwa Habermas' Theorie des kommunikativen Handelns die Hermeneutik auf Rechtfertigung traditionsgebundenen Handelns festzunageln.[4] In diesem Falle wäre in der Tat nicht einzusehen, warum die hermeneutische Erfahrung das spekulative Wesen der Philosophie überhaupt erschließen sollte.

Heidegger hat dem heutigen Denken aufs neue die Frage: Was heißt denken? auferlegt. Gadamers Begriff des hermeneutischen Universums führt letzten Endes auch in diese Fragestellung hinein. Ob freilich der Begriff des Tragenden Einverständnisses, auf den in dieser Debatte immer wieder rekurriert wird, hinreichend ist, mag dahingestellt sein; sich auf diese Frage einzulassen bedeutet sich mit dem Ungedachten, vielleicht sogar Undenkbaren der hermeneutischen Reflexion zu befassen. Im gegenwärtigen französischen Denken werden diese Fragen gerne unter dem Titel des generalisierten Mißtrauens behandelt (auch ein Anspruch auf Universalität, freilich e contrario!) Freilich schlägt die generalisierte Praxis des Mißtrauens gerne in ein neues dogmatisches Denken um, das seine Unfähigkeit zur Kritik nur mühselig hinter komplizierten und unerhörten Begriffsschöpfungen verbirgt. Hier liegt die Misere eines bestimmten ideologischen Strukturalismus. Das generalisierte Mißtrauen hat bisher nicht einmal im Ansatz eine Kritik der reinen oder der praktischen Vernunft hervorgebracht. Und trotzdem wäre es verfehlt, die Fragen, die hier aufbrechen, zu unterschätzen oder als ideologische Spiegelfechterei abzutun: in der Tat ist der hermeneutische Begriff des tragenden Einverständnisses unzureichend, um allen Vernunftgebrauch im heutigen Sinne zu decken.

---

[3] *Wahrheit und Methode* (abgekürzt zitiert: *WuM*), Grundzüge einer philosophischen Hermeneutik, Tübingen [4]1975, XXIII.

[4] *Theorie des kommunikativen Handelns,* Bd. 1: Handlungsrationalität und gesellschaftliche Rationalisierung, Suhrkamp Verlag, Frankfurt 1981, 192−196.

Die kritische Besinnung auf den Universalitätsanspruch der Hermeneutik versteht sich hier zunächst als immanente Kritik, die im Aufbau von *Wahrheit und Methode* jene Denkbewegung verfolgt, an deren Ende das Universalitätspostulat seine begriffliche Fassung findet. In der Tat ist der Aufstieg zum Universalitätsanspruch im Gesamtplan von Gadamers Hermeneutik angelegt: Freilegung der Wahrheitsfrage im Bereich der Kunst, Ausweitung auf das Verstehen in den Geisteswissenschaften und schließlich ontologische Wendung der Hermeneutik am Leitfaden der Sprache. Der Aufsatz *Die Universalität des hermeneutischen Problems*[5] verdeutlicht noch einmal diese Denkbewegung und unterstreicht die Zentralstellung der Sprache. Damit ergibt sich ein Leitfaden für eine kritische Erörterung des Universalitätsanspruchs der Hermeneutik:

I. Besinnung auf die Sprache als Ort der hermeneutischen Fragestellung
II. Die Eigenart der hermeneutischen Erfahrung
III. Das Postulat hermeneutischer Universalität
IV. Zusammenfassung und kritische Erwägungen.

I. Der Ort der hermeneutischen Frage

Der Aufsatz *Die Universalität des hermeneutischen Problems* setzt die Problemstellung genau dort an, wo *Wahrheit und Methode* aufgehört hatte: seine eigentliche Universalität erreicht der hermeneutische Gesichtspunkt in dem Augenblick, da die Erfahrung der Sprache für das philosophische Denken zentral wird. Dadurch stellt sich die wahrhaft universale Aufgabe der Rückbindung der durch die Wissenschaft erschlossenen und verfügbar gemachten Welt an „die unwillkürlichen und nicht mehr von uns zu machenden, sondern zu ehrenden Grundordnungen unseres Seins"[6]. Das Problem der Sprache ist kein Problem neben vielen anderen, sondern mit ihm wird der grundlegende Konflikt des modernen Denkens überhaupt sichtbar, der darin besteht, daß die Alltagserfahrung und die wissenschaftliche Welterfahrung unvermittelt nebeneinander stehen. Hier hat das hermeneutische Denken eine entscheidende Vermittlungsrolle zu übernehmen, zwischen einer Welt als der Summe dessen, was der Fall ist, und der Welt, die durch unsere alltägliche Welterfahrung erschlossen wird. Denn nur eine solche Welt ist eine „bewohnbare Welt", eine Welt, in der

---

[5] *Kleine Schriften I* (abgekürzt: *KLS* I), 101–112. Vgl. auch Gadamers Artikel „Hermeneutik" in: J. Ritter (Hrsg.) *Historisches Wörterbuch der Philosophie*, Bd 3, 1062–1073.
[6] *KLS* I, 101.

der Mensch zu Hause sein kann. Vielleicht liegt das grundlegende Pathos des hermeneutischen Denkens in dieser Sehnsucht nach einer bewohnbaren Welt, während umgekehrt ein anderes „antihermeneutisches" Denken von der Erfahrung des Unheimlichen ausgeht: Topomachie des zeitgenössischen Denkens.

Das wissenschaftliche Denken als solches erkennt diese Problematik als gegenstandslos; aus diesem Grunde ist es die tödlichste Bedrohung der Kontinuität des hermeneutischen Universums. Die Wissenschaft beginnt, wenn die Kommentare schweigen. Durch das bloße Faktum ihrer Existenz wandelt die Wissenschaft den Sinn der alltäglichen Erfahrung: sie wird jetzt zur bloß vorläufigen, eben vorwissenschaftlichen Erfahrung abgestempelt. Im besten Fall liefert sie ein Vorverständnis, im schlimmsten und häufigsten Fall ist sie ein „epistemologisches Hindernis" im Sinne Bachelards, ein Hindernis, das das wissenschaftliche Denken überwinden muß.[7] Die Trennung dieser beiden Weltansichten scheint also unvermeidlich. Versteht man allerdings die Sprache als „Grundvollzugsweise unseres In-der-Welt-Seins", als „alles umgreifende Form der Weltkonstitution"[8], ergibt sich eine Möglichkeit der Rückbindung. Diese Möglichkeit kann nur wahrgenommen werden unter der Voraussetzung, daß in der Tat die natürliche Sprache die ursprünglichste Weise der Vermittlung überhaupt darstellt, auf die selbst noch das wissenschaftliche Denken zurückgreifen muß, wenn es sich selbst verstehen will.

Die kritische Frage betrifft die Art und die Tragweite dieser Rückbindung und dieses Anschlusses: vermag die hermeneutische Berufung auf die Priorität der natürlichen Sprache wirklich beide Sphären der Erfahrung miteinander zu vermitteln, oder fällt sie — wie ihr immer wieder von seiten eines kritischen Rationalismus vorgeworfen wird — hinter die Ansprüche einer kritischen Vernunft zurück: Hermeneutik als letzte Nachwehen der Romantik? Eine kritische Hermeneutik wäre eine Methodenlehre des Verstehens oder der Interpretation; aber eine solche Hermeneutik würde ihre eigentliche philosophische Dimension verfehlen: „Erkennen des Erkannten" bzw. Anerkennung eines tragenden Einverständnisses. Dieser Rückgang auf ein tragendes Einverständnis oder die Besinnung auf jenes Lebensphänomen, „das das Wir, das wir alle sind, konstituiert"[9], übersteigt auch die kritische Dimension der Hermeneutik Schleiermachers: auch die Kunst, Mißverständnisse zu vermeiden, kann höchstens ein sekundäres hermeneutisches Anliegen sein. An diesem Punkt wird freilich die Frage

---

[7] Vgl. Gaston Bachelard: *La formation de l'esprit scientifique*, Vrin, Paris 1975.
[8] *KLS* I, 105.
[9] Ibid.

nach der Konstitution dieses hermeneutischen *Wir* unvermeidlich: handelt es sich lediglich um die Intersubjektivität derer, die im Schatten einer gemeinsamen Tradition leben, oder übernimmt das hermeneutische *Wir* nicht bestimmte Funktionen des transzendentalen Ichs? Was für die ästhetische Erfahrung gilt, gilt für die hermeneutische Erfahrung überhaupt: sie bewegt sich innerhalb eines Resonanzraumes, in dem alle Stimmen der Vergangenheit und der Gegenwart wahrnehmbar sind. Die hermeneutische Zugehörigkeit bestimmt sich nach dem Maße des Gestimmtseins.[10] Genau aus diesem Grunde ist für die Hermeneutik die Problematik des absoluten Anfangs gegenstandslos: denn der absolute Anfang würde voraussetzen, daß dieser Resonanzraum noch nicht existiert, bzw. erst konstituiert werden muß.[11] Eine solche Voraussetzung ist nur denkbar, wenn die Sprache vergessen werden kann. Das bedeutet freilich nicht, daß die hermeneutische Vernunft auf das Gewesene fixiert ist, sondern daß das Verhältnis von Altem und Neuem oder von Drinnen und Draußen anders bestimmt werden muß: „Wir sind (...) von etwas eingenommen und gerade durch das, was uns einnimmt, aufgeschlossen für Neues, Anderes Wahres"[12]. Die Berufung auf Platos Vergleich zwischen den leiblichen Speisen und der geistigen Nahrung exemplifiziert in aller Deutlichkeit, worauf es hier ankommt: für die hermeneutische Erfahrung gibt es kein absolutes Draußen.

II. Die Eigenart der hermeneutischen Erfahrung

Der Aufstieg zur Universalität der hermeneutischen Erfahrung besteht nicht in einer einfachen Entschränkung, durch die immer neue Wissensgebiete annektiert werden. Das Bild der Annexion kann nur aufrechterhalten werden, wenn gleichzeitig die Bewegung der Überwindung der Entfremdungserfahrungen mitgedacht wird. Im Aufbau von *Wahrheit und Methode* spielen zwei Entfremdungserfahrungen eine entscheidende Rolle: das ästhetische und das historische Bewußtsein, aber Gadamer selber weist darauf hin, daß die hermeneutische Erfahrung sich keineswegs auf jene Gebiete beschränkt, von denen seine eigenen Untersuchungen ausgegangen sind.[13] Entscheidend ist für diese mögliche Ausdehnung nicht sosehr der Blick in Richtung eines panhermeneutischen Bewußtseins, als die

---

[10] Ibid.
[11] *WuM* 448.
[12] *KLS* I, 106.
[13] *KLS* I, 107.

Überwindung der Entfremdung auf jedem Gebiet. Es ist also falsch, sich die Universalität der hermeneutischen Erfahrung im Sinne einer abstrakten Allgemeinheit vorzustellen, vielmehr gilt gerade hier der hegelsche Satz, daß das Allgemeinste zugleich das Konkreteste sein muß: Universell ist die Hermeneutik nach Maßgabe ihrer Konkretheit, d. h. als Bewegung vom Bewußtsein zum Sein.

Das ästhetische und das historische Bewußtsein sind teleologisch auf ein Urteil über die Erfahrung ausgerichtet, aber gerade durch die Ausrichtung entziehen sie sich der gelebten Totalität der Erfahrung. In diesem Sinn sind sie abstrakt und verfehlen die ursprüngliche Begegnung mit der Wahrheit, die sich nur als Ergriffenheit denken läßt. Alles Reden über Erfahrung kommt bereits zu spät; hier gilt der Satz:
„Wir sind als Verstehende in ein Wahrheitsgeschehen einbezogen und kommen gleichsam zu spät, wenn wir wissen wollen, was wir glauben sollen."[14]
Auch das historische Bewußtsein verfälscht das ursprüngliche Verhältnis zur Wahrheit, indem es für sich das Monopol des Fragens beansprucht und die Frage, die von der Vergangenheit her an uns ergeht, systematisch verkennt.

Geschichtlichkeit, „in Geschichten-Verstricktsein", bedeutet mehr als jedes Wissen über Geschichte. Dieser Vorrang des Seins vor dem Bewußtsein reflektiert sich im Begriff des wirkungsgeschichtlichen Bewußtseins: wirkungsgeschichtliches Bewußtsein ist mehr als das Wissen um die Spuren, die eine Tat oder ein Werk im Bewußtsein der Späteren hinterlassen hat.[15]

Von diesen Voraussetzungen her versteht sich die Rehabilitierung des Vorurteils. Solange das Vorurteil nur als ein überstürztes vorweggenommenes Urteil erscheint, übernimmt es die Rolle jenes epistemologischen Hindernisses, dem Bachelard eine entscheidende Analyse in seinem Werk: *La formation de l'esprit scientifique* gewidmet hat. Wenn man allerdings das Vorurteil als Vorverständnis versteht, dann enthüllt sich seine eigentliche Funktion, Bedingung der Möglichkeit des Urteilens zu sein. Freilich ist diese Rolle nur ontologisch und nicht so sehr epistemologisch zu verstehen: es ermöglicht, mit Kant gesprochen, sich im Denken zu orientieren, es konstituiert das „hermeneutische Als", dem Heidegger eine zentrale Analyse in *Sein und Zeit* gewidmet hat. Wenn das Vorverständnis in diesem Sinne überhaupt nicht in die logisch-epistemologische Sphäre des Urteils hineingehört, kann es auch kein „epistemologisches Hindernis" darstellen, oder eine dogmatische Fixierung auf das schon Vertraute und Bekannte,

---

[14] *WuM* 465.
[15] *WuM* 324.

die das Fremde und Unvertraute in seiner Unheimlichkeit draußen läßt. Es erlaubt gerade die Erörterung des *a-topon*. Hier trifft die Theorie der hermeneutischen Erfahrung auf einen Grundzug des hegelschen Erfahrungsbegriffs, nämlich die Negativität. Jede echte Erfahrung „durchkreuzt eine Erwartung"[16], setzt also in diesem Sinne eine „Fähigkeit zum Trauern" voraus.

Der Verdacht, daß das hermeneutische Wissen sich mit einem unreflektierten Traditionswissen deckt, besteht zu Unrecht. Sicher gibt es das hermeneutische Pathos des Beschwörens des „Immer-Noch-Wahren", das unsere schnellebige Zeit leicht mit dem „Ewig Gestrigen" verwechselt. Aber daß es dieser Berufung überhaupt bedarf, offenbart das Faktum der Krisis. Die Hermeneutik ist nicht vorkritisch in dem Sinne, daß sie sich an den Ansprüchen einer kritischen Vernunft vorbeidrücken will, sie betreibt keine restaurative Vergangenheitsverklärung. Wohl aber bedeutet Aneignung des Neuen oder Fremden immer das Eingeständnis einer Zugehörigkeit. Freilich stellt sich hier die Frage, ob alle zeitgenössischen Denkerfahrungen diesem Grundgesetz der Aneignung durch Anverwandlung unterworfen sind. In diesem Falle wäre die hermeneutische Vernunft immer im Recht und sie behielte das letzte Wort der Vernunft überhaupt: nicht im Sinne einer Subjektivität, der es nur um Selbstbestätigung zu tun ist und auf Kontrolle oder Herrschaft (in diesem Falle wäre jedes hermeneutische Wissen bloße „Meinung" im Sinne des Hegelschen Wortspiels). Für Gadamer ist ja gerade das Wissen der Wissenschaft im Zeichen des Methodenbegriffs die reinste Form eines Herrschaftswissens.

Versteht man so das Vorurteil als Bedingung der Möglichkeit des Urteilens, so gibt man dem hermeneutischen Zirkel seine Produktivität zurück. Zugleich damit wird aber auch der Bezug von Hermeneutik und Kritik, an dem Schleiermacher so stark gelegen war, in einem gewissen Sinn aufgegeben. Die kritische Frage betrifft nämlich die Kriterien, die es erlauben, „gute" und „schlechte" Vorurteile voneinander zu scheiden, solche, die eben nur epistemologische Hindernisse darstellen, oder solche, die ein echtes Verständnis ermöglichen. Oder sollte es so sein, daß in Gadamers Perspektive ein epistemologisches Hindernis durchaus hermeneutisch produktiv sein kann? An diesem Punkt versagt Gadamers Hermeneutik die Antwort. M. a. W. sollte diese kritische Fragestellung überhaupt berechtigt sein, so fällt sie außerhalb des Bereichs einer philosophischen Hermeneutik. Dieser Verzicht auf jeden normativen Anspruch wird bei Gadamer konsequent durchgehalten, jedoch um den Preis, daß bestimmte Fragen, mit denen die hermeneutische Praxis tagtäglich konfrontiert ist,

---

[16] *WuM* 338.

sozusagen gegenstandslos erscheinen oder sich als Scheinfragen enthüllen. Das hermeneutische, wirkungsgeschichtliche Bewußtsein arbeitet im Rücken der Vernunft, so wie in Hegels *Phänomenologie des Geistes* eine Logik am Werk ist, die das Bewußtsein nicht durchschaut.

An sich bedarf die hermeneutische Konstituierung unseres Daseins keiner anderen Ausweisung. Das Problem der ausdrücklichen Rechtfertigung stellt sich erst, seitdem die hermeneutische Erfahrung sich dem ganz anders strukturierten Erfahrungsbegriff der Wissenschaft gegenübersieht. In dieser Konfrontation liegt die eigentliche Herausforderung: nicht so, daß die Hermeneutik der Wissenschaft ihre Einsichten aufzwingen könnte, auch nicht, daß sie sich als eine „Gegenwissenschaft" etabliert, aber doch so, daß sie die Einseitigkeit aufdeckt, die die wissenschaftliche Form der Intersubjektivität und der Allgemeingültigkeit erst zustande bringt. Hier liegt also der Punkt, an dem der Universalitätsanspruch der Hermeneutik seine Überlegenheit bewähren muß.

III. Das Postulat hermeneutischer Universalität

Die Struktur der hermeneutischen Universalität nimmt jetzt ihre eigentlichen Konturen an. Es ist die Universalität einer Fragestellung, die alle übrigen menschlichen Verhaltensweisen, der Wissenschaft miteinbegriffen, unterfängt. Es ist, kurz gesagt, die Universalität des Fragens und Antwortens. Hinter den Tatsachen, hinter der Welt als Summe dessen, was der Fall ist, steht die hermeneutische Welt des Fragens und Antwortens — und das ist keine Hinterwelt im üblichen Sinn. Nur der Rückgriff auf diese elementare Logik des Fragens und Antwortens garantiert die Produktivität der Forschung und Anwendung. Die Hermeneutik erscheint als Garant einer echten Logik der Forschung, weil sie zeigt, wie man interessante Fragen stellt.[17] Sokrates und nicht Marx, für den die Wissenschaft nur als Produkt erscheint, ist der Urvater dieser „Logik der Forschung".

Diese Funktion betrifft nun das Ganze unseres Erfahrungslebens, ihr können keine regionalen Grenzen gesetzt sein. Wohl mag es regionale Hermeneutiken geben, die nach je spezifischen Kriterien arbeiten (eine theologische, juristische, literarische Hermeneutik), aber eine philosophische Hermeneutik kann diese regionalen Probleme nur in die Universalität des hermeneutischen Bewußtseins zurückführen. Daß diese Universalität mehr ist als ein frommer Wunsch, ein bloßes Sollen, sondern eine Wirklichkeit, hat die Besinnung auf die sprachliche Konstituierung der Welt zu

---

[17] *KLS* I, 107 f.

zeigen. Aber bereits der Begriff des *wirkungsgeschichtlichen Bewußtseins* führt in diese Dimension. Wirkungsgeschichtliches Bewußtsein bedeutet nämlich dreierlei:

1. Bezug auf eine bereits geschehene Geschichte und deren Niederschlag in einer Tradition. Eine ungeschichtliche Nullpunktsituation des Geistes ist unvorstellbar. Darüber hinaus ist alle echte Erfahrung geschichtlich strukturiert derart, daß sie den Vorrang des Seins vor dem Bewußtsein begründet.[18]
2. Vorgängige Schematisierung aller unserer Erkenntnismöglichkeiten, selbst noch innerhalb des Bereichs der Wissenschaft.[19] In diesem Bereich erfüllt das wirkungsgeschichtliche Bewußtsein eine geradezu divinatorische Funktion: Aufbruch neuer Fragestellungen, Erarbeitung neuer Paradigmen usw.
3. Diese Funktion kann das wirkungsgeschichtliche Bewußtsein nur erfüllen, weil es seinen Vollzug im Sprachlichen hat.[20] Freilich vermag nur ein denkender Sprachwissenschaftler und nicht die übliche Linguistik diese Zusammenhänge zu erkennen. Von der Linguistik de Saussures und seiner Schule wird eine solche teleologische Sprachbetrachtung geradezu ausgeschlossen. Die Erfahrung der Welt ist auto-hermeneutisch, sie legt sich in der Sprache selbst aus. Darum ist die Familiarität, das bereits erschlossene Verstehen, entscheidender als jedes Mißverständnis. Verstehen und Mißverstehen können nicht gleichursprünglich sein. So zeigt sich noch einmal, vom Wesen des Sprachlichen selbst her, die Unmöglichkeit des absoluten Anfangs: den absoluten Anfang gibt es nur für ein sprachloses Wesen, ebenso wie nur für ein solches Wesen eine absolute Überraschung, eine horizontlose Erfahrung in Frage kommt. Wohl mag es wichtig sein, über solche Möglichkeiten nachzudenken; in der wirklichen, durch Sprache konstituierten Welt ist diese Utopie ausgeschlossen.

Die spezifische Universalität der Hermeneutik geht also letzten Endes auf das Wesen der Sprache selber zurück, denn „es ist die Universalität der Vernunft, mit der das Sagenkönnen unermüdlich Schritt hält"[21]. Durch die Pluralität der sprachlichen Weltansichten wird diese Universalität nicht in Frage gestellt: wohl ist die Sprache „Spur der Endlichkeit"[22], aber nicht so, daß der Sprecher in die Grenzen seiner Sprache verbannt ist. Die Möglich-

---

[18] *WuM* 325.
[19] *KLS* I, 109.
[20] Ibid. vgl. auch Art. „Hermeneutik" (wie Anm. 5), 1071 f.
[21] *KLS* I, 99.
[22] *WuM* 340.

keit einer Verständigung über die Sprachgrenzen hinweg eröffnet die Unendlichkeit des Gesprächs in Richtung auf die Wahrheit. Von Hegel her gesehen hat diese Unendlichkeit etwas von dem schlechten Unendlichen des „und-so-weiter" an sich, denn das Einzige, was man mit Sicherheit von dem hermeneutischen Gespräch behaupten kann, ist, daß es immer wieder aufgenommen und weitergeführt werden muß. Es ist die Unendlichkeit einer Aufgabe, die für jeden Bereich der Erfahrung und jedes Gebiet des Wissens gilt.

IV. Zusammenfassung und kritische Anfragen

Das Ergebnis dieser Erörterung des hermeneutischen Universalitätspostulats läßt sich in folgenden Thesen festhalten:
1. Die Universalität der hermeneutischen Erfahrung hat mit der Voraussetzungshaftigkeit allen Verstehens zu tun, die für alle Wissensgebiete gilt.
2. Diese Voraussetzungshaftigkeit erschließt sich über den Begriff des Vorurteils als Bedingung der Möglichkeit des Verstehens und nicht als bloßes „epistemologisches Hindernis".
3. Die Aufwertung der Begriffe *Autorität* und *Tradition* ist nicht in einem dogmatischen Sinn zu verstehen: sie besagt lediglich, daß die Zugehörigkeit fundamentaler ist als alles Mißverstehen.
4. Es ist die Universalität des wirkungsgeschichtlichen Bewußtseins, die sich hier ins Spiel bringt.
5. Daß diese Universalität nicht bloß formal ist, daß das wirkungsgeschichtliche Bewußtsein eine Wirklichkeit und nicht nur die Unendlichkeit einer Aufgabe bedeutet, liegt an der Sprachlichkeit unseres In-der-Weltseins, die den ganzen Bereich der Erfahrung artikuliert.
6. Zur sprachlichen Verfassung der Erfahrung gehört, daß die Erfahrung autohermeneutisch, selbstauslegend ist, daß also das Verstehen noch vor jeder Interpretation liegt.
7. Die Universalität der hermeneutischen Erfahrung hebt nicht die Endlichkeit auf, in dem Sinne wie es der Begriff tut. Das Verwiesensein auf ein „unendliches Gespräch" ist zugleich der stärkste Beweis für die Endlichkeit.
8. Die Universalität der Hermeneutik betrifft nicht nur ihre Geltung für die Wissenschaft (etwas für eine Logik der Forschung); darüber hinaus gilt es, diese mit den Prinzipien des *sensus communis* zu vermitteln: so gerät

die Hermeneutik in die Nachbarschaft einer recht verstandenen praktischen Philosophie.[23]

Diese Thesen bedürfen jeweils einer ausführlichen kritischen Erörterung. Inzwischen ist besonders der Dialog zwischen Hermeneutik und Wissenschaftstheorie in ein neues Stadium eingetreten. Sachlich gesehen, spitzt sich allerdings die ganze Fragestellung auf einen zentralen Punkt zu: die implizite Sprachphilosophie, mit der der Universalitätsanspruch der Hermeneutik steht oder fällt. Auf diesen Punkt soll jetzt näher eingegangen werden: es handelt sich jetzt darum, das Verhältnis von Hermeneutik und Dialektik und den transzendentalen Charakter der Hermeneutik schärfer ins Auge zu fassen.

1. Hermeneutik und Dialektik

In der Tradition verbindet sich ein Universalitätsanspruch mit dem dialektischen Denken. Hegel etwa legt größte Wichtigkeit auf die Unterscheidung von dem „bloß Gemeinschaftlichen" und „dem wahrhaft Allgemeinen, dem Universellen"[24]. Der „Begriff" im Sinne Hegels, als „das durch sich und mit sich selbst Vermittelte" ist der Träger dieser Universalität. Es ist wichtig, sich diese Unterscheidungen vor Augen zu halten, wenn man nicht bei einer naiven Gegenüberstellung einer „konkreten" hermeneutischen Philosophie des Dialogs und einer abstrakten Dialektik des Begriffs stehen bleiben soll. Von ihren Ursprüngen her hat die Dialektik von Plato bis Hegel sehr wohl mit den Möglichkeiten und Grenzen des menschlichen Dialogs zu schaffen. Diese Weite des Horizonts teilt die Hermeneutik mit der Dialektik, sobald sie sich als Theorie des Verstehens bestimmt. In diesem Sinne ist es kein Zufall, daß Schleiermacher, der Begründer der philosophischen Hermeneutik, besonders stark auf die Wechselbeziehungen beider Disziplinen insistiert: Dialektik als „Darlegung der Grundsätze für die kunstmäßige Gesprächsführung im Gebiet des reinen Denkens"[25]. Hermeneutik und Rhetorik verweisen aufeinander. In Gadamers Hermeneutik scheint dieses enge Verhältnis wieder auseinanderzugehen.

1. Das hängt zunächst damit zusammen, daß die Dialektik zumeist mit dem Motiv der Sprachkritik verbunden ist. Sie rückt die Widersprüche, die

---

[23] Vgl. Gadamer: *Vom Ideal der praktischen Philosophie,* in: Universitas, Zeitschrift für Wissenschaft, Kunst und Literatur, Heft 6, Juni 1980, S. 623–630).
[24] *Enzyklopädie* § 163, Zusatz 1.
[25] Schleiermacher, *Hermeneutik und Kritik.* Herausgegeben und eingeleitet von Manfred Frank, Suhrkamp taschenbuch wissenschaft 211, Frankfurt 1977, 76 f.

mit dem gewöhnlichen Sprachgebrauch verbunden sind, in ein besonderes Licht. Mit „Sprachkritik" im modernen Sinn der analytischen Sprachphilosophie hat das noch nichts zu tun. Es geht noch nicht um die Idee der totalen Ersetzbarkeit der Umgangssprache durch eine exakte Kunstsprache. Die Dialektik bricht nicht die Brücken zum üblichen Sprachgebrauch ab, selbst dann nicht, wenn sie mit Hegel von der Voraussetzung ausgeht, daß der Satz im üblichen Sinn ungeeignet ist, spekulative Verhältnisse zur Darstellung zu bringen. „Der *Satz* soll ausdrücken, *was* das Wahre ist, aber wesentlich ist es Subjekt; als dieses ist es nur die dialektische Bewegung, dieser sich selbst erzeugende, fortleitende und in sich zurückgehende Gang"[26]. Im Anschluß an diese Theorie des spekulativen Satzes zieht Hegel eine Folgerung, deren hermeneutische Konsequenzen auf der Hand liegen:

„Aus diesem Grunde kann es z. B. dienlich sein, den Namen *Gott* zu vermeiden, weil dies Wort nicht unmittelbar zugleich Begriff, sondern der eigentliche Name, die feste Ruhe des zum Grunde liegenden Subjekts ist"[27].

Vielleicht bezeichnet das Problem der Metapher jenen Punkt, an dem sich die Geister scheiden. Entweder betrachtet man die Metapher als Störfaktor, als semantisches Hindernis, das möglichst umgangen werden muß, oder man bekennt sich mit Gadamer zur grundsätzlichen Metaphorik der Alltagssprache. Grundsätzliche Metaphorik bedeutet hier, daß das Metaphorische auch dort anzutreffen und wirksam ist, wo es sich nicht um Metaphern im üblichen Sinn der rhetorischen Tradition handelt.[28] Die Sprache als solche ist metaphorisch und erfüllt eine kognitive Leistung, über die die Rhetorik sich keine Rechenschaft zu geben vermag. Freilich sagt Gadamer nicht, wie der Übergang von dieser ursprünglichen „logischen" Leistung, in der sich jede Erfahrung artikuliert, zur „Logik" im eigentlichen Sinn zu verstehen ist, wie das Verhältnis von Metapher und Begriff näherhin zu verstehen ist. Die Dialektik versucht gerade diesen Übergang zu denken, wie Hegel in der zweiten Vorrede der *Wissenschaft der Logik* gezeigt hat, sie ist also gleichsam eine Fortsetzung der ursprünglichen logischen Leistung der Sprache mit anderen Mitteln. „Daher wird die logische Wissenschaft, indem sie die Denkbestimmungen, die überhaupt unseren Geist instinktartig und bewußtlos durchziehen und, indem sie in die Sprache hereintreten, ungegenständlich, unbeachtet bleiben, abhandelt, auch die Rekonstruktion derjenigen sein, welche durch die

---

[26] *Phänomenolgie des Geistes,* Vorrede, Philosophische Bibliothek 114, Felix Meiner, Hamburg ⁶1952, 53.
[27] Ibid., 54.
[28] Vgl. Paul Ricœur: *La métaphore vive.* Editions du Seuil, Paris 1975.

Reflexion herausgehoben und von ihr als subjektive an dem Stoff und Gehalt äußere Formen fixiert sind"[29].

In der Perspektive der Hermeneutik kehrt sich das Verhältnis von Begriff und Vorstellung gewissermaßen um: das absolute Wissen, auf das der Begriff angelegt ist, muß sich in die Unendlichkeit des Gesprächs zurücknehmen. Das bedeutet auch den Rückzug auf eine nichtaufhebbare Unmittelbarkeit, die der unendlichen Vermittlung des Begriffs widersteht: die Unmittelbarkeit der Betroffenheit, die im Begriff des wirkungsgeschichtlichen Bewußtseins liegt. Gerade diese Unmittelbarkeit der Betroffenheit wird durch die Reflexionsarbeit des Begriffs zerstört.[30] Reflexion geht immer auf kognitive und kritische Distanz, gerade dann, wenn es ihr um den Ernst der Sache selbst zu tun ist. Der Begriff als „Seele und Inhalt der absoluten Methode" steht nach Hegel unter dem Gesetz der unendlichen Selbstbereicherung:

„Der Begriff in der absoluten Methode erhält sich in seinem Anderssein, das Allgemeine in seiner Besonderung, in dem Urteile und der Realität; es erhebt auf jede Stufe weiterer Bestimmung die ganze Masse seines vorhergehenden Inhalts und verliert durch sein dialektisches Fortgehen nicht nur nichts, noch läßt es etwas dahinten, sondern trägt alles Erworbene mit sich und bereichert und verdichtet sich in sich"[31].

Die hermeneutische Erfahrung kann sich in diesen Bestimmungen nicht wiedererkennen, weil die Offenheit des Fragens jedes Methodenideal, auch das Ideal der absoluten Methode durchbricht.

Trotzdem gibt es einen Berührungspunkt zwischen Hegels Verständnis des dialektischen Denkens und der Hermeneutik. Gadamer spricht von der „spekulativen Mitte der Sprache", die nicht darin besteht, daß das Wort die logischen Gehalte widerspiegelt, sondern daß das Wort das Ganze der Sprache und der Weltansicht, der es angehört, zur Erscheinung bringt. Spekulativ ist die Sprache aufgrund ihrer Beziehung zur Totalität des Seins: auch diese letzte und höchste Form der Zugehörigkeit stellt sich als eine „Abschattung" des hermeneutischen Urverhältnisses heraus.[32] Gadamer kann sich so auf Hegels Theorie des spekulativen Satzes berufen, freilich so, daß er Hegel beschuldigt, das Spekulative zugunsten des Dialektischen aufgeopfert zu haben. Damit würde das wahre Wesen der Sprache verkannt, nämlich Sprache auf „Aussage" reduziert.[33] Aber der spekulative Satz ist keine Aussage im üblichen Sinn. So schlägt auch hier

---

[29] *Wissenschaft der Logik,* Bd. 1, Felix Meiner, Hamburg 1932, 19.
[30] *WuM* 449.
[31] *Wissenschaft der Logik,* Bd. II, 502.
[32] *WuM* 442.
[33] *WuM* 444.

die Ablehnung der Dialektik auf das Verständnis des Universalitätspostulats selber zurück: das dialektische Denken hat es zentral mit dem absoluten Anfang und mit dem absoluten Ende zu tun, während diese Problemstellung dem hermeneutischen Denken wesensfremd ist. Trotz aller Beziehung auf die Unendlichkeit des Gesprächs erweist sich so die Hermeneutik als Philosophie der Endlichkeit, der das dialektische Denken notwendigerweise als Verrat an der Sprache, der eigentlichen Spur der Endlichkeit, erscheinen muß. Der hermeneutische Logos verweist auf eine Passivität, die von keiner Anstrengung der Reflexion eingeholt werden kann.

2. Hermeneutik und Transzendentalphilosophie

Wenn man mit K.O. Apel zwei grundlegende Traditionen der Sprachphilosophie annimmt, eine Tradition, die Sprache zum Gegenstand ihrer „philosophischen Untersuchung" macht und eine zweite, die in der Sprache die Bedingung der Möglichkeit von Philosophie überhaupt vermutet, so gehört das hermeneutische Denken offenbar der zweiten Richtung an. Man kann diese Richtung als Transzendentalphilosophie im weiteren Sinn bezeichnen. Gadamers Verwendung des wittgensteinschen Begriffs des *Sprachspiels* ist für dieses Vorgehen charakteristisch. Während für Wittgenstein die „große Frage, die hinter all diesen Betrachtungen steht", nämlich die Frage nach dem Wesentlichen des Sprachspiels, oder anders gesagt, die Frage nach jenem Sprachspiel, das eine Wesensbestimmung der Sprache selbst erlaubt, unbeantwortet bleibt, nimmt Gadamer gerade dieses „Spiel der Sprache selbst, die uns anspricht, vorschlägt und zurückzieht, fragt und in der Antwort sich selbst erfüllt", zum Ausgangspunkt seiner Auffassung des Verstehens. Erich Heintel hat den interessanten Versuch einer Gegenüberstellung des eigentlich transzendentalen Motivs der Sprachphilosophie und seiner hermeneutischen Weiterführung unternommen. An diesem Versuch ist bedeutsam, daß er dazu zwingt, die hermeneutische „Vorgegebenheit" der Sprache in ihrer Differenz gegenüber aller Reflexion näher zu bestimmen.[34] Die damit aufgeworfenen fundamentalphilosophischen Fragen könnten auch noch von einer anderen Seite her angeschnitten werden: Wir denken hier vorzugsweise an Emmanuel Levinas' Überlegungen zur Sprache, die er in seinem Buch *Autrement qu'être ou au-delà de l'essence*[35] entwickelt hat. Auch hier geht es um die Reflexion über die transzendentalen Bedingungen der Möglichkeit

---

[34] Vgl. Erich Heintel, *Einführung in die Sprachphilosophie,* Darmstadt 1972, 147–168.
[35] Emmanuel Levinas, *Autrement qu'être ou au-delà de l'essence,* Martinus Nijhoff, Den Haag 1974.

von Sprache und Verstehen überhaupt — freilich nicht im Sinne eines Ich-Du-Verhältnisses, das das tragende Grundgerüst jenes tragenden Einverständnisses hergeben könnte, auf das das hermeneutische Bewußtsein rekurriert. Gerade diese höchste Selbstverständlichkeit, die es der Hermeneutik erlaubt, alle Differenzen zu unterlaufen, wird hier fragwürdig. Zu fragen ist jetzt: Was ist das Tragende in diesem Einverständnis? und: Worin besteht das Einverständnis? Tragend ist paradoxerweise gerade die Dissymmetrie des Ich-Du-Verhältnisses: Ich und Du stehen sich nicht selbständig, „dialogisch" gegenüber, sondern das Ich steht im „Akkusativ" und das ursprüngliche Verhältnis, das alle übrigen Verhältnisse trägt, ist das Ausgeliefertsein an den Anderen. Auch diese Vehältnisbestimmung impliziert ein Universalitätspostulat, denn es geht allen übrigen kulturell oder sprachlich vermittelten Differenzen voraus, aber es rekurriert nicht auf das bereits geschehene Einverständnis. Anders gesagt, es ermöglicht eine Sinnerfahrung, in der die unendliche Sehnsucht nach Sinn und Verstehen mit der unaufhebbaren Einzelheit und Besonderung zusammengedacht werden können.

Philippe Forget

Aus der Seele Geschrie(b)en?

Zur Problematik des Schreibens (écriture) in Goethes ‚Werther'

> Man hat den Begriff der Dichtung erniedrigt zu dem eines verzierten Bekenntnisses. Eine ungeheuere Verwirrung haben gewisse Worte Goethes verschuldet, von einer zu feinen Bildlichkeit, um von Biographen und Notenschreibern richtig gefaßt zu werden. Man erinnert sich an die gefährlichen Gleichnisse vom Gelegenheitsgedicht und von dem „sich etwas von der Seele Schreiben". Ich weiß nicht, was einem Panorama ähnlicher wäre, als wie man den Werther in den Goethebiographien hergerichtet hat, mit jenen unverschämten Angaben, wie weit das Materielle des Erlebnisses reiche und wo der gemalte Hintergrund anfange.
> (Hugo von Hofmannsthal, 1896)

> Wir können nur eine Welt *begreifen,* die wir selber *gemacht* haben.
> (Nietzsche)

0. Der Roman als Bahn- und Mauerbrecher

Die Brisanz eines Textes läßt sich nicht allein an der Vielzahl der Interpretationen feststellen, zu denen er Anlaß gibt, und auch nicht nur an der Vielseitigkeit, ja manchmal sogar Widersprüchlichkeit seiner Rezeption. Denn Vielseitigkeit bzw. Widersprüchlichkeit bieten noch lange keinen Rückhalt gegen Beliebigkeit, oder aber nur als die Unterstellung, daß alle solchen Sinneffekte im ‚eigentlichen Sinn' aufgehen, der der ‚Autorintention' entspreche (wobei letztere, wie hier gezeigt werden soll, notfalls dem Autor unterschoben wird, z. B. unter Berufung auf dessen ‚Ironie'). Diese Standpunkte sollen hier jedoch in praxi widerlegt werden, und es soll sich zeigen, daß die Brisanz eines Textes, seine provokative Kraft, sich vielmehr an den Kraftlinien ausweisen läßt, die der übliche kritische (?)

Diskurs ignoriert, verdrängt oder zugrunde gerichtet haben möchte, sie dabei aber nur aufhebt und zur Grundrichtung neuer Interpretationen macht.

Nun scheint mir Goethes *Werther* für solchen Zusammenhang ein ganz besonderes Beispiel zu liefern. Denn wie kaum ein anderer Text ist er immer wieder als Ausdruck eines Gefühls oder eines Lebensabschnittes vorgestellt worden, in das Gerede vom „Bruchstück einer großen Konfession" hineingenommen, und das hieß immer zuletzt, daß die *mens auctoris* die einzig relevante Sinninstanz ist. Eine nur scheinbar entgegengesetzte Auffassung, die sich für liberal ausgibt, meint, daß die Aktualität des Romans gerade deshalb immer wieder gewährleistet sei, weil es in jedem neuen Zeitalter junge Leute gäbe, die in einer solchen Lebenslage stünden, so daß Werthers Geschick immer wieder nachzuempfinden sei (!)[1]. Hier wird die letzte Instanz in die Zeitlosigkeit des Gefühls verschoben, die alle Menschen in der *conditio humana* verbinde: Das humanistische Gewäsch, das von solchen Werten lebt, betreibt aber im Grunde die gleiche *Enttextualisierungsstrategie*[2]*:* in beiden Fällen wird nämlich der Text einer gewaltigen Vergegenständlichung preisgegeben, und in dieser Perspektive macht es keinen Unterschied mehr, ob er zum exklusiven Besitz des Autors oder zum Anlaß meiner Gefühlsirrungen deklariert wird.

Im Falle des *Werther* fällt gerade in den jüngsten Veröffentlichungen[3]

---

[1] Eine Meinung, die Hans Mayer im Mai 1982 noch vehement vertrat (im Rahmen einer Veranstaltung des Pariser Goethe Instituts anläßlich des 150. Todesjahres Goethes). Bezeichnend auch das Rahmenthema dieser Veranstaltung: „Ist Goethe noch aktuell?", eine Formulierung, die keinem der Teilnehmenden als ein Dubiosum erschien – und doch: Mit dieser Formulierung wird einfach ein Werk und dessen Rezeption implizit als die Reaktivierung eines ursprünglichen Diskurses (miß)verstanden.

[2] Unter *Enttextualisierung* verstehe ich jedes Interpretationsverfahren, das Textsignale nicht als innertextuelle Verweise, sondern als Durchbruch eines Erlebten oder sonstigen *référent* behandelt. Solches Vorgehen ist im Falle des Werther besonders häufig und zeugt ebenfalls von den Widerständen, zu denen der Text immer wieder Anlaß gibt. So zum Beispiel, wenn unter Werthers Jugendfreundin Henriette von Roussillon vermutet wird, oder wenn Lottens Schattenriß mit dem leichtfertigen Hinweis abgefertigt wird, daß so etwas damals gerade eine Salonmode war – um nur zwei Beispiele zu geben, die in der hier vorgelegten Interpretation eine entscheidende Rolle spielen.

[3] Ich beziehe mich im folgenden vorzugsweise auf: Rolf Christian Zimmermann, *Das Weltbild des jungen Goethe.* Studien zur hermetischen Tradition des deutschen 18. Jahrhunderts, zweiter Band: Interpretation und Dokumentation, Wilhelm Fink Verlag, München 1979, 167–212 (hinfort zitiert: Zimmermann) und Klaus Müller-Salget, *Zur Struktur von Goethes Werther,* in: Zeitschrift für deutsche Philologie, Dezember 1981, 527–544 (hinfort zitiert: Müller-Salget). Da noch viele Interpreta-

auf, wie viele Widerstände laut werden, deren gezielte Wiederholung eine defensive Rhetorik aktualisiert, die den Roman enttextualisieren muß, um ihn in beruhigende, weil gewohnte Bahnen zu lenken, in denen sich das Selbstverständnis des Interpreten bestätigt sieht. Aber *Die Leiden des jungen Werther* sind, so meine These, ein Bahnbrecher. Man soll das Buch nur als einen romantischen Text lesen, oder kürzer noch: als einen Roman — freilich nicht als „Ausdruck meiner Gefühle und Grillen"[4], sondern im Sinne Walter Benjamins, der das Wort *Roman* einmal auf eine Etymologie hin gedeutet hat, die freilich keine philologisch verbürgte ist, sondern der „Wahrheit des Signifikanten" (Roland Barthes) in die Hände arbeitet und damit den Glauben an einen letzten etymologischen Grund in der willkürlichen Sprachenmischung restlos zerstreut:

„Romantik. Für mich besteht dieses Wort heute noch. Es hat seine Verdienste. In alten Zeiten nannten die Russen einen an Ketten hängenden eisenbeschlagenen Balken, mit dem sie die festen Mauern feindlicher Städte brachen, ‚roman'. — Roman — Das war damals ein Mauerbrecher. Später ist es immer mehr gesunken und schließlich ein Buch geworden. Und jetzt ist es die Zeit, ihm die ursprüngliche Bedeutung wiederzugeben. Romantik!"[5]

tionen ihm implizit oder explizit, teilweise oder pauschal verpflichtet sind, sei immer noch auf den Kommentar der *Hamburger Ausgabe* von Erich Trunz (Band 6) verwiesen (hinfort zitiert: Trunz). Durch das Nebeneinandersetzen von philologischen Worterklärungen und interpretierenden Ausführungen erweckt dieser Kommentar implizit die Vorstellung, daß die Interpretamente die gleiche „Wahrheit" für sich in Anspruch nehmen wie die philologischen Erläuterungen. Vielleicht hat dieser Umstand, verstärkt durch das Prestige der kritischen Ausgabe, manchen unkritischen Leser und Interpreten zur fraglosen Übernahme der Grundtendenz der Trunzschen Interpretation verführt, die im *Werther* vor allem religiöse Probleme sieht, deren Entwicklung eine Kontinuitätsthese zugrundeliegt. Bedeutende Ausnahmen in der jüngsten Wertherforschung bilden die Beiträge von Reinhart Meyer-Kalkus: *Werthers Krankheit zum Tode. Pathologie und Familie in der Empfindsamkeit*, in: Friedrich A. Kittler / Horst Turk (Hrsg.): *Urszenen*. Literaturwissenschaft als Diskursanalyse und Diskurskritik, Suhrkamp 1977, 76—138 (der offenbar Trunz meint, wenn er das Korrektiv betont: „Die Familie, der Werthers Verlangen galt, ist keine nur jenseitige", a. a. O. 138) und Friedrich A. Kittler, *Autorschaft und Liebe*, in: Friedrich A. Kittler (Hrsg.): *Austreibung des Geistes aus den Geisteswissenschaften*, UTB 1054, Schöningh, Paderborn 1980, 142—173. Zur neueren Werther-Literatur vgl. auch Anm. 29.

[4] Goethe, *Dichtung und Wahrheit*, dritter Teil — zwölftes Buch, (586). Die Seitenangaben beziehen sich durchgehend auf die Artemis-Gedenkausgabe (sämtliche Werke in 18 Bänden, dtv-Dünndruck, hier: Band 10). Auch der *Werther* wird im folgenden nach dieser Ausgabe zitiert (Band 4), die im Gegensatz zur Hamburger Ausgabe beide Fassungen des Romans wiedergibt. Zur Zitierweise aus dem *Werther*: 2. I 10. Mai, 384 = zweite Fassung, erstes Buch, am 10. Mai, S. 384.

[5] Zitiert nach: Raimar Stefan Zons, *Flimmernde Subjektivität*, in: Willi Oelmüller (Hrsg.), *Kolloquium Kunst und Philosophie 1 Ästhetische Erfahrung*, UTB 2205,

Im folgenden wird demnach gezeigt, daß es keinen so großen Unterschied gibt zwischen dem eisenbeschlagenen Balken und dem Buch oder Briefroman *Die Leiden des jungen Werther.* Ja, die Analogie kann weitergeführt werden, und es läßt sich sagen, daß hier das Schreiben im Bild der eisenbeschlagenen Feder auf dem Spiel steht. Das ausgeklammerte oder aufgehobene (B) in der Überschrift der vorliegenden Studie, das noch unentschieden läßt, ob der Roman im Bann des Logozentrismus von Aristoteles' *Peri hermeneias* (1, 16 a 3) bleibt, nach dem die Stimme seelische Zustände zum Ausdruck bringt und das geschriebene Wort die von der Stimme artikulierten Worte be-zeichnet, also ob das Geschriebene nur die Fixierung des Geschrieenen ist, oder ob diesem (B) eine selbständigere Funktion zukommt, die es von der Stimme und damit auch von dem Gefühlsausdruck eines sich selbst wissenden bzw. fühlenden Subjektes emanzipiert, wird damit in extremer Verkürzung zum buchstäblichen Signifikanten der Bestimmung oder aber des Schreibens in der abendländischen Denktradition, und zwar auch so, daß dieser Signifikant nicht mehr einem ursprünglicheren Signifikat untergeordnet werden kann. Es gilt jetzt zu zeigen, wie er sich zur Entfaltung bringt und dabei erst einen Text konstituiert.

1. Die Autorintention brennt durch

Die Infragestellung der Autorintention als letzter Sinninstanz des Textes gehört nicht nur zu den methodologischen Prämissen, die eine jede Interpretation begleiten und mitbestimmen; sie wird hier vielmehr durch die Tradition des Diskurses über die Schrift und die Struktur des *Werther* zugleich herausgefordert. Denn der für diese Denktradition verbindliche Text, Platons *Phaidros,* ist in seiner Wirkungsgeschichte der topos einer Verunglimpfung der Schrift geworden, die nach 275 e immer wieder als Defizienzerscheinung verstanden wird:

„Und wird sie beleidigt oder unverdienterweise beschimpft, so bedarf sie immer ihres Vaters Hilfe; denn selbst ist sie weder sich zu schützen noch zu helfen imstande"[6].

Sie findet auch in Werthers abgeneigter Haltung dem schriftlich Fixierten gegenüber ihren scheinbar selbstverständlichen Niederschlag. So zum

---

Schöningh Verlag, Paderborn 1981, 146. Zons bezieht sich selbst auf eine unveröffentlichte Magisterarbeit von C. Kambas, *Die Aktualität der Romantik für die Geschichtsauffassung von Walter Benjamin.*

[6] Platon, *Sämtliche Werke* Band 4, nach der Übersetzung von Friedrich Schleiermacher herausgegeben von Walter F. Otto, Ernesto Grassi und Gert Plamböck, Rowohlts Klassiker, Hamburg 1958.

Beispiel, nachdem Lotte in der großen Abschiedsszene am 10. September von dem Tod ihrer Mutter erzählt hat und von ihrem Versprechen, „die Mutter ihrer Kinder zu sein" (2. I 10. September, 437):

„Sie sagte das! Oh Wilhelm, wer kann wiederholen, was sie sagte! Wie kann der kalte tote *B*uchstabe diese himmlische *B*lüte des Geistes darstellen!" (a. a. O., 438).

Und es kann gleich hier antizipierend festgestellt werden, welche unbeirrbare Textlogik der Zusammenhang aktualisiert, in den die Rede von dem Buchstaben eingebettet ist: Nicht nur, daß er explizit auf den Tod verweist, der sich für die Schrift (auf eine noch zu bestimmende Weise) als konstitutiv erweist, sondern auch auf die Erde[7], die als Grab Ort des Todes, der (Wieder)vereinigung und damit einer Neugeburt ist. Und schließlich zeigt die Paraphrasierung des lebendigen Wortes als „himmlische Blüte des Geistes" nur, daß die Wiederholung des Wortes im Wort selbst von dem Tod bewohnt ist. Denn *Blüte* wird von Werther immer wieder als höchste Lebendigkeit und Todesnähe zugleich eingesetzt: Am 10. September wird von Lottens Mutter gesagt: „Und diese Frau mußte in der Blüte ihrer Jahre dahin" (a. a. O., 438), und von einer anderen Sterbenden heißt es einmal: „Und wenn die letzte bange Krankheit über das Geschöpf herfällt, das du in blühenden Tagen untergraben hast . . ." (2. I 1. Julius, 412). Daß wir damit in der Kernproblematik der Schrift angelangt sind, zeigt wiederum eine Parallele zwischen *Phaidros* und *Werther.*

Bis jetzt mag auf jeden Fall angedeutet worden sein, daß auch das lebendige Wort dem Tode anheimgefallen ist, und es fehlt nicht an Stellen im Werther, die diese Auffassung bestätigen.[8] Werther also einfach einen Logozentriker zu nennen, wäre eine Fehldeutung, die in der einseitigen Deutung des *Phaidros* als pauschaler Verurteilung der Schriftlichkeit einen berühmten Präzedenzfall hat.[9] Es ist demnach zu zeigen, daß Werthers

---

[7] Wie manche andere Stelle aus dem Werther belegt: „Tot, Lotte! eingescharrt der kalten Erde, so eng, so finster!" (2. II 501 f.).

[8] Nur deshalb ist es verständlich, daß Werther auch dem Wort der Dichtung kritisch gegenübersteht. In bezug auf den Bauerburschen, der Werther als ein anderes Ich erscheint, heißt es: „(. . .) aus seiner Erzählung leuchtete so merklich hervor, wie schön, wie reizend sie für ihn sei, wie sehr er wünsche, daß sie ihn wählen möchte, um das Andenken der Fehler ihres ersten Mannes auszulöschen, daß ich Wort für Wort wiederholen müßte, um dir die reine Neigung, die Liebe und Treue dieses Menschen anschaulich zu machen. Ja, ich müßte die Gabe des größten Dichters besitzen, um dir zugleich den Ausdruck seiner Gebärden, die Harmonie seiner Stimme, das himmlische Feuer seiner Blicke lebendig darstellen zu können. Nein, es sprechen keine Worte die Zartheit aus, die in seinem ganzen Wesen und Ausdruck war; es ist alles nur plump, was ich wieder vorbringen könnte" (2. I 30. Mai 394 f.).

[9] Wenigstens seit der Interpretation von Jacques Derrida ist es nicht mehr möglich, den *Phaidros* so zu interpretieren. Vgl. *La pharmacie de Platon,* in: *La dissémination,*

vordergründiger Phono- und Logozentrismus von der Eigenmächtigkeit des Schreibens selbst hintergangen oder untergraben wird und daß Werthers Briefe dabei eine der Gedankenführung des *Phaidros* bis zu einem bestimmten Umschwung auffallend ähnliche Grundgebärde vollziehen.

Dabei scheint es mir nun eine plausible Hypothese zu sein, daß gerade die oberflächliche Rezeption des *Phaidros* an der Einsetzung der Autorintention als Sinninstanz des Textes maßgeblich beteiligt ist: Schien es doch den Interpreten, die in diesem Text nun einmal eine rettungslose Schriftkritik heraus (bzw. hinein) gelesen hatten, einzig möglich, die Schrift dadurch zu retten, daß deren Aussage immer nur auf die „Hilfe" (die Psyche) ihres Vaters zurückverwiesen werde. Daß sie die Schrift dadurch aber erst recht verlieren, soll noch *in concreto* an den Irrwegen (die paradoxerweise gerade deshalb Irrwege sind, weil sie die Briefe immer wieder zirkulär an den empirischen Absender zurückschicken) deutlich gemacht werden, zu denen die vermeintliche Sinninstanz der Autorintention auch die jüngsten Werther-Interpretationen führt.

Als Einstieg in diese zunächst verwirrend wirkende Kopplung von *Werther* und *Phaidros* drängt sich gerade die Stelle auf, an der offenkundig wird, daß Sokrates weder eine undifferenziert-pauschale Entwertung des Schriftlichen im Auge hat, noch „auf eine äußerliche Konfrontation der geschriebenen und der gesprochenen Rede (zielt)"[10], sondern vielmehr zwischen einer guten und einer schlechten Schriftlichkeit zu unterscheiden bemüht ist; dabei greift er bekanntlich zur Metapher des Früchte tragenden und des steril bleibenden, weil der Vergänglichkeit anheimgegebenen Säens:

„Sokrates: Sage mir aber dieses, ob ein verständiger Landmann den Samen, den er vor andern pflegen und Früchte von ihm haben möchte, recht eigens im heißen Sommer in einem Adonisgärtchen bauen und sich freuen wird, ihn in acht Tagen schön in die Höhe geschossen zu sehen, oder ob er dieses nur als ein Spiel und bei festlichen Gelegenheiten tun wird, wenn er es denn tut; jenen aber, womit es ihm Ernst ist, nach den Vorschriften der Kunst des Landbaues in den gehörigen Boden

---

Collection ‚Tel Quel', Editions du Seuil, Paris 1972, 73–197. Meines Wissens liegt noch keine deutsche Übersetzung dieses Textes vor, der neben der *Grammatologie* Derridas ausführlichste und diskursivste Beschreibung des écriture-Begriffes darstellt. Unter anderen philosophischen Prämissen, in einem anderen thematischen Zusammenhang und ohne Bezugnahme auf Derrida kommt Wolfgang Wieland in seinem gerade erschienenen Platon-Buch in diesem Punkt zu ähnlichen Feststellungen. Vgl. Wolfgang Wieland, *Platon und die Formen des Wissens*, Vandenhoeck & Ruprecht, Göttingen 1982, insb. 13–37 (Platons Schriftkritik).

[10] Wolfgang Wieland, a. a. O. 23.

säen und zufrieden sein, wenn was er gesäet, im achten Monat seine Vollkommenheit erlangt?

Phaidros: Gewiß so, O Sokrates, würde er dieses im Ernst, jenes, wie du sagtest, nur anders tun.

Sokrates: Und sollen wir sagen, daß, wer vom Gerechten, Schönen und Guten Erkenntnis besitzt, weniger verständig als der Landmann verfahren werde mit seinem Samen?

Phaidros: Keineswegs wohl.

Sokrates: Nicht zum Ernst also wird er sie ins Wasser schreiben, mit Tinte sie durch das Rohr aussäend, mit Worten, die doch unvermögend sind, sich selbst durch Rede zu helfen, unvermögend aber auch, die Wahrheit hinreichend zu lehren?

Phaidros: Wohl nicht, wie zu vermuten.

Sokrates: Freilich nicht; sondern die Schriftgärtchen wird er nur des Spieles wegen, wie es scheint, besäen und beschreiben. Wenn er aber schreibt, um für sich selbst einen Vorrat von Erinnerungen zu sammeln auf das vergeßliche Alter, wenn er es etwa erreicht, und für jeden, welcher derselben Spur nachgeht: so wird er sich freuen, wenn er sie zart und schön gedeihen sieht; und wenn andere sich mit andern Spielen ergötzen, bei Gastmahlen sich benetzend und was dem verwandt ist, dann wird jener statt dessen mit dem Genannten spielend die Zeit verbringen.

Phaidros: Ein gar herrliches, O Sokrates, nennst du unter den geringeren Spielen: das Spiel dessen, der von der Gerechtigkeit und was du sonst erwähntest, dichtend mit Reden zu spielen weiß.

Sokrates: So ist es allerdings, Phaidros. Weit herrlicher aber, denke ich, ist der Ernst mit diesen Dingen, wenn jemand nach den Vorschriften der dialektischen Kunst, eine gehörige Seele dazu wählend, mit Einsicht Reden säet und pflanzt, welche sich selbst und dem, der sie gepflanzt, zu helfen imstande und nicht unfruchtbar sind, sondern einen Samen tragen, vermittels dessen einige in diesen, andere in anderen Seelen gedeihend, eben dieses unsterblich zu erhalten vermögen und den, der sie besitzt, so glückselig machen, als einem Menschen nur möglich ist (276b–277a).[11]

---

[11] Vgl. Derridas Kommentar dieser Stelle: „Il se confirme ensuite que la conclusion du *Phèdre* est moins une condamnation de l'écriture au nom de la parole présente que la préférence d'une écriture à une autre, d'une trace féconde à une trace stérile, d'une semence génératrice, parce que déposée au-dedans, à une semence dépensée au-dehors en pure perte: au risque de la *dissémination*. Ceci du moins est supposé par cela. Avant d'en chercher raison dans une structure générale du platonisme, suivons ce mouvement (...). L'analogie: le rapport de l'écriture-simulacre à ce qu'elle représente – l'écriture vraie (la véritable écriture parce qu'elle est véritable, authentique, répondant à sa valeur, conforme à son essence, écriture de la vérité dans l'âme de celui qui a l'épistémè) – ce rapport est *analogue* au rapport des semences fortes, fertiles, engendrant des produits nécessaires, durables et nourrissants (semences frugifères) aux semences faibles, vite épuisées, superflues, donnant naissance à des produits éphémères (semences florifères). D'un côte, l'agriculteur patient et sensé (*O noun ekôn georgos*), de l'autre le jardinier de luxe, pressé et joueur. D'un côté le sérieux (*spoudè*), de l'autre le jeu *(paidia)* et la fête *(éortè)*. D'un côté la culture, l'agriculture, le savoir, l'économie, de l'autre l'art, la jouissance et la dépense sans réserve" (a. a. O. 172 f.).

Aus der Seele geschrie(b)en?

Jetzt die im *Werther* in Frage kommende Stelle: An seinem Geburtstage gedenkt Werther angesichts der ihm überreichten Geschenke (zwei Büchlein und eine von Lottens blaßroten Schleifen) der Seligkeiten, „mit denen mich jene wenigen, glücklichen, unwiederbringlichen Tage überfüllten". Anschließend heißt es:

„Wilhelm, es ist so, und ich murre nicht, die Blüten des Lebens sind nur Erscheinungen! Wie viele gehn vorüber, ohne eine Spur hinter sich zu lassen, wie wenige setzen Früchte an, und wie wenige dieser Früchte werden reif! Und doch sind deren noch genug da; und doch – oh mein Bruder! – können wir gereifte Früchte vernachlässigen, verachten, ungenossen verfaulen lassen?

Lebe wohl! Es ist ein herrlicher Sommer; ich sitze oft auf den Obstbäumen in Lottens Baumstück mit dem Obstbrecher, der langen Stange, und hole die Birnen aus dem Gipfel. Sie steht unten und nimmt sie ab, wenn ich sie ihr herunterlasse".

Um jedem Mißverständnis vorzubeugen: Hier wird nicht behauptet, die angeführten *Phaidros*- und *Werther*-Stellen stünden in einem Kontinuitätsverhältnis zueinander; denn Texte knüpfen nie nahtlos aneinander an. Töricht wäre es zum Beispiel zu behaupten, Werther äußere sich hier gezielt und bewußt über die Schrift, wie Sokrates es tut. Aber gerade das Unreflektierte in seinem Diskurs ist das Entscheidende, auf dessen Entdeckung es bei der Interpretation ankommt. Und diese Stelle entfaltet das in exemplarischer Weise: Von einem allgemeinen Satz über die Vergänglichkeit aller Erlebnisse (denn nur diese meint wirklich Werther) ausgehend, beschreibt Werther seine gegenwärtige Lage und kommt dabei zu dem Schluß, daß man die Gegenwart genießen solle. Dies sagt er aber eben an seinem Geburtstag („Heute ist mein Geburtstag", 433), also an dem Tag der Erinnerung und der Wiederbelebung des Vergangenen *par excellence*. In diesem Sinne meint er am Anfang des Romans aufrichtig: „ich will das Gegenwärtige genießen, und das Vergangene soll mir vergangen sein" (2. I 4. Mai, 383). Die Parallele mit der Stelle am 28. August ist beredt; in beiden Fällen verdrängt Werther „das Vergangene" zugunsten des Gegenwärtigen, und macht damit das Vergangene zum bestimmenden, weil verdeckten Moment seines Verhaltens. In dem zweiten Teil der vorliegenden Arbeit wird im einzelnen gezeigt, wie sehr in der Tat das *Vorher*, die *Spur* des Vorher, Werthers Motivationen bestimmt und lenkt. Vorerst genügt es, die These aufzustellen, daß Werthers Formel, nach der die „Blüten des Lebens" „ohne eine Spur hinter sich zu lassen" vorübergehen, eine Bejahung (als Ersatz der Verneinung) darstellt[12], die sich als konstitu-

---

[12] Vgl. Freud, *Die Verneinung*, GW XIV, 11–15. Über den Zusammenhang von Verneinung und Verdrängung, der im *Werther* eine wesentliche Rolle spielt, heißt es da: „Ein verdrängter Vorstellungs- oder Gedankeninhalt kann also zum Bewußtsein durchdringen, unter der Bedingung, daß er sich verneinen läßt. Die

tive Kategorie seines Diskurses erweisen soll. In diesem Sinne ist die angeführte Stelle eine sogenannte *mise en abyme* des ganzen Romans[13], die selbst die narrative Grundstruktur des Romans ist; und damit wird auch der angestrengte Versuch Erich Trunz', im Roman ein gleichmäßiges Fortschreiten festzustellen[14], zunichte, weil die *mise en abyme* die Totalität ist, die sich selber überspielt.

So ist es in diesem Interpretationszusammenhang kein Widerspruch, wenn ich jetzt die Problematik weiterführe, und das heißt hier, sie auf die Schrift zurückverweise. Denn es mag aufgefallen sein, daß Werther hier wie sonst auch das Lebendig-Unmittelbare als höchsten Wert betrachtet

---

Verneinung ist eine Art, das Verdrängte zur Kenntnis zu nehmen, eigentlich schon eine Aufhebung der Verdrängung, aber freilich keine Annahme des Verdrängten" (12). Von hoher Bedeutung für Werthers Diskurs ist die *Bejahung als Ersatz der Verneinung*: „Die Bejahung – als Ersatz der Verneinung – gehört dem Eros an, die Verneinung – Nachfolge der Ausstoßung – dem Destruktionstrieb" (15).

[13] Zur Kategorie der *mise en abyme* (die in meiner Sicht nur bedingt mit dem Wort Spiegelung übersetzt werden kann) verweise ich auf die umfangreiche Arbeit von Lucien Dällenbach: *Le récit spéculaire. Essai sur la mise en abyme* (Editions du Seuil, Collection Poétique, Paris 1977). Dort vertritt Dällenbach die Auffassung, daß „est mise en abyme toute enclave entretenant une relation de similitude avec l'œuvre qui la contient" (18) und kommt weiterhin zu dem Schluß, daß *mise en abyme* und Spiegelung sich semantisch decken: „est mise en abyme tout miroir interne réfléchissant l'ensemble du récit par réduplication simple, répétée ou spécieuse" (52). Zur Spiegelung im engerem Sinne gehört aber m. E. die symmetrische Umkehrung des Motivs. Eine solche Spiegelung stricto sensu findet sich im Werther, nämlich in der Person des Blumensuchers, von dem Werther am 30. November schreibt (2. II, 471 ff.), die in der vorliegenden Studie nicht eingehend analysiert werden kann. Ich verweise nur darauf, daß der Blumensucher ein Schreiber ist, also ein Beamter im Dienste des Gesetzes (des Amtmanns, des Vaters von Lotte). Im folgenden wird gezeigt, daß Werther ein Schreiber (im modernen Sinne des Wortes) ist, also ein Künstler, dessen Text sich nicht in der Anerkennung eines vorgegebenen, ihn transzendierenden Gesetzes konstituiert, sondern die eigene Gesetzmäßigkeit selbst in praxi aufbaut. Aus Gründen, die in der vorliegenden Studie deutlich werden dürften, sollten ferner als *mise en abyme* nur die Stellen bezeichnet werden, die den Gesamttext auf knappstem Raum wiederholen und dabau auch „die Illusion der Willkür", „die Täuschung des Handelnden über sich, die Annahme des freien Willens" (Nietzsche, *Menschliches Allzu Menschliches*, II, Aphorismus 106) artikulieren.

[14] Nicht zufällig will Trunz solches Kontinuum im Zusammenhang mit seiner Grundthese von dem religiösen Eros Werthers erkannt haben: „die Verbindung von Liebe und religiöser Sehnsucht bildet gleichsam die doppelte Thematik, die als cantus firmus allem zugrunde liegt. Anfangs sind beide Themen noch getrennt, dann schließen sie sich mehr und mehr in einander – ich habe kein Gebet mehr als an sie –, und am Ende zeigt Werthers Abschiedsbrief in edler Ekstase die völlige Verbindung" (HA, Band 6, 541).

(aus diesem Grund verachtet er ja auch seine Schreibtätigkeit, und mancher Interpret ist ihm darin nur zu willig gefolgt)[15], die Logik des Unbewußten aber gerade hier dafür sorgt, daß er an dieser Stelle den Signifikanten des Schrei(b)ens (B) haufenweise einsetzt: „ich sitze oft auf den O*bst*bäumen in Lottens *B*aumstück mit dem O*bst*brecher, der langen Stange, und hole die *B*irnen aus dem Gipfel". Im Zusammenhang mit den *B*lüten, die an dieser Stelle am Anfang seiner Ausführung stehen, und von denen wir schon gesehen haben, auf welche Weise sie mit dem Wort zusammengehören, ergibt sich eine Opposition *B*lüten/*B*irnen, die genau mit der Unterscheidung in der angeführten *Phaidros*-Stelle korrespondiert.[16] Vorerst läßt sich nun der Vergleich weiterführen: Die reifen Früchte (die gute Schrift) haben schon immer den richtigen Adressaten gefunden: „Sie steht unten und nimmt sie ab, wenn ich sie ihr herunterlasse". Die gute Schrift als Wissensvermittlung für Wissende kommt immer an. Die vergänglichen Blüten aber zerstreuen sich restlos, wie Buchstaben in einem Text, die rational gesehen an sich nicht signifikant sind, aber unaufhörlich in dem jeweiligen Leser nach der Freiheit streben, anderes zu bedeuten.[17] Das

---

[15] Vgl. etwa Zimmermann, 198. Auf dessen Argumentationsweise gerade in diesem Zusammenhang komme ich weiter unten zurück.

[16] Dies um so mehr, als der Blüten-Signifikant im *Werther* einmal auch die für Sokrates negativen Bedeutungswerte des Spieles, des Festes, der Verschwendung aktualisiert. „Nun verdrießt mich nichts mehr, als wenn die Menschen einander plagen, am meisten, wenn junge Leute in der Blüte des Lebens, da sie am offensten für alle Freuden sein könnten, einander die paar guten Tage mit Fratzen verderben und nur erst zu spät das Unersetzliche ihrer Verschwendung einsehen" (2. I 1. Julius, 410).

[17] Vgl. Roland Barthes in: *Erté*, F. M. Ricci, Mailand 1973: „Le sens n'est jamais simple (sauf en mathématiques) et les lettres qui forment un mot, quoique chacune d'elle soit *rationnellement* insignifiante (...), cherchent en nous, sans cesse, leur liberté, qui est de signifier autre chose" (Neuabdruck in: Roland Barthes, *L'obvie et l'obtus. Essais critiques III*, Collection ‚Tel Quel', Editions du Seuil, Paris 1982, 111). Zum methodologischen Verständnis der Interpretation, die hier am Leitfaden des Schrift-Signifikanten (B) geleistet wird, ist Barthes' Unterscheidung zwischen drei semantischen Produktionsebenen hilfreich: 1. die Ebene der *Kommunikation:* Informationsvermittlung, Vehikelsprache. 2. die Ebene der Bedeutung *(signification):* es sind die symbolischen Ordnungen, die einem allgemeinen Symbolreservoir entspringen und nach der jeweiligen Autorintention zur Darstellung gebracht werden. 3. die Ebene der *signifiance,* die einen unbestimmten „dritten Sinn" produziert. Dazu Barthes: „Je lis, je reçois (probablement même, en premier), évident, erratique et têtu, un troisième sens. Je ne sais quel est son signifié, du moins je n'arrive pas à le nommer, mais je vois bien les traits, les accidents signifiants dont ce signe, dès lors incomplet, est composé (...). Je ne sais pas si la lecture de ce troisième sens est fondée – si on peut la généraliser –, mais il me semble déjà que son signifiant (les traits que je viens de tenter de dire, sinon de

gesprochene Wort muß Schrift werden und also sterben (man beachte das Anagramm, das das *Streben* nach Freiheit auf das *Sterben* verweist — es ist Werthers Geschick selbst[18] —), um dann in der spannungsvollen Unbestimmtheit eines nicht mehr teleologisch orientierten Sinnes immer neu geboren zu werden.

Wenn aber die (schlechte) Schrift ihren Sinn nicht mehr als defiziente Wiederholung und Fixierung eines ursprünglich Gemeinten versteht, wenn der Schreibakt immer schon, wie bereits angedeutet, einen nie ganz einschätzbaren Einsatz des Unbewußten impliziert, weil der Signifikant jede Bewußtseinslage überspielt, dann liegt der Schluß nahe, daß der Sinn der Schrift nie ganz im Sichwissen des Schreibenden aufgeht. Ganz im Gegenteil zu Sokrates' Annahme definiert sich dann die Schrift als das ganz Andere des Wissens, und das heißt zugleich zwingend: als radikaler Bruch mit jedem wie auch immer legitimierten Sinnfundament.

Davon hat die angeführte Stelle Zeugnis abgelegt. Angesichts der jetzt erahnten Komplexität, Vielschichtigkeit und Widersprüchlichkeit von Werthers Diskurs mag es nun freilich befremdend wirken, daß mancher Interpret diesen Diskurs auf recht un?befangene Weise zur objektiven Richtschnur der Interpretation verstanden wissen will, was ja voraussetzt, daß besagter Diskurs fraglos als eindeutig gelten muß. Aus jetzt auch naheliegenden Gründen beruft sich ein solcher Interpret ausdrücklich und ostentativ auf die *erste* Fassung des Romans und hat alle Mühe, um die zweite Fassung, die an manchen Stellen in der Tat eine echte Herausforderung für das Kriterium der Ursprünglichkeit darstellt, aus dem eigenen Problemkreis zu bannen. In diesem Zusammenhang wird die Herausgeber-Fiktion vor allem von Klaus Müller-Salget besonders stark angegriffen —

---

décrire) possède une individualité théorique (...). Il excède la copie du motif référentiel, il contraint à une lecture interrogative (l'interrogation porte précisément sur le signifiant, non sur le signifié, sur la lecture, non sur l'intellection: c'est une saisie „poétique") (...). Par opposition aux deux premiers niveaux, celui de la communication et celui de la signification, ce troisième niveau — même si la lecture en est encore hasardeuse — est celui de la *signifiance*. Ce mot a l'avantage de référer au champ du signifiant (et non de la signification) et de rejoindre à travers la voie ouverte par Julia Kristeva, qui a proposé le terme, une sémiotique du texte" (a. a. O. 44—45). Es ist keine Frage, daß ich hier nur diese dritte Ebene der *signifiance* im Auge habe.

[18] Vgl. 2. I 22. Mai, 390: „Und dann, so eingeschränkt er ist, hält er doch immer im Herzen das süße Gefühl der Freiheit, und daß er diesen Kerker verlassen kann, wann er will." Werthers Verblendung und Naivität besteht hier freilich in seinem Glauben an die Macht menschlichen Wollens; an anderen Stellen, auf die noch eingegangen wird, legt er aber nahe, daß das Wollen auf das Es (im Freudschen Sinne) zu beziehen und daher nicht Ursache, sondern schon Effekt ist.

eine Verurteilung, die beredterweise nicht ohne Selbstwidersprüche und Verneinungen einhergeht. Müller-Salget kann seine Verlegenheit nicht verbergen, über diese Gestalt schreiben zu müssen, die ihm angesichts der ursprünglichen Intention Goethes und ersten Textgestalt als ein unwillkommener und unbegreiflicher Nachtrag erscheint; erst wenn er die Auseinandersetzung nicht mehr weiter aufschieben kann, heißt es gegen Ende seiner Studie (der schriftlich fixierten Version einer mündlich vorgetragenen Inauguraldissertation):

„Abschließend bleibt noch von einer bislang ganz vernachlässigten Person zu sprechen, von der des fiktiven Herausgebers nämlich" (541).

Doch wird dann bald deutlich, daß die Retardierung nur einer kurzschlüssigen moralischen Verurteilung Endgültigkeitscharakter verleihen sollte:

„Die klein-säuerlichen Zurechtrückungen im abschließenden Herausgeber-Bericht stehen in krassem Gegensatz zur unveränderten Vorrede wie auch zum Duktus des Briefkorpus selbst. Vor allem der unveränderte Schluß des Romans zeugt gegen solche Selbstzensur, denn er bringt ja geradezu eine Apotheose des Helden" (542).

Innerhalb dieses nachtträgerischen Argumentationszusammenhangs wird also das Unveränderte (die Vorrede, der Schluß) als Einrahmung auch der zweiten Fassung zum einzigen Relevanzkriterium, von welchem aus die zweite Fassung disqualifiziert wird. Dabei fragt sich Müller-Salget nicht, ob die sogenannten „Zurechtrückungen" nicht doch schon in der ersten Fassung (und zwar von Werther selbst) vertreten sind. Um die Frage beantworten zu können, soll man sie sich vergegenwärtigen. Das Neue am Herausgeber-Bericht in der zweiten Fassung kommt in folgender Passage zum Ausdruck:

„Was bleibt uns übrig, als dasjenige, was wir mit wiederholter Mühe erfahren können, gewissenhaft zu erzählen, die von dem Abscheidenden hinterlassenen Briefe einzuschalten und das kleinste aufgefundene Blättchen nicht gering zu achten; zumal da es so schwer ist, die eigensten wahren Triebfedern auch nur einer einzelnen Handlung zu entdecken, wenn sie unter Menschen vorgeht, die nicht gemeiner Art sind" (2. *Der Herausgeber an den Leser,* 476).

Es geht in diesem Einschub also um den Hinweis, daß das Selbstbewußtsein vielleicht nicht die ausreichende Instanz ist, von der aus jede einzelne Handlung voll und ganz beurteilt bzw. interpretiert werden könnte. Dies ist aber sehr genau das, was Werther in seinem mißlungenen Gespräch mit Albert betont: „Ich bin mehr als einmal trunken gewesen, meine Leidenschaften waren nie weit vom Wahnsinn, und beides reut mich nicht: denn ich habe in meinem Maße begreifen lernen, wie man alle außerordentlichen Menschen, die etwas Großes, etwas Unmöglichscheinendes wirkten, von jeher für Trunkene und Wahnsinnige ausschreien mußte" (2. I 12. August, 425–426). Und unmittelbar davor:

„Daß ihr Menschen, rief ich aus, um von einer Sache zu reden, gleich sprechen müßt: das ist töricht, das ist klug, das ist gut, das ist bös! Und was will das alles heißen? Wißt ihr mit Bestimmtheit die Ursachen zu entwickeln, warum sie geschah, warum sie geschehen mußte? Hättet ihr das, ihr würdet nicht so eilfertig mit euren Urteilen sein" (425) (erste Fassung: 308–309).

Man sieht es: Werther wie der Herausgeber bekennen sich zur rationalen Undurchsichtigkeit von Handlungen, die von „außerordentlichen" Menschen (Werther) oder Menschen „die nicht gemeiner Art sind" (der Herausgeber) geleistet werden. Für Müller-Salget ist aber die Relativierung von Werthers eigenmächtigem *Cogito* eine „Selbstzensur" des Autors, das heißt: Verdrängung des eigenen Cogito. Man sieht, wie Werther und Goethe für den mitfühlenden Interpreten auch im Unglück zusammenstehen. Daher Müller-Salget:

„Die mitfühlende Darstellung des Herausgebers der ersten Fassung ist auch von der Gesamtstruktur des Textes (!) her die einzig adäquate" (542).

Der Leser sollte sich demnach so anstellen, als ob es diesen zweiten Herausgeber-Bericht nie gegeben hätte, er sollte Werther recht geben gegen seinen Herausgeber, diesen Leichenschänder, der Werthers Tod ausnützt, um Briefe und sogar „das kleinste aufgefundene Blättchen" zu veruntreuen und herauszugeben. Implizit (und daher um so gewaltiger) wird hier der Schrift-Verurteilung gefolgt, wie sie Sokrates in der schon einmal angeführten *Phaidros*-Stelle legitimiert: Ein Skandal sei die Schrift, die ohne die Hilfe ihres Vaters irrt und so jedem Mißbrauch ausgesetzt ist. Den Einschub des Herausgebers, der in der Sicht von Müller-Salget Werther zu einem pathologischen Fall degradiere, kann er also folgendermaßen zurückweisen:

„Angesichts dieser Änderungen muß man bedauern, daß Goethe sich nicht an Werthers Einsicht aus dem Brief vom 15. August 1771 gehalten hat" (542).

An dieser Stelle argumentiert Werther als der Logozentriker, der er bewußt ja auch ist: Über das Geschriebene (das Buch) urteilt er bruchlos und einseitig von der Stimme her; interessanterweise schöpft Müller-Salget seine Argumente nur aus dieser einen Schicht von Werthers Diskurs, die er ja auch konsequent (aber nicht ohne zensierende Gewalt) mit der „Gesamtstruktur" des Textes identifiziert wissen will. Die Stelle knüpft an Werthers Hinweis an, die Kleinen verfolgten ihn um ein Märchen, das sie von ihm erzählt bekommen wollen:

„Ich lerne viel dabei, das versichre ich Dich, und ich bin erstaunt, was es auf sie für Eindrücke macht. Weil ich manchmal einen Inzidentpunkt erfinden muß, den ich beim zweitenmal vergesse, sagen sie gleich, das vorigemal wär' es anders gewesen, so daß ich mich jetzt übe, sie unveränderlich in einem singenden Silbenfall an einem Schnürchen weg zu rezitieren. Ich habe daraus gelernt, wie ein Autor durch eine zweite veränderte Ausgabe seiner Geschichte, und wenn sie poetisch noch so besser geworden wäre, notwendig seinem Buche schaden muß. Der erste Eindruck findet uns willig, und der Mensch ist gemacht, daß man ihn das Abenteuerlichste überreden kann; das haftet aber auch gleich so fest, und wehe dem, der es wieder auskratzen und austilgen will!" (2. I 15. August, 430).

Man kann zunächst in dieser Argumentationsweise Benjamins Definition der „alten Romantik" wieder erkennen, gegen die man die schon zitierte sprengende Bedeutung (roman = Balken) ausspielen kann. In dem Essay *Romantik. Eine nicht gehaltene Rede an die Schuljugend* heißt es:

„Das ist die alte Romantik, genährt nicht von uns, nicht von unseren Besten, sondern von denen, die uns zu einer tatenlosen Nachbetung des Bestehenden erziehen wollen"[19].

Ferner ist es nicht wenig befremdend, daß gerade der Interpret, der Goethe der „Selbstzensur" bezichtigt, sich zum Zensor schlechthin aufwirft, und zwar dadurch, daß er sich so anstellt, als ob Werthers Worte durchgängig als Gegensatz zur Position des Herausgebers gelten könnten, wo doch gerade gezeigt wurde, daß sie in einem wesentlichen Punkt, der Infragestellung des eigenmächtigen *Cogito,* genau zusammenfallen. Was Müller-Salget verdrängen möchte und deshalb zensuriert, ist nichts anderes als eine Auffassung von der Schrift, die seinem eigenen Logozentrismus und Vertrauen auf die Ursprünglichkeit als Repräsentanzkriterium des Werkes entgegensteht. Seine Bezugnahme auf Werthers Aussage über die „zweite veränderte Ausgabe seiner Geschichte" wäre nur dann ein Argument, wenn er ausweisen könnte, daß sie in der Tat nur so gelesen und verstanden werden kann. Da müßte man aber zeigen, daß „der erste Eindruck" wirklich der erste, und nicht etwa schon Effekt oder Wirkung eines vorgängigen Eindrucks ist. Gerade das aber ist der Fall im *Werther,* wie die Analyse des Romanbeginns in der zweiten Hälfte der vorliegenden Interpretation herausstellen soll. Und dabei wird sich auch herausstellen, daß der vorgängige Eindruck selbst nicht auf einen einheitlichen Ursprung reduziert werden kann, sondern Effekt einer Differenz ist, die das Spiel der signifikanten Unbestimmtheiten in Werthers Diskurs, wie sie weiter unten kurz herausgearbeitet werden, überhaupt erst ermöglicht. Wenn dies – vorerst noch eine Hypothese – stimmig ist, dann kann man den vermeinten Sinn von Werthers Aussage am 15. August umstülpen: Da erscheint der Interpret, der Müller-Salget fraglos zu folgen bereit ist, als derjenige, dem man „das Abenteuerlichste überreden kann", weil er allzu „willig" ist, einem oberflächlichen Wort-laut zu vertrauen, dabei aber ganze Schichten in Werthers Diskurs „auskratzen" und „austilgen" muß, wozu etwa die

---

[19] Walter Benjamin, *Gesammelte Schriften,* Band II·1: *Aufsätze, Essays, Vorträge.* edition suhrkamp, herausgegeben von Rolf Tiedemann und Hermann Schweppenhäuser, 46.

unmögliche Durchrationalisierbarkeit und Fundierung von menschlichen Handlungen in dem jeweiligen (Aussage)Willen des Handelnden gehört.

Werther wähnt von den Kindern Eindeutiges gelernt zu haben, zu denen er ja auch ein liebevolles Verhältnis hat (2. I 15. Mai, 386). Fragwürdig scheint aber diese Eindeutigkeit, wenn man diese Stelle im Zusammenhang mit den anderen Briefstellen liest, in denen Werther von diesem Motiv der Kinder bzw. des Kindseins her argumentiert. Am 6. Julius drückt Werther folgende „Wahrheit" aus:

„Wir sollen es mit den Kindern machen wie Gott mit uns, der uns am glücklichsten macht, wenn er uns in freundlichem Wahne so hintaumeln läßt" (414).

Die Parallele mit Gott zeigt, daß das Verhältnis zu den Kindern für Werther existenzielle Bedeutung hat, und so ist es nur konsequent, wenn er das Kindsein mit dem Innersten, das ihn vor allen anderen Menschen auszeichnet, seinem Herzen, identifiziert: „Auch halte ich mein Herzchen wie ein krankes Kind; jeder Wille wird ihm gestattet" (2. I 13. Mai, 386). Doch ist auch diese Aussage nicht ganz eindeutig; denn einerseits zeigt ja das Wort „gestatten", daß Werther doch noch ein vertikales Herrschaftsverhältnis zu seinem Herzen hat (zu haben wähnt). Andrerseits rückt die Vorstellung von einem *kranken* Kind diese Stelle in die Nähe von Werthers resignierender Feststellung, man sei angesichts des Sterbens eines geliebten Menschen völlig machtlos:

„Und wenn die letzte bangste Krankheit dann über das Geschöpf herfällt, das du in blühenden Tagen untergraben hast, und sie nun daliegt in dem erbärmlichen Ermatten, das Auge gefühllos gen Himmel sieht, der Todesschweiß auf der blassen Stirne abwechselt und du vor dem Bette stehst wie ein Verdammter, in dem innigsten Gefühl, daß du nichts vermagst mit deinem ganzen Vermögen, und die Angst dich inwendig krampft, daß du alles hingeben möchtest, dem untergehenden Geschöpfe einen Tropfen Stärkung, einen Funken Mut einflößen zu können" (2. I 1. Julius, 412).

Das Zusammenrücken beider Textstellen wird über das Krankheitsmotiv hinaus noch dadurch legitimiert, daß Werther im ersten Satz dieses Briefes die Gleichsetzung Kranker/Herz noch einmal artikuliert: „Was Lotten einem Kranken sein muß, fühl' ich an meinem eigenen armen Herzen, das übler dran ist als manches, das auf dem Siechbette verschmachtet" (a. a. O. 408), und es ist für unsere Argumentation nicht unwichtig, daß auch in diesem Brief der Primat des Gefühllebens und des Körpers über das Rationale von verschiedenen Gestalten betont wird, wie etwa der Pfarrerin: „Wir haben aber unser Gemüt nicht in unserer Gewalt, versetzte die Pfarrerin: wie viel hängt vom Körper ab" (a. a. O. 410). Vor solchem Hintergrund erscheint demnach Werthers Verhältnis zu dem eigenen Herzen nicht mehr ein-fältig: er weiß zwar, daß es seine eigenen Gesetze hat, gibt sich jedoch der Illusion hin, er könne ihm jeden Willen *gestatten,* was auch bedeutet, er könne es in den Griff bekommen, wenn er es wollte.

Diese Illusion über die Macht des Bewußtseins durchzieht Werthers ganzen Diskurs, und es gehört daher auch zur Aufgabe einer Werther-Deutung, die verneinende Funktion dieser Illusion zu analysieren.[20] Ja, Werther argumentiert geradezu von dieser Illusion her, wenn er die Bewertung der Kinder folgendermaßen ins Positive gewendet haben will: „Sie sollen keinen Willen haben! — Haben wir denn keinen? Und wo liegt das Vorrecht?" (2. I 29. Junius, 408). Und schließlich werden am 22. Mai interessanterweise Kinder und Erwachsene noch einmal als *alter ego* charakterisiert, wobei aber die Undurchschaubarkeit des Willens (und damit sein Effektcharakter) im Mittelpunkt der Argumentation steht:

„Daß die Kinder nicht wissen, warum sie wollen, darin sind alle hochgelahrten Schul- und Hofmeister einig; daß aber auch Erwachsene gleich Kindern auf diesem Erdboden *herumtaumeln,* und wie jene nicht wissen, woher sie kommen und wohin sie gehen, ebensowenig nach wahren Zwecken handeln, ebenso durch *B*iskuit und Kuchen und *B*irkenreiser regiert werden: das will niemand gern glauben, und mich dünkt, man kann es mit Händen greifen" (389, Hervorhebung von mir).

Auf dem Wege einer solchen Argumentation, die in einer verblüffenden Nähe zu von Nietzsche in anderem Zusammenhang (der Auseinandersetzung mit Descartes' *Cogito*) vorgetragenen Gedanken steht, kommt Werther zu einer Verallgemeinerung, die zunächst freilich nichts mit

---

[20] Das setzt allerdings voraus, daß der Interpret sich nicht mehr blind an den Aussagewillen des Autors hält. Einem solchen Interpreten soll die Selbstverständlichkeit entgegengehalten werden, daß die vermeintliche Autorintention selbst nie mit letzter Sicherheit auszumachen ist, auch dann nicht, wenn sich der Autor explizit kommentierend auf sein Werk bezieht. Gerade am Beispiel des *Werther* hat Wolfgang Kayser exemplarisch dargestellt, was in der vorliegenden Studie aufgezeigt wird: Daß der Wille selbst nicht Ursache, sondern Effekt ist. Kayser zeigt, daß Goethes Äußerungen zum *Werther* in Dichtung und Wahrheit gerade nicht den Roman selbst meinen, sondern durch die Bemühung vermittelt sind, einem Freund in seelischer Not menschlich entgegenzukommen. Vgl. Wolfgang Kayser, *Die Entstehung von Goethes Werther,* in: *Kunst und Spiel.* Fünf Goethe-Studien, Vandenhoeck & Ruprecht, Göttingen ²1967, 5–29. Es bedarf keiner allzu großen geistigen Anstrengungen, um folgende Nietzsche-Betrachtung aus dem *Nachlaß der achtziger Jahre* auf unseren Zusammenhang zu beziehen: „Kritik des Begriffs ‚Ursache'. — Wir haben absolut keine Erfahrung über eine Ursache; psychologisch nachgerechnet, kommt uns der ganze Begriff aus der subjektiven Überzeugung, daß wir Ursache sind, nämlich, daß der Arm sich bewegt . . . Aber das ist ein Irrtum. Wir unterscheiden uns, die Täter, vom Tun, und von diesem Schema machen wir überall Gebrauch, — wir suchen nach einem Täter zu jedem Geschehen. Was haben wir gemacht? Wir haben ein Gefühl von Kraft, Anspannung, Widerstand, ein Muskelgefühl, das schon der Beginn der Handlung ist, als Ursache mißverstanden, oder den Willen das und das zu tun, weil auf ihn die Aktion folgt, als Ursache verstanden" (Werke in sechs Bänden, herausgegeben von Karl Schlechta, sechster Band, 767).

Nietzsches Gedankengut gemeinsam zu haben scheint: „Guter Gott von deinem Himmel, alte Kinder siehst du und junge Kinder und nichts weiter;" (2. I 29. Junius, 408). Aber hier wird eben unausgesprochen durch einen Beziehungssinn eine Identifikation Werthers mit Gottes Sohn vollzogen, die paradoxerweise zur Erschütterung von Gottes Macht führen soll. Zuerst die unausgesprochene Identifikation: Werther knüpft folgendermaßen an die gerade zitierten Worte an: „und an welchen du mehr Freude hast, das hat dein Sohn schon lange verkündigt" (a. a. O.). — Aber eben auch Werther in bewußter Wiederholung der Worte Christi:

„Ja, lieber Wilhelm, meinem Herzen sind die Kinder am nächsten auf der Erde. Wenn ich ihnen zusehe und in dem kleinen Dinge die Keime aller Tugenden, aller Kräfte sehe, die sie einmal so nötig brauchen werden; wenn ich in dem Eigensinne künftige Standhaftigkeit und Festigkeit des Charakters, in dem Mutwillen guten Humor und Leichtigkeit, über die Gefahren der Welt hinzuschlüpfen, erblicke, alles so unverdorben, so ganz! — immer, immer wiederhole ich dann die goldenen Worte des Lehrers der Menschen: Wenn ihr nicht werdet wie eines von diesen!" (a. a. O. 407—408).

Werthers Entscheidung für die Kinder identifiziert ihn mit Christi gleichlautender Verkündigung. Wer jetzt aber meinte, nun sei damit der Schrift-Motivik zugunsten der religiösen Deutung doch restlos gekündigt, würde nur den Fallstricken der Schrift blind folgen, denn ihr Geschick ist der Vatermord, und die Identifikation mit Gottes Sohn ist nur ein Schritt in dieser Richtung, und Werthers Umdeutung des Gleichnisses von dem verlorenen Sohn (2. II 30. November, 473 f.) ein weiterer.[21] Das Bekenntnis zu Gott als letzter Instanz geht in Werthers Diskurs Hand in Hand mit der (im Widerspruch zu den Äußerungen über ein ihn überwältigendes

---

[21] An dieser Stelle wird sogar explizit, wie Werther sich über Gottes *Willen* hinwegsetzt: „Ich bin wieder da, mein Vater! Zürne nicht, daß ich die Wanderschaft abbreche, die ich nach deinem Willen länger aushalten sollte" (a. a. O. 474—475). Auf diese Stelle wird weiter unten im Zusammenhang mit der Vaterproblematik genauer eingegangen. Hier sollte trotzdem festgestellt werden, daß Erich Trunz diese Stelle *nicht* in seine Liste der Bibelanklänge im Werther aufnimmt (a. a. O. 578—579). Dies wirkt um so befremdender, als er pauschal feststellen muß, daß „die wesentlichsten dieser Stellen sich auf Werthers unmittelbares Verhältnis zu dem *Vater* (beziehen)". Dieses Versehen hat aber seine Gründe: Widerspricht doch diese eigenwillige Umdisponierung zugleich der Kontinuitätsthese und der einseitig religiösen Interpretation, die Trunz auch in diesen Bibelanklängen bestätigt sehen will (a. a. O. 578). Ein notwendiges Versehen also, der im Dienste des Willens zum Sinn steht, was nur ein anderes Wort für den Willen zur Macht ist (Nietzsche, a. a. O. 503):
„Unsere Werte sind in die Dinge hineininterpretiert.
Gibt es denn einen Sinn im An-sich?
Ist nicht notwendig Sinn eben Beziehungs-Sinn und Perspektive?
Aller Sinn ist Wille zur Macht (alle Beziehungs-Sinne lassen sich in ihn auflösen)."

„Wollen"[22] stehenden) verneinenden Hervorhebung der Macht des Bewußtseins, wie sie im Brief vom 6. Dezember (2. II 475) zum Ausdruck kommt:

„Wie mich die Gestalt verfolgt! Wachend und träumend füllt sie meine ganze Seele! Hier, wenn ich die Augen schließe, hier in meiner Stirne, wo die innere Sehkraft sich vereinigt, stehen ihre schwarzen Augen. Hier! Ich kann Dir es nicht ausdrücken. Mache ich meine Augen zu, so sind sie da; wie ein Meer, wie ein Abgrund ruhen sie vor mir, in mir, füllen die Sinne meiner Stirn.

Was ist der Mensch, der gepriesene Halbgott! Ermangeln ihm nicht eben da die Kräfte, wo er sie am nötigsten braucht? Und wenn er in Freude sich aufschwingt oder im Leiden versinkt, wird er nicht in beiden eben da aufgehalten, eben da zu dem stumpfen kalten Bewußtsein wieder zurückgebracht, da er sich in der Fülle des Unendlichen zu verlieren sehnte?"

Wie die Berufung auf Gott (den Ursprung des Logos) ist die resignierende Anerkennung der Macht des Bewußtseins Verneinung des Schreibens. So ist es nur zu konsequent, daß der Romanteil, der aus den von Werther selbst geschickten Briefen besteht, damit abschließt – geht doch Werthers Aussagewille in dieser seiner logozentrischen Schicht seines Diskurses auf. Dieses wichtige Strukturelement gilt jedoch nur für die zweite Fassung des Romans, noch nicht aber für die erste. Da aber die zwei Briefe, die in der ersten Fassung auf den Brief vom 6. Dezember folgen, in der zweiten Fassung nur nachgerückt sind und (mit leicht verändertem Datum)[23] unter den „von dem Abscheidenden hinterlassenen Briefe(n)" (*Der Herausgeber an den Leser*, 2. 476) zu finden sind, hängt solches Arrangement mit der Leistung des fiktiven Herausgebers zusammen. Dieser ist also indirekt für einen Effekt verantwortlich, in dem die Gesamtstruktur von Werthers Diskurs pointiert erscheint: Denn im ersten Teil dieses Briefes erwähnt Werther Lotte, ohne sie jedoch zu nennen, und greift dabei zu Formulierungen, die er zwar schon im Zusammenhang mit Charlotte eingesetzt hat, aber auch *vor* der Bekanntschaft mit ihr – ein Interpretationsstrang, der weiter unten genauer verfolgt wird; vorerst soll der Hinweis genügen, daß Werthers bewußter Aussagewille gerade in einem Brief durch Verflechtungen auf der Signifikantenebene offenbar überspielt wird, in dem er explizit an der Macht des Bewußtseins festhält. Solche Verflechtungen produzieren erst den Text und sind dadurch auch relevanter als der Wille auch eines Interpreten, der solche Verflechtungen nicht sehen kann, weil er Werthers logozentrische Vorurteile teilt. Dieser Wille zum logozentrisch bedingten Sinn hatte ihn auch dazu verführt, den Herausgeber mit Argumenten

---

[22] Vgl. am 30. Julius (2. 1 421): „Dem sei nun wie ihm wolle!"
[23] Der Brief vom 8. Dezember (erste Fassung) entspricht dem Brief vom 12. Dezember in der zweiten Fassung. Der Brief vom 17. Dezember (erste Fassung) entspricht in der zweiten Fassung dem Brief vom 14. Dezember.

herausgehen lassen zu wollen, von denen wir ausgegangen sind, um deren Unhaltbarkeit aufzuzeigen. Der Text als Produktion von Verflechtungen auf der Signifikantenebene läßt dem Unbewußten Raum[24], steht daher

---

[24] Es ist hier der Ort, bereits Angedeutetes aus einer neuen Perspektive heraus radikalisierend zu beleuchten. Mit Absicht wurde vermieden, bei der Analyse des *Werther* von dem Begriff des Briefromans auszugehen. Denn es wird im neueren Literaturverständnis immer deutlicher, daß nicht der Briefroman von der Romangattung herzuleiten ist, sondern umgekehrt, daß der Roman, die Literatur, ja das Schreiben schlechthin vom Briefroman her zu denken ist (und auch in diesem Sinne gewinnt das Wort „roman" die Bedeutung wieder, die es bei Benjamin hat. 1977 hat Lucien Dällenbach in seinem Buch *Le récit spéculaire* (siehe Anm. 13) vom Problem der Herausgeber-Fiktion ausgehend beiläufig darauf hingewiesen, daß „De là à penser que cette implication mutuelle du récit d'une aventure et de l'aventure d'un récit puisse exister à l'état pur — et en dehors de la forme épistolaire —, il n'y a qu'un pas que la seule existence de la *Recherche* (gemeint ist Prousts *A la recherche du temps perdu*, Ph.F.) nous déciderait à franchir, — mais aussi la prise de conscience que les questions thématisées par la forme épistolaire, en temps que questions posées par la situation énonciative elle-même, sont assez générales pour concerner tout récit et l'induire, au moins tangentiellement, à leur donner réponse" (119—120). Neuerdings hat Jacques Derrida diese Problematik in *La carte postale* (Flammarion, Paris 1980) auf höchst unakademische und anregende Weise dargestellt; in der Form von ‚Liebesbriefen' wird da über die Postkarte, deren Geschick und Wandelwege reflektiert. Derrida zeigt, daß das „Subjekt" eines solchen Komplexes weder der Schreibende noch der Absender oder der Empfänger ist, sondern der Weg selbst, auf dem besagte Personen nur Funktionen sind. Er wendet sich damit gegen eine privatisierende Interpretation der Postkarte/des Textes, die immer dahin geht, den Text an den Absender zurückzuschicken (es ist ja auch die Tendenz, die die drei von mir pars pro toto anvisierten Interpretationen von Trunz, Müller-Salget und Zimmermann vertreten). Charakteristisch für das Geschick der Postkarte, die immer schon den Charakter eines offenen Briefes habe (41), sei dessen Unkontrollierbarkeit, und es sei ein Effekt ihrer offenen Struktur, daß der Anteil des Unbewußten beim Schreiben nie voll auszurechnen sei; folglich lasse sich der Sinn nie ganz von einer wie auch immer gearteten Interpretation einholen: „Ce qui les déroute surtout dans leur dépistage, c'est que le simulacre épistolaire ne soit pas stabilisable, installable, et surtout pas intentionnel, pas nécessairement et de part en part (...). Mais voilà, on ne sait jamais, la part d'inconscient elle-même n'est jamais proprement déterminable, et cela tient à la structure cartepostalée de la lettre" (98—99). Vor diesem Hintergrund rechtfertigt sich auch der insistierende Einsatz des (B)-Signifikanten in der Reihe Brief/Buch/ Buchstabe (aber nicht nur in ihr) dadurch, daß er einerseits den Unterschied zwischen diesen drei Formen des Schreibens verwischt und demnach auch andrerseits die Homonymie im Französischen (*lettre* als *B*rief und *B*uchstabe zugleich) wenigstens annähernd wiederzugeben vermag. Aus den genannten Gründen komme der Sinn der Postkarte nie voll an, ja, es ließe sich sagen, daß es der Struktur der Postkarte ankommt, daß sie nie ganz ankomme, und zwar auch dann, wenn sie ankommt: „Pour pouvoir ne pas arriver, cela doit comporter en soi

über jeder „Absicht", jeder „Intention", jedem „Aussagewillen" und sorgt dafür, daß der Herausgeber herausgeben kann: Auch hier entspricht der Einsatz des (B)-Signifikanten der Beachtung des Schreibens gegen die enttextualisierende Erklärung. Dieses (B), das das Schreiben freimacht, ist auch das (B), das für die „dunkle *B*egierde", das *B*egehren" und „das un*b*ekannte To*b*en" steht (alles Ausdrücke von Werther), alles Synonyme der Trie*b*e, des Un*b*ewußten, dessen Selbstentfaltung gerade das Schreiben auszeichnet.[25] Es ist daher ein Zu- und Glücksfall der Sprache, daß beide

---

une force et une structure telles, une dérive de destination, que cela doit aussi ne pas arriver (à destination) de toute façon. Même en arrivant (toujours à du ‚sujet'), la lettre se soustrait à l'arrivée. Elle arrive ailleurs, toujours plusieurs fois" (135). Der Brief/der Text habe seinen Sinn nie in einer Einheit versammelt gehabt, sobald er abgeschickt werde, zerstreue er sich auch: „se divise, se met en morceaux, tombe en carte postale" (90). — Man sieht, welche Bedeutung diese Gedanken(rand)gänge für die vorliegende Studie haben. In diesem Sinne ist auch Werthers Aussage vom 27. Mai über einen seiner Briefe auf den gesamten Briefkorpus anzuwenden, ja auf die Textualität überhaupt: „Ich bin, wie ich sehe, in Verzückung, Gleichnisse und Deklamation verfallen und habe darüber vergessen, Dir auszuerzählen, was mit den Kindern weiter geworden ist. Ich saß, ganz in malerische Empfindungen vertieft, die Dir mein gestriges Blatt *sehr zerstückt* darlegt . . ." (2. I 392, Hervorhebung von mir). Von Bedeutung ist hier auch, daß Werther die „Zerstückelung" des Briefes mit der Ausschaltung des Bewußtseins („Verzückung", „in malerische Empfindung vertieft") in Zusammenhang bringt. Solche Ausführungen wenden sich gegen die zwei Hauptmerkmale (Wertschätzungen, Vorurteile) der logozentrischen Naivität eines Trunz, Müller-Salget oder Zimmermann, nämlich den Glauben an eine kontinuierliche Entwicklung des Textes einerseits und an die Möglichkeit einer Wiedereinsammlung des Sinnes im Bewußtsein des einheitlich-selbstdurchsichtigen Subjekts „Autor".

[25] Vgl. Anm. 20. Dem ist hier folgendes hinzuzufügen: Gerade weil sie selbst Interpretation, also Wirkung ist, kann die Intention des Autors nie mit letzter Bestimmtheit ausgemacht werden. Damit wird sie zugleich anerkannt — denn sie einfach als irrelevant zu leugnen wäre im Grunde auch eine bereits klassische Interpretationsgebärde — aber eben nur als ein Moment unter anderen, das vor anderen Interpretationswegen keinerlei Vorrang hat, wohl genauer gesagt: das selbst auf dem Interpretationsweg eingeschrieben ist; als Interpretation will die Intention des Autors selbst interpretiert werden, und zwar nicht psychologisch, sondern in der Konfrontation mit der Analyse der Textualität des Textes (als psychologisches Problem würde sie wieder in die Kategorie der Enttextualisierungsverfahren gehören, vgl. Anm. 2). Würde man Goethes Werther-Äußerungen genauer analysieren, so ergäbe sich wahrscheinlich, daß sie durch bisher verdrängte Kraftlinien des Textes in ein völlig anderes Licht rücken als bisher in der psychologisierenden Kritik dargelegt wurde. So konfrontiert Goethe im 12. Buch von Dichtung und Wahrheit (Band 10, 592) Gedanken über „das Büchlein Werther" nicht etwa mit Charlotte Buff, sondern mit der Sesenheimer Zeit, und zwar mit Worten („Leere im Busen", „Lücken eines Autorlebens auszufüllen"), die

Dimensionen in dem einen Wort zusammenfallen, das der Herausgeber zur Bezeichnung der verdeckten Motive „auch nur einer einzelnen Handlung" einsetzt:

> „Was *bleibt* uns *übrig*, als dasjenige, was wir mit wiederholter Mühe erfahren können, gewissenhaft zu erzählen, die von den *Ab*scheidenden hinterlassenen *Br*iefe einzuschalten und das kleinste aufgefundene *B*lättchen nicht gering zu achten; zumal da es so schwer ist, die eigensten wahren *Triebfedern* auch nur einer einzelnen Handlung zu entdecken, wenn sie unter Menschen vorgeht, die nicht gemeiner Art sind" (Hervorhebung von mir, Ph. F.).

Trieb-Feder: Von jetzt an ist dieses Wort auch noch als eine signifikante und unverzichtbare Tautologie zu verstehen.

Es ist leicht einsichtig, daß das Sich-Verwickeln mancher Interpreten in die Aporien der Autorintention[25] und des von Goethe „bewußt Gemeinten" auf das ausbleibende Reflektieren über das Verhältnis von Unbewußtem und Schreiben zurückzuführen ist. Wichtiger aber ist es, die Notwendigkeit dieses ausbleibenden Reflektierens in ihren verborgenen Gründen sichtbar zu machen. Solche Interpreten fühlen sich im Einklang mit dem Mitteilungsgeschehen des Textes, weil sie offenbar Werthers logozentrische Voraussetzungen und Vorurteile teilen; sie kritisch zu hinterfragen käme demnach einer Kritik des eigenen kritischen Diskurses und seiner Genesis[26] gleich, die dem verborgenen Willen zur Macht im Wege steht. Aus einer anderen Perspektive gesehen: Erst im Bruch mit einer vermeintlichen Textkohärenz bestehen Ansätze des Verstehens; die Identifikation

---

im Werther verdichtet werden (2. II 19. Oktober, 465, vgl. die Ausführungen zu dieser Stelle weiter unten). Sehr konsequent erkennt an dieser Stelle Goethe mit alltäglichen Worten die Macht des verdrängten Begehrens: „ich befand mich daher in einer Lage, wo uns die Neigung, sobald sie nur einigermaßen verhüllt auftritt, unversehens überschleichen und alle guten Vorsätze vereiteln kann" (a. a. O.). Die triviale Gleichsetzung Goethe/Werther wird an dieser Stelle auch dadurch entschärft, daß Goethe ganz im Gegensatz zu Werther von dem Trieb spricht, „das nächst Vergangene festzuhalten". Werther dagegen am 4. Mai: „ich *will* das Gegenwärtige genießen, und das Vergangene soll mir vergangen sein" (2. I 4. Mai, 383, Hervorhebung von mir).

[26] Nietzsche spricht in solchem Zusammenhang von der „Tartüfferie der *Wissenschaftlichkeit":* „Ich wehre mich gegen alle Tartüfferie von falscher Wissenschaftlichkeit:

1. in bezug auf die Darlegung, wenn sie nicht der Genesis der Gedanken entspricht;
2. in den Ansprüchen auf Methoden, welche vielleicht zu einer bestimmten Zeit der Wissenschaft noch gar nicht möglich sind;
3. in den Ansprüchen auf Objektivität, auf kalte Unpersönlichkeit, wo, wie bei allen Wertschätzungen, wir mit zwei Worten von uns und unseren inneren Erlebnissen erzählen (...)"

Aus der Seele geschrie(b)en?

mit der – noch so massiv betonten – Bewußtseinsebene des Textes erweist sich als Hindernis, nicht als förderndes Element des Verstehens. Und die – auf welche Weise auch immer – privatisierende Auffassung von dem Brief(roman) (siehe Anm. 24), die etwa Erich Trunz zur naiven methodischen Empfehlung verführt, man solle als Leser Werther so freundlich gesinnt sein wie sein *ursprünglicher Adressat* Wilhelm[27], gehört selbstverständlich in diesen Zusammenhang. Erst recht aber scheint mir das faszinierte Bekenntnis zur vermeintlichen Autorintention von dem unreflektierten Ideal der Analyse gelenkt, dieselbe sei nur und erst dann konsequent, wenn sie die Vielfalt der textuellen Kraftlinien (die nicht linear sich zu entwickeln brauchen) *zu einer Einheit vereinfältigt hat.* Weil aber diese einfältige Einheit im Text selbst kaum auszumachen ist, beruft man sich auf den selbstbewußten Autor als letzte Sinninstanz, die aber nur deshalb als intertextuelle Größe erscheinen kann, weil der Aussagewille zur einzigen Ursache des Textsinnes erhoben wird. Daß diese Ursache also selbst schon Wirkung ist, wird deshalb tunlichst verdeckt oder verdrängt, weil der Interpret damit zugleich auch verdrängen kann, daß die Rückführung des Textes auf besagte Ursache selbst Wirkung einer unbewußten Verdeckungsstrategie zur Erhaltung der eigenen Macht ist. Ein im Zusammenhang mit unserer Problematik sehr aufschlußreiches Beispiel greife ich nun aus der Interpretation von Rolf Christian Zimmermann heraus, die nicht zuletzt durch die insistierende Berufung auf die Bewußtheit des

---

[27] „Der Leser, der die Briefe liest – wie Wilhelm sie las – empfindet sich gleichsam als den Freund, an den sie gerichtet sind; Wilhelm hat etwa die Funktion, die auf manchen Gemälden, die uns weite Bereiche zeigen, eine Rückenfigur im Vordergrund hat: wir sehen von ihr selbst nicht viel, aber wir blicken mit ihr ins Bild, und ihre Haltung wird auch zu der unseren; und so blicken wir mit freundschaftlichen, *verstehend*-besorgten Augen auf Werthers Erlebnisse" (545, Hervorhebung von mir). Daß sich Trunz hier zu dem Begriff des Verstehens versteigt, ist ein Beleg dafür, wie bei ihm Verstehen im Kontinuum einer Identifikation steht, die psychologisch-moralisierender Art ist, also Kategorien und Perspektiven, deren Einsatz das Verstehen eher verdeckt als fördert. In diesem Zusammenhang steht auch Trunz' Bewertung des Brief(roman)s, die mit den Ausführungen in Anm. 24 zu vergleichen sind: „Da *Werther* der Roman des Subjektivismus ist, hat er eine Form, die vom Ich ausgeht: es ist ein Briefroman. Alle Briefe stammen von dem Helden selbst. Sie werden zur Geschichte einer Seele. Alle geschilderten Geschehnisse sind also nur solche, die den Schreiber innerlich berühren. Ein Brief kann von Ereignissen überspringen zu Gefühlen, Betrachtungen, Gedanken; er kann Stimmungen durch Klang und Form vermitteln; er kann fragmentarisch sein. **Diese Briefform des *Werther*-Romans ist kein technischer Vorwand des Dichters. Wir spüren aus den Briefen die Person des Empfängers, Wilhelm, mit dem Werther engstens befreundet ist (...)"** (ebd.).

Autors und das durchgehend voluntaristische Vokabular[28] gekennzeichnet ist. Es ist in solcher Argumentationsperspektive keine Überraschung, daß Zimmermann (in impliziter Anlehnung an Trunz' moralisches Urteil, Werther sei als Künstler nur ein Dilettant, 538) Werther als Schreiber nicht zum Künstler erheben will. Wie aber er zu diesem Zweck argumentiert, kann als Inbegriff des interpretatorischen Willens zur Macht verstanden werden:

„Der Einwand, Werther habe sich doch durch seine Briefe als echter Künstler erwiesen, ist leicht zurückzuweisen. Zunächst konnte *Goethe* die künstlerische Dichte seines *eigenen* Briefromans kaum einer zusätzlichen Charakteristik von *Werthers künstlerischer Impotenz* zuliebe opfern; wohl deshalb handelte er *Werthers artistische Ohnmacht* auch an der *bild*künstlerischer Ambition des Helden ab" (198, abgesehen von „*bild*künstlerischer Ambition" Hervorhebung von mir).

Ist man bereit, Zimmermann zu folgen, so muß man zugleich annehmen, daß Goethe gerade das macht, was er nicht tun wollte − ein allerdings irritierendes Ergebnis für den Verfechter der „Autorintention". Denn es ist ja völlig widersprüchlich, wenn Zimmermann zugleich behauptet, Goethe könne doch kaum seinem Buch durch „eine zusätzliche Charakteristik von Werthers künstlerischer Impotenz" schaden wollen und dafür die Erklärung gibt, er habe Werthers „artistische Ohnmacht" (= „künstlerische Impotenz") auch an seiner „*bild*künstlerischen Ambition" dargelegt, was doch heißen muß: nicht nur als „Schreiber", sondern auch als Zeichner und Maler, also in der Tat: „zusätzliche Charakteristik von Werthers künstlerischer Impotenz."

Ferner gibt Zimmermann implizit zu erkennen, daß solches Absprechen mit dem fiktionalen Charakter des Romans zusammenhängt (wovon die zunächst befremdend wirkende zusätzliche Bemerkung über Goethes *eigenen* Roman zeugt), daß er also die Autoreferenz des Textes nicht als methodische Perspektive anzuerkennen bereit ist, was mit der Vorstellung, der Sinn des Textes sei im Menschen, im Autor verortet, übereinstimmt: Zimmermann ist nur dort konsequent, wo es ihm auf zirkuläre Bestätigung der *eigenen* Intention ankommt. Und gerade dies wird schließlich dort überdeutlich, wo gezeigt werden kann, daß in Zimmermanns Argumentation der „Einwand" immer schon Vorwand ist, weil er die vorgetäuschte Frage immer schon beantwortet hat: Geht er doch gleich unkritisch von der Tatsache von Werthers „künstlerischer Impotenz" aus, die doch gerade das in Frage Stehende ist und erst nachgewiesen werden sollte! Es ist in der

---

[28] Auf der einen Seite (180) kommen gleich „der gestalterische Wille des Autors" und „die Intention des jungen Goethe" vor. Damit zusammenhängend wird Psychologismus explizit legitimiert: „Goethes Interesse an Werther wie an Christus war − wie an seinem ganzen Roman − ein psychologisches, kein theologisches" (181).

Tat „leicht" (ein Wort, das bei Zimmermann offensichtlich Verneinungscharakter hat), Einwände auf diese Weise „zurückzuweisen", wenn der Interpret alles vorentschieden hat und der Einwand nur der Selbstbestätigung dient. Das klaffende Mißverhältnis zwischen der „leichten" Beweisführung und deren kläglichem Ausgang zeigt jedoch, daß hier Entscheidendes verdrängt wird und daß der unreflektierte Wille zur Macht des Interpreten der einzige Ort, der einzige *topos* ist, wo Ursache und Wirkung bruch- und nahtlos zusammenfallen — mit anderen Worten: wo deren Zusammenhang als illusorisch entlarvt werden kann.

Zimmermanns stupende Un?befangenheit wirkt ebenfalls in dem enttextualisierenden Einsatz einer voluntaristisch angelegten Ironie (184: „die bewußte Ironie des Autors"). Wie der Text selbst dadurch zensuriert wird, soll hier an einem einzigen Beispiel erläutert werden, dessen Problemkreis (die Vater-Figur in Verbindung mit dem Schreiber) uns aber nicht mehr verlassen soll: Es geht zunächst um Werthers Homer-Rezeption. Von der banalen Feststellung ausgehend, daß Werthers Homerverständnis nicht mit der Textvorlage kongruent ist, überspringt Zimmermann die notwendige Analyse der Gründe mit dem Hinweis, daß hier „die Ironie Goethes auch unübersehbar" sei (187). Mit einer solchen Antwort auf die in der Tat weiterführende Frage meint nun Zimmermann, „die Funktion von Werthers Homer-Enthusiasmus *innerhalb der Symptomatik dieses Romanhelden* nicht zu oberflächlich (zu) verstehen" (187, Hervorhebung von mir), wo er doch einfach mit dem Autoritätsargument der „bewußten Ironie des Autors" die Interpretation dieses Motivs dadurch aufhebt, daß er die Gründe im letztlich unergründlichen, weil doch selbstdurchsichtigen Cogito Goethes verortet haben will. Ein noch so annäherndes Interesse an dieser Problematik würde dagegen zeigen, daß Werthers Homer-Verhältnis mit der Problematik der mütterlichen und väterlichen Sphäre und damit auch des lebendigen und toten Wortes unlöslich verbunden ist: Die ersten Zeilen des Briefes vom 13. Mai machen sichtbar, daß Homer für Werther kein Buch ist, sondern mütterlicher Gesang:

„Du fragst, ob Du mir meine Bücher schicken sollst? — Lieber, ich bitte Dich um Gottes Willen, laß sie mir vom Halse! Ich will nicht mehr geleitet, ermuntert, angefeuert sein, braust dieses Herz doch genug aus sich selbst; ich brauche Wiegengesang, und den habe ich in seiner Fülle gefunden in meinem Homer" (2. I 13. Mai, 385 f.)

In Homer findet Werther die patriarchalische Welt, an die ihn auch die Mädchen am Brunnen erinnern (2. I 12. Mai, 385). Der Homer-Text wird also von Werther als lebendige Stimme, als Redefluß empfunden: Der griechische Dichter-König hat also für Werther die Funktion, die der Gott Ammon in Sokrates' Mythos von Theuth übernimmt (Platon, *Phaidros*,

274 ff.). Ist dieser König aber unempfindlich für die Argumente des Theuth zugunsten des Buchstabens, so wird man Werthers Beschäftigung mit Homer erst dann gerecht, wenn man sie im Zusammenhang mit seinem Pendant Ossian erfaßt: „Ossian hat in meinem Herzen den Homer verdrängt" (2. II 12. Oktober, 464). Was bedeutet solcher Übergang? Danach fragt Zimmermann nicht: Weil er selbst in Goethes „bewußter Ironie" einen Ammon sieht, verdrängt er den Theuth, den Befürworter des Buchstabens. Das Problemfeld ist demnach bei Zimmermann *in absentia* abgesteckt: Wir haben an die Problematik des Schreibens im *Werther* so heranzugehen, daß die Supplementarität des Ossian nicht verdrängt und die *bild*künstlerische Ambition des Helden nicht verdeckt werden, wobei der Zusammenhang von Mutter, Vater und Tod sich immer mehr als der Leitfaden der Lektüre erweist.

2. Sich etwas von der Seele schrei(b)en

Die selbstbezogenen Ein- und Vorwände Zimmermanns haben wenigstens das Verdienst, den Umweg über Werthers künstlerische (auch *bild*künstlerische) Produktion — und das heißt auch: seinen Diskurs über die Kunst — unumgänglich zu machen. Vor dem Hintergrund der im ersten Teil der vorliegenden Studie entworfenen Prämissen können die Ergebnisse einer solchen Analyse von den gängigen Stellungnahmen zu dieser einen Textdimension des *Werther* nur denkbar entfernt sein, zugleich aber auch provisorischen Charakter haben. Das Feld, das hier erschlossen wird, ist so weit, daß manches noch umrißweise dargestellt werden muß.[29] Zur Förderung der Lesbarkeit werden im folgenden drei Schwerpunkte nacheinander ins Auge gefaßt, die im Werther weitgehend ineinander verflochten sind und das Schrift-Motiv aus verschiedenen Perspektiven heraus mitkonstituieren.

---

[29] Eine umfassende Darstellung ist in französischer Sprache geplant, die auch zwei neuere *Werther*-Analysen mitzuberücksichtigen hat, die 1982 erschienen sind und für den vorliegenden Text nicht fruchtbar gemacht werden konnten: Hübner, Klaus: *Alltag im literarischen Werk. Eine literatursoziologische Studie zu Goethes Werther.* Julius Groos Verlag, Heidelberg 1982. Jauss, Hans-Robert: Rousseaus ‚Nouvelle Héloïse' und Goethes ‚Werther' im Horizontwandel zwischen französischer Aufklärung und deutschem Idealismus, in: *Ästhetische Erfahrung und literarische Hermeneutik,* Suhrkamp Verlag, Frankfurt 1982, 585–647.

a) Werthers kunsttheoretischer Diskurs und der Schattenriß als neues Paradigma

Werthers kunsttheoretischer Diskurs schlägt sich vorzugsweise in den ersten Briefen des Romans nieder und weist dabei eine scheinbar so offensichtliche Widersprüchlichkeit auf, daß man den Rekurs auf die vereinheitlichende Instanz der Autorintention zwar begreift, dafür aber nicht akzeptieren muß und vielmehr der eigenen Logik des Textes nachspüren soll. Der oft zitierte Brief vom 10. Mai (auch dies eine Art Verdrängungsprozeß) aktualisiert solche scheinbare Widersprüchlichkeit, wie sie das rationalisierende Bewußtsein haben will. Am herausforderndsten erscheint Werthers Ausruf:

„Ich bin so glücklich, mein Bester, so ganz in dem Gefühle von ruhigem Dasein versunken, daß meine Kunst darunter leidet. Ich könnte jetzt *nicht zeichnen, nicht einen Strich, und bin nie ein größerer Maler gewesen als in diesen Augenblicken*" (2.I 384, Hervorhebung von mir).

Werther betont hier einen Gedanken, den er später häufig wieder aufgreift, nämlich die Inkommensurabilität von erfüllendem Erleben und künstlerischer Tätigkeit. Auf widerspruchsvoll anmutende Weise erwähnt er hier das Zeichnen und Malen, zwei Formen der Kunsttätigkeit, die am 26. Mai (Zeichnen) und am 30. Mai (Malen) wieder auf den Plan gerufen werden. Ausgehend von dem Ideal der Dichtkunst als reinem Abschreiben[30] berichtet Werther am 30. Mai von der Idylle des Bauernburschen (2.I 393 ff.) und anerkennt dabei die bereits angedeutete Ohnmacht der Worte, das Leben lebendig darzustellen:

„Ja, ich müßte die Gabe des größten Dichters besitzen, um dir zugleich den Ausdruck seiner Gebärden, die Harmonie seiner Stimme, das heimliche Feuer seiner Blicke lebendig darstellen zu können. Nein, es sprechen keine Worte die Zartheit aus, die in seinem ganzen Wesen und Ausdruck war; es ist alles nur plump, was ich wieder vorbringen könnte" (394 f.).

In Werthers Ohnmachtserklärung wird hier beachtlicherweise sichtbar, daß auch das Wort des Dichters, das für ihn primär lebendiger Gesang ist (Homer, Klopstock), und nicht allein der bereits tote Buchstabe jeder lebendigen Darstellung im Wege steht. Schließlich bezieht Werther den Grund für das Scheitern nicht auf sich („Ja, ich müßte ..."), sondern prinzipiell auf die Darstellung durch Worte („Nein, es sprechen keine Worte ..."), ja vielleicht sogar (unbewußt) auf jede ‚Kunstideologie' der Darstellung. Folglich ist sein ‚Logozentrismus' besonderer Art, und man

---

[30] „Ich habe heut eine Szene gehabt, die, rein abgeschrieben, die schönste Idylle von der Welt gäbe; doch was soll Dichtung, Szene und Idylle? Muß es denn immer gebosselt sein, wenn wir teil an einer Naturerscheinung nehmen sollen?" (2. I, 30. Mai, 394).

kann hier vorausblickend die These wagen, daß es ein ‚Superlogozentrismus' ist, der immer in sein ‚Gegenteil' umzuschlagen droht. Denn es ist auch nicht so, wie der Schlußteil desselben Briefes zeigt, daß Werther nun das Erleben ‚an sich' verabsolutiert:

„Es ist besser, ich sehe sie durch die Augen ihres Liebhabers; vielleicht erscheint sie mir vor meinen eigenen Augen nicht so, wie sie jetzt vor mir steht, und warum soll ich mir das schöne Bild verderben?" (ibid., 395).

Auch das unmittelbar Erlebte ist immer schon (schönes) *Bild* geworden, und es ist, wenn es zu ‚voll' ist, auch ein Hindernis, und zwar für „die vorstellende Kraft" (2. I, 24. Julius, 419). Aus diesen Gründen will Werther am 30. Mai „bei der *Erinnerung* dieser Unschuld und Wahrheit" bleiben (Hervorhebung von mir), aus diesen Gründen ist es gerade nur die Erinnerung, die nicht nur eine er-innernde, sondern auch eine aufschiebende Kraft ist, welche die ‚Identifizierung' mit der Idylle, oder wohl besser, wie weiter unten gezeigt wird, die ‚Ent-stellung' der Idylle ermöglicht:

„Schelte mich nicht, wenn ich Dir sage, daß bei der *Erinnerung* dieser Unschuld und Wahrheit *mir die innerste Seele glüht*, und daß mich das *Bild* dieser Treue und Zärtlichkeit *überall verfolgt*, und das ich, *wie selbst davon entzündet*, lechzte und schmachte" (395, Hervorhebung von mir).

Denn mit der Erinnerung stellt sich ja auch „das Vergangene" wieder ein, das Werther „vergangen sein" sollte. Und vor diesem Hintergrund ist es nun von höchster Bedeutung, daß sich Werther seine ‚Argumente' aus einer idealen *Schrift* holt, der Tätigkeit, die durch das unbewußte bzw. verdrängte Vergangene motiviert wird und eben aus diesem Grund als unmögliches Ideal zurückgewiesen und doch anerkannt, *aufgehoben* werden muß: „Ich habe heut eine Szene gehabt, die, *rein abgeschrieben,* die schönste Idylle von der Welt gäbe . . ." (ibid., 394, Hervorhebung von mir).

Dadurch mag schon ein Doppeltes deutlich geworden sein: Abgesehen davon, daß das Erleben nicht mehr länger als die höchste Instanz und Zielsetzung gelten kann, sobald es um Darstellung geht, werden jetzt die Möglichkeitsbedingungen der Darstellung faßbar; Darstellung kann für Werther nur über die Erinnerung zustande kommen, und diese Erinnerung wird für ihn zur Bedingung der Identifikationslust und damit auch des erotischen Begehrens als Erfüllungsdrang. Das Objekt, an dem dieser Erfüllungsdrang haftet, muß daher selbst die gleichen Ingredienzen wie Werthers erinnerte Bilder aufweisen, damit er sich an ihm überhaupt „entzünden" kann – wovon im folgenden Abschnitt ausführlich die Rede sein soll.[31] Verfolgen wir aber vorerst die genannten Symptome an dem

---

[31] Vorerst sei lediglich darauf hingewiesen, daß vor solchem Hintergrund die Annahme von Heinz Schlaffer (*Exoterik und Esoterik in Goethes Romanen,* in:

gegebenen Leitfaden weiter, so verzweigt sich nun das Motiv noch einmal dadurch, daß Erinnerung und Liebe bei Werther deutlich als die zwei Momente erscheinen, die zur Triebfeder von Handlungen und vorstellender Kraft verschmelzen. Und es ist in diesem Zusammenhang nicht unwichtig, zu betonen, daß für Werthers Wortgebrauch von *Liebe* primär nicht das Erlebnis gemeint ist, sondern in der Tat der Grundtrieb, durch den der Mensch erst zum Menschen wird: „Es ist doch gewiß, daß in der Welt den Menschen nichts notwendig macht als die Liebe" (2. I, 15. August, 429). Dieser Satz eröffnet den Brief vom 15. August, also gerade an einem Gedenktag geschrieben (Mariä Himmelfahrt), was auch nach den Ausführungen im nächsten Abschnitt Sinn macht, einen Brief, an dem wir im ersten Teil der vorliegenden Arbeit unsere Zweifel an der Verbindlichkeit von Werthers Diskurs über die Instanz des „ersten Eindruck(s)" geäußert haben, weil dieser Diskurs das Buch gerade im Namen eines unbewiesen gebliebenen letzten Grunds geurteilt haben will. Demzufolge haben wir die Arbeitshypothese aufgestellt, daß dieser angebliche erste Eindruck selbst möglicherweise auf einen vorgängigen Eindruck verweisen könne, der selber keinen Grund, sondern einen Riß, eine Differenz freilege: auch dieser Punkt wird im folgenden Abschnitt bestätigt, wird aber bereits jetzt im Zusammenhang mit Werthers *bild*künstlerischer Produktion herausgefordert. Aus diesem Grund soll zunächst die Annäherung an dieses Motiv noch schrittweise durchgeführt werden.

Das Verhältnis von Kunst und Liebe als Grundtrieb des Daseins bestimmt denn auch ergänzend Werthers Äußerungen am 26. Mai. Hier ist von der Negativität aller Regel in der Kunst die Rede, denn „sie schränkt nur ein, beschneidet die geilen Reben usw." (2. I, 391) — ein Bild, das offenbar das dionysisch Erotische meint, wie Werthers Gedankenassoziation auf unmißverständliche Weise betont: „Guter Freund, soll ich Dir ein Gleichnis geben? Es ist damit wie mit der Liebe" (ibid.). Kunst und Liebe gibt es demzufolge für Werther erst und nur, wenn „der Strom des Genies" (392) alle Regel — und das heißt: alles Wissen und Bewußtsein, allen

---

Goethe-Jahrbuch 95 (1978 S. 216 „Wie Don Quijotes Dulcinea ist Werthers Lotte als Gestalt einer Geliebten, als Hohlform schon fertig, ehe er sie sieht; er wird sie nie richtig sehen. Zur Erkundung ihres Innern genügt ihm ein Dichtername: Klopstock") *und* der bestätigende Vorbehalt von Friedrich A. Kittler: „Bleibt nur die Frage, wozu Lotte ein Inneres hat und im Dichter-Namen artikuliert" *(Autorschaft und Liebe,* in: Friedrich A. Kittler (Hrsg.), *Austreibung des Geistes aus den Geisteswissenschaften,* UTB 1054, Schöningh, Paderborn 1980, S. 169, Anm. 30) zugleich anzuerkennen sind: Lotte entspricht Werthers erinnertem Bild, seinem Phantom, weil auch ihr eigenes Ich durch den Riß des Todes mitkonstituiert ist (vgl. die Tatsache, daß Lottes Mutter gestorben ist, wodurch erst Lotte als Mutter erscheint, und Werthers Hinweise auf deren und Lottes „Geist").

wissend-bewußten Einsatz von Regeln — überflutet. Ein solcher entrückter Zustand bemächtigt sich aber zu selten unserer Seele: „O meine Freunde! Warum der Strom des Genies so selten ausbricht, so selten in hohen Fluten hereinbraust und eure staunende Seele erschüttert?" (392); um so bedeutender sind die Augenblicke, in denen der Mensch auf diese Weise betroffen und schöpferisch gemacht wird, und die gerade zitierten Stellen schließen eben einen Brief ab (am 26. Mai), in dem Werther von einem solchen Erlebnis berichtet, das zu den besagten Äußerungen über die Regel Anlaß gegeben hat. Vom Anblick zweier Kinder entzückt, wird Werther wieder des Zeichnens fähig:

„Mich vergnügte der Anblick: ich setzte mich auf einen Pflug, der gegenüberstand, und zeichnete die brüderliche Stellung mit vielem Ergetzen. Ich fügte den nächsten Zaun, ein Scheunentor und einige gebrochene Wagenräder bei, alles, wie es hintereinanderstand, und fand nach Verlauf einer Stunde, daß ich eine wohlgeordnete, sehr interessante Zeichnung verfertigt hatte, ohne das Mindeste von dem Meinen hinzuzutun. Das bestärkte mich in meinem Vorsatze, mich künftig allein an die Natur zu halten. Sie allein ist unendlich reich, und sie allein bildet den großen Künstler (...). Dagegen wird auch alle Regel, man rede, was man wolle, das wahre Gefühl von Natur und den wahren Ausdruck derselben zerstören! Sag Du, das ist zu hart! Sie schränkt nur ein, beschneidet die geilen Reben usw." (391).

Auch an diesen letzten Worten mag deutlich geworden sein, daß Werther hier die dionysische Grundmacht des Lebens im Auge hat. Doch ist uns diese Stelle im Zusammenhang mit der Thematik des „Strom(es) des Genies" aus einem anderen Grund äußerst wichtig: Formuliert doch hier Werther anderthalb Jahrzehnte vor Kant die berühmt gewordene Definition des Genies aus dem Abschnitt 46 der *Kritik der ästhetischen Urteilskraft:*

„Genie ist das Talent (Naturgabe), welches der Kunst die Regel gibt. Da das als angeborenes produktives Vermögen des Künstlers, selbst zur Natur gehört, so könnte man sich auch so ausdrücken: Genie ist die angeborene Gemütsanlage (ingenium), durch welche die Natur der Kunst die Regel gibt."

Diesem an sich nicht neuen Hinweis[32] können wir doch in unserem Zusammenhang einen entscheidenden Aspekt abgewinnen: Erstens läßt sich jetzt erfassen, warum Werther am 10. Mai bekennen muß, er könne „jetzt nicht zeichnen, nicht einen Strich" (384). Denn damals reflektiert

---

[32] Vgl. dazu etwa Preisendanz, Wolfgang: *Zur Poetik der deutschen Romantik I: Die Abkehr vom Grundsatz der Naturnachahmung,* in: Hans Steffen (Hrsg.): *Die deutsche Romantik,* Kleine Vandenhoeck-Reihe 1250, Göttingen ³1978, 56 f. Allerdings führt Preisendanz ein Goethe-Zitat heran, das einem 1798 entstandenen Text entnommen ist (ohne genau auf den Text hinzuweisen: Über Wahrheit und Wahrscheinlichkeit der Kunstwerke. Ein Gespräch, Band 13, 175—181, Zitat 180) und demnach die Vorstellung nahelegt, daß Goethe in diesem Punkt Kant gefolgt ist. Daß dem aber nicht so ist, zeigen die nachstehenden Ausführungen.

Werther noch über seine Kunst („daß meine Kunst darunter leidet", ibid.). Produktiv wird er aber im Sinne des Genies erst und nur, wenn er nichts von dem Seinen hinzutut, also wenn die Natur durch ihn schöpferisch wirkt, ohne daß sich der eigene bewußte Aussagewille einstellt. Zweitens und vor allem läßt sich jetzt zeigen, daß Werther die Kantsche Definition nicht nur antizipiert, sondern auch übersteigt, und zwar in einem Sinne, der für unseren Argumentationszusammenhang von höchster Bedeutung ist. Bekanntlich unterscheidet Kant in der *Kritik der ästhetischen Urteilskraft* zwischen dem Produkt der Freiheit, das allein die Bezeichnung Kunst verdiene, und dem Produkt des Instinkts:

„Von Rechtwegen sollte man nur die Hervorbringung durch Freiheit, d. i. durch eine Willkür, die ihren Handlungen Vernunft zum Grunde legt, Kunst nennen. Denn, ob man gleich das Produkt der Bienen (die regelmäßig gebauten Wachsscheiben) ein Kunstwerk zu nennen beliebt, so geschieht dieses doch nur wegen der Analogie mit der letzteren; sobald man sich nämlich besinnt, daß sie ihre Arbeit auf keine eigene Vernunftüberlegung gründen, so sagt man alsbald, es ist ein Produkt ihrer Natur (des Instinkts), und als Kunst wird es nur ihrem Schöpfer zugeschrieben" (§. 43, *Von der Kunst überhaupt*).

Nun ist aber schon gezeigt worden, wie Werther die Grundlegung des Menschen durch den Willen aufgehoben hat; und jetzt läßt sich weiterführend darlegen, daß Werther auch noch diese Kantsche Unterscheidung zwischen „Hervorbringung durch Freiheit" und Hervorbringung durch Instinkt irrelevant macht – dabei auch Kants Aussagewillen unterminiert – zeigt doch § 46 der Kritik der ästhetischen Urteilskraft, daß die postulierte Hervorbringung durch Freiheit im Grunde einem Diktat der Natur entspringt, welche „der Kunst die Regel gibt"[33].

Um dies zeigen zu können, muß man im Auge behalten, daß für Werther Kunst und Liebe demselben Prinzip, d. h. dem gleichen Verhältnis zur Natur entspringen (am 26. Mai). Mit anderen Worten: Was für die Liebe gilt, muß auch auf die Kunst übertragbar sein. Und es entspricht einer die Autorintention überspielenden Textlogik, daß der Weg hier noch einmal über die Abgründigkeit des Wollens führt, das zwar nicht ohne Warum ist, dessen Warum aber nicht in Vernunftgründen liegt; noch einmal also, bevor es weitergeht:

„Daß die Kinder nicht wissen, warum sie wollen, darin sind alle hochgelahrten Schul- und Hofmeister einig; daß aber auch Erwachsene gleich Kindern auf diesem Erdboden herumtaumeln, und wie jene nicht wissen, woher sie kommen und wohin sie gehen, ebenso wenig nach wahren Zwecken handeln, ebenso durch *B*iskuit und

---

[33] Eine ausführliche Analyse dieser Problematik hat Jacques Derrida in *Economimesis* bereits vorgelegt, einem Text, der in dem Sammelband *Mimesis des articulations*, Flammarion, Paris 1975, steht (55–93).

Kuchen und *B*irkenreiser regiert werden: das will niemand gern glauben, und mich dünkt, man kann es mit Händen greifen" (2. I, 22. Mai, 389).[34]

Doch damit nicht genug: Im zweiten Buch des Romans steht ein Brief, der aufgrund der selben Motivik diese Diagnose über Kinder/Erwachsene nun auch auf Liebende erweitert, zwar nicht über die Wachsscheiben der Bienen, sondern über die Koketterie eines Kanarienvogels:

„Ein Kanarienvogel flog von dem Spiegel ihr auf die Schulter. − Einen neuen Freund, sagte sie und lockte ihn auf ihre Hand. Er ist meinen Kleinen zugedacht. Er tut gar zu lieb! Sehen Sie ihn! Wenn ich ihm *B*rot gebe, flattert er mit den Flügeln und pickt so artig. Er küßt mich auch, sehen Sie!

Als sie dem Tierchen den Mund hinhielt, drückte es sich so lieblich in die süßen Lippen, als wenn es die Seligkeit hätte fühlen können, die es genoß.

Es soll Sie auch küssen, sagte sie und reichte den Vogel herüber. Das Schnäbelchen machte den Weg von ihrem Munde zu dem meinigen, und die pickende *B*erührung war wie ein Hauch, eine Ahnung liebevollen Genusses.

Sein Kuß, sagte ich, ist nicht ganz ohne *B*egierde, er sucht Nahrung und kehrt unbefriedigt von der leeren Liebkosung zurück.

Er ißt mir auch aus dem Munde, sagte sie. − Sie reichte ihm einige *B*rosamen mit ihren Lippen, aus denen die Freuden unschuldig teilnehmender Liebe in aller Wonne lächelten.

Ich kehrte das Gesicht weg. Sie sollte es nicht tun! Sollte nicht meine Einbildungskraft mit diesen *B*ildern himmlischer Unschuld und Seligkeit reizen und mein Herz aus dem Schlafe, in den es manchmal die Gleichgültigkeit des Lebens wiegt, nicht wecken! − Und warum nicht? − Sie traut mir so! Sie weiß, wie ich sie liebe!" (2. II, 12. September, 461 f.).

Statt einer eingehenden Analyse dieses Briefes, die hier aus Raumgründen nicht geleistet werden kann, läßt sich auf die Herstellung einiger Motivnetze hinweisen, die die Gleich-gültigkeit der Gleichsetzung von Kindern / Erwachsenen / Liebenden / Tierchen / (Künstlern) belegen: Nicht nur der Kanarienvogel, sondern Lotte selbst kokettiert („. . . und lockte ihn auf ihre Hand": Lotte gleichsam als Lock-Vogel). In seiner Beschreibung des Eindrucks, den dieses Bild auf ihn macht, stellt Werther einen unübersehe-

---

[34] Daß hier Werther indirekt auch von der Problematik der Kunstproduktion spricht, die der Mensch nicht zu beherrschen vermag, deuten einige rekurrente Motive an: Herumtaumeln auf diesem Erdboden, das Erwachsene mit Kindern teilen, verweist auf den Brief vom 6. Julius. Dort heißt es: „Wir sollen es mit den Kindern machen wie Gott mit uns, der uns am glücklichsten macht, wenn er uns im freundlichem Wahne so hintaumeln läßt" (2. I 414). Damit verbunden ist das Motiv der Einbildungskraft, von der Werther platonisch meint, sie sei „ein göttliches Geschenk" (2. II, am 5. September, 461). Vor diesem Hintergrund sind dann auch alle Äußerungen Werthers über die Projektion der „buntesten Bilder an deine weiße Wand" zu verstehen (2. I, am 18. Julius, 417). In diesem Problemzusammenhang ist auch der Schattenriß zu interpretieren, von dem noch in diesem Abschnitt die Rede sein soll.

baren Bezug zwischen sich selbst, dem Kanarienvogel und dem Jenseits („Himmlische") des Gefühls (man beachte die Erscheinungsweise von Lexemen wie Genuß/genossen, Wonne, Seligkeit). Und schließlich zeigt Werther unmißverständlich, wie das Wissen um seine Liebe Lotte nicht davon abhalten kann, ihm diese grausam-genußvolle Szene (selbstverständlich ein „Hauch, eine Ahnung" der bald darauf folgenden Kußszene zwischen Werther und Lotte) vorzuspielen.[35]

Ein solcher Befund ist nicht ohne Konsequenz für die Spannung zwischen Werthers bewußtem Kunstdiskurs und seinem Schreiben. Diese Spannung soll nun nicht neutralisiert, sondern im Gegenteil ausgespielt werden, und dies kann nur über das Aufdecken textueller Rekurrenzen geschehen, die Werther selbst entgehen müssen: Es gehört zum Skandal einer solchen Lektüre wie der vorliegenden, daß der Interpret keineswegs Werthers Ideal von dem reinen Organon der Natur („ohne das Mindeste von dem Meinen hinzuzutun") teilen muß, sondern umgekehrt im Akt des Lesens viel von dem Seinen hinzuzutun hat — was freilich nichts anderes bedeutet, als vorgegebene, wenn auch verschüttete oder untergrabene Fäden auszuspinnen.

Anders formuliert: Nicht der vermeintlich allwissende empirische Autor (und natürlich auch nicht der auf triviale Weise mit dieser Autorinstanz identifizierte fiktive Autor) legt einen Text zugrunde, sondern der Text und der dessen Signifikanz mitproduzierende, aber nie genau vorauszusehende und nie voll einkalkulierbare Anteil des Unbewußten produzieren den Künstler in der Fiktion — und so auch den Interpreten, dessen Interpretation auch eine Fiktion ist, da sie sich auf keinen letzten Wahrheitsgrund gründen kann. Dies aber bedeutet keineswegs, daß dann die Interpretationen beliebig sind, denn es gibt Fiktionen, die mehr von sich geben, also zwingender, verbindlicher sind als andere.

Wenden wir uns nach diesem Überblick dem Brief vom 10. Mai erneut zu, so sehen wir, daß die Grenze für Werther nicht zwischen dem gesprochenen Wort und dessen Fixierung in der Schrift besteht, sondern zwischen dem „Hauch", dem Ideal des unmittelbar (und deshalb unartikuliert) hingeseufzerten Gefühls und jeder Form der Darstellung. So erklärt sich, daß für ihn das, „was ich Dir neulich von der Malerei sagte, gewiß auch von der Dichtkunst (gilt)" (am 30. Mai, 393), wobei Werther auf höchst seltsambezeichnende Weise sein Argument bei dem ganz Anderen, dem „rein

---

[35] Es kann nicht unerwähnt bleiben, daß diese Entmachtung des selbstdurchsichtigen Selbstbewußtseins durch die Gleichsetzung mit dem Verhalten des Kanarienvogels in einem Brief zur Darstellung kommt, der erst in der *zweiten Fassung* des Romans vorkommt, also in der Textvorlage, aufgrund deren Müller-Salget Goethe der Selbstzensur beschuldigt haben will . . .

Abgeschriebenen" sich holen muß (394). In zwei Phasen liefert der Brief vom 10. Mai eine Antwort auf die sich hier aufdrängende Frage: Erstens soll man zur Kenntnis nehmen, daß Werther mit seiner Anspielung auf das vorhin über die Malerei Gesagte jene scheinbar widersprüchliche Stelle meint, auf die wir bereits aufmerksam gemacht wurden: „Ich könnte jetzt nicht zeichnen, nicht einen Strich, und bin nie ein größerer Maler gewesen als in diesen Augenblicken" (384): Nun ist dieser Ausruf nichts anderes als die konsequenteste Formulierung des Ideals von dem unmittelbar hingehauchten Gefühl und hat demnach nichts zu tun mit der moralisierenden Verdammung von Werthers „Dilettantismus" (E. Trunz), zu dem sich neuere Arbeiten (auch die von Reinhart Meyer-Kalkus, op. cit. 91) unkritisch bekennen. Und zweitens wurde bis jetzt auch hartnäckig ignoriert, daß in eben diesem Brief Werther das Schreiben von diesem Ideal des hingehauchten Gefühls aus thematisiert, wobei seine Praxis in höchste Spannung zu seinem Diskurs gerät:

„mein Freund, wenn's dann um meine Augen dämmert und die Welt um mich her und der Himmel ganz in meiner Seele ruhn wie die Gestalt einer Geliebten, dann sehne ich mich oft und denke: Ach, könntest du das wieder ausdrücken, könntest du dem Papiere das einhauchen, was so voll, so warm in dir lebt, daß es würde der Spiegel deiner Seele, wie deine Seele ist der Spiegel des unendlichen Gottes! – Mein Freund! – Aber ich gehe darüber zugrunde, ich erliege unter der Gewalt der Herrlichkeit dieser Erscheinungen." (384 f.).

Dies also einer der Augenblicke der überquellenden Fülle, in denen sich Werther am ehesten Maler fühlt. Gemäß seiner bewußten Kunstideologie kann er in solchen Augenblicken nur in der Form des Irrealis von dem Schreiben sprechen – und doch: In der chiasmatischen Satzstruktur, die selbst schriftlicher Spiegel des Spiegels ist, als der Werthers Seele in Beziehung zum „unendlichen Gott", dem „Alliebenden, der uns in ewiger Wonne trägt und erhält", erscheint, betont Werther seine Unfähigkeit, das Papier zum reinen Spiegel dessen zu machen, „was so voll, so warm in dir lebt" – ohne auch nur ahnen zu können, daß er hier viel mehr zum (schriftlichen) Ausdruck bringt, als es die Wiedergabe des Gefühls der Gegenwart des Allmächtigen erlauben würde.

Diese Szene wiederholt sich einige Wochen später, nach der Begegnung mit Lotte und in einem Zusammenhang, der das Verhältnis zum Zeichnen (und damit auch zur Malerei und Dichtkunst) noch einmal präzisiert:

„Noch nie war ich glücklicher, noch nie war meine Empfindung an der Natur, bis aufs Steinchen, aufs Gräschen herunter, voller und inniger, und doch – ich weiß nicht, wie ich mich ausdrücken soll, meine vorstellende Kraft ist so schwach, alles schwimmt und schwankt so vor meiner Seele, daß ich keinen Umriß packen kann; aber ich bilde mir ein, wenn ich Ton hätte oder Wachs, so wollte ich's wohl herausbilden. Ich werde auch Ton nehmen, wenn's länger währt, und kneten, und soll's Kuchen werden!

Lottens Porträt habe ich dreimal angefangen und habe mich dreimal prostituiert; das mich um so mehr verdrießt, weil ich vor einiger Zeit sehr glücklich im Treffen war. Darauf habe ich denn ihren Schattenriß gemacht, und damit soll mir gnügen" (2. I, am 24. Julius, 419).

Unübersehbar erkennen wir hier Werthers Problematik von dem unmöglichen Ausdruck des ihn unmittelbar ausfüllenden Gefühls. Der erste Teil des Briefes verweist deutlich auf den 10. Mai, und der Hinweis auf die Geschicklichkeit im Treffen meint offenbar die Szene am 26. Mai. Vor diesem Hintergrund erscheint nun der Schattenriß als eine in Werthers Augen defiziente Form des Zeichnens (der künstlerischen Form, die aufgrund ihres graphischen Charakters dem Schreiben ohnehin am nächsten steht). Nun steht aber dieser stark reduzierende Diskurs offenbar in krassem Widerspruch zur Bedeutung, die dieser Schattenriß für Werther gewinnt (und, wie zu zeigen ist, wahrscheinlich schon immer hat): weiß man doch, daß Werther trotz verkündetem Willen sich von ihm nicht lösen kann, nachdem Lotte und Albert geheiratet haben (wofür er die nicht angekommene Nachricht von der Hochzeit verantwortlich macht, was in unserem Zusammenhang[36] nicht unbedeutend ist: Es bestätigt die im ersten Teil der vorliegenden Studie aufgestellte These, daß es immer darauf ankommt, daß etwas nicht ankommt). Die sich jetzt anschließende These besagt nun, daß der Schattenriß die „lebendige" Person von Lotte übersteigt und daß Werthers abfällig-verneinende Worte über ihn nichts anderes sind als das Symptom einer umfassenden Verdrängung, die auch den Tod zum Gegenstand hat. Aber damit nicht genug: diese (grob zusammengefaßte) Konstellation läßt eindeutig die Schrift-Problematik erkennen, der wir immer wieder nachgehen: Anteil des Unbewußten, Totes, das mehr „aussagt" als das „nur" Lebendige. Ja, Werthers logozentrisch angelegter Diskurs gegen den „toten, kalten Buchstaben" entspricht genau seinen abschätzigen Worten über den Schattenriß und auch, muß man hinzufügen, dem Diskurs von Phaidros und Sokrates über die Schrift[37]: Auch für Werther ist der Schattenriß zunächst nur *eidolon*,

---

[36] Am 20. Februar: „Ich danke Dir, Albert, daß Du mich betrogen hast: ich wartete auf Nachricht, wann euer Hochzeitstag sein würde, und hatte mir vorgenommen, feierlichst an demselben Lottens Schattenriß von der Wand zu nehmen und ihn *unter andere Papiere zu begraben*. Nun seid ihr ein Paar und ihr Bild ist noch hier! Nun, so soll es bleiben! . . ." (2. II, 447 f., Hervorhebung von mir).

[37] „Sokrates : (. . .) Wollen wir nicht nach einer anderen Rede sehen, der echtbürtigen Schwester von dieser, wie sie entsteht und wieviel besser und kräftiger als jene sie gedeiht?
Paidros: Welche doch meinst du, und wie soll sie entstehen?
Sokrates: Welche mit Einsicht geschrieben wird in des Lernenden Seele, wohl

Schattenbild (auch dieses Wort gebraucht Werther einmal im Zusammenhang mit dem Schattenriß [508] in einem der von dem Herausgeber eingeschalteten Briefe und Blätter, es ist auch das Wort, mit dem einige deutsche Übersetzer das *eidolon* wiedergegeben haben, das bei Plato an besagter Stelle die Schrift meint).

Und konsequenterweise auch so in der Rezeption, wo, wie im ersten Teil bereits ausgeführt, Werthers Briefe nach dem Raster von Werthers Verunglimpfung des Buchstabens — der Bücher überhaupt[38] — gelesen (?) werden. In der Tat gibt es keinen Interpreten, der — nach meinem Wissen — das Motiv des Schattenrisses im Werther *gewürdigt* oder auch nur versucht hätte, Werthers abschlägiges Urteil auch nur andeutungsweise in Frage zu stellen. Ein ganz besonders einleuchtendes Beispiel liefert in diesem Zusammenhang Roland Barthes, der in einem Text von 1973 eine weiterführende Analyse des Schattenriß-Motivs im Oeuvre von Erté vorgelegt hat.[39] Dort stehen Gedanken, in indirekt auch für den Schattenriß im Werther gelten: Der Schattenriß als Verzicht auf den Leib, die Leiblichkeit der Gestalt als Stiftungsort des Unbewußten (101). Bei Werther hieße

---

imstande, sich selbst zu helfen, und wohl wissend zu reden und zu schweigen, gegen wen sie beides soll.
Phaidros: Du meinst die lebende und beseelte Rede des wahrhaft Wissenden, von der man die geschriebene mit Recht wie ein Schattenbild ansehen könnte" (276a).

[38] Dazu einige Belege: „Du fragst, ob Du mir meine Bücher schicken sollst? — Lieber, ich bitte Dich um Gottes willen, laß mir sie vom Halse!" (2. I, am 13. Mai, 385). Von dem Fürsten heißt es am 11. Junius: „Er ist ein Mann von Verstande, aber von ganz gemeinem Verstande; sein Umgang unterhält mich nicht mehr, als wenn ich ein wohlgeschriebenes Buch lese." (2. II, 455 f.). Am 22. August: „Ich habe keine Vorstellungskraft, kein Gefühl an der Natur, und die Bücher ekeln mich an" (2. I, 433). Allerdings sieht man auch an Werthers Einstellung zu den Büchern eine Form des Ekels, die die Kehrseite des Begehrens ist. Es ist seltsam genug, daß Werther fehlende Einbildungskraft und geschwundenes Verhältnis zur Natur in einem Zuge mit seinem Ekel an Büchern nennt, zumal er im nächsten Brief (an seinem Geburtstag) von den zwei geschenkten „Büchelchen in Duodez" (einer Taschenausgabe Homers) sagt, er habe so oft nach dieser Ausgabe verlangt, damit er sich auf dem Spaziergange nicht mit dem „Ernestischen" schleppen müsse. Auch dies verbindet ihn mit dem Sokrates des *Phaidros*-Dialogs, der die Stadt zwar höchst selten verläßt, keinen Augenblick aber zögert, mit Phaidros aus der Stadt hinauszugehen, um zu sehen, was dieser „in der linken Hand unter dem Mantel" hat — nämlich eine *geschriebene* Rede. Ferner ist zu bemerken, daß Werthers unbewußt zwiespältiges Verhältnis zu den Büchern der Spannung zwischen seinem Diskurs über Wort und Schrift einerseits und seiner ahnungslosen Praxis genau entspricht.

[39] *Erté*, F. M. Ricci, Milano 1973. Neuabdruck in: Roland Barthes, *L'obvie et l'obtus*, Essais critiques III, Collection „Tel Quel" Seuil, Paris 1982, 99–121. Die Seitenangaben im Text beziehen sich ausschließlich auf diesen Neuabdruck.

das: Der Schattenriß als Verdrängung der Leiblichkeit und als Signifikant dieser Verdrängung der Leiblichkeit und als Signifikant dieser Verdrängung selbst, die zum einzigen (und das heißt nicht: zum einheitlichen) Gestaltungsprinzip wird. Oder die In-Beziehungssetzung des Schattenrisses mit dem Fetischismus (102), wobei gerade das Unbestimmte des Motivs hervorgehoben wird.[40] Und schließlich der Hinweis auf die Technik des Zeichnens:

„Les silhouettes de Erté (nullement esquissées, crayonnées, mais d'une finitude admirable) sont à la limite du genre: elles sont adorables (on peut encore les désirer) et cependant déjà entièrement intelligibles (ce sont des signes admirablement précis)"[41].

Für den Leser, der Goethe „besser lesen" gelernt hat, entbehrt Werthers Schattenriß solcher unspezifischen Exaktheit keineswegs. Um so interessanter erscheint dann Roland Barthes' buchstäblicher Selbstwiderspruch, wenn er sich 1977 gezielt über Werthers Schattenriß äußert und die besagte Briefstelle folgendermaßen paraphrasiert:

„Cependant, Werther, qui autrefois dessinait abondamment et bien, ne peut faire le portrait de Charlotte (à peine peut-il crayonner sa silhouette qui est précisément ce qui, d'elle, l'a capturé)"[42].

Grundlos setzt Barthes den Schattenriß qualitativ herab (*crayonné:* nur so hingezeichnet. Werther sagt dagegen neutraler: gemacht), während das Erté-Zitat doch gezeigt hatte, daß solche Herabsetzung keineswegs zum Schattenriß konstitutiv gehöre (dort heißt es ja eben, daß Ertés Schattenrisse *nullement crayonnées* sind). Die These muß hier also sein, daß Barthes in diesem Punkt und durchaus im Einklang mit der übrigen Werther-Rezeption sich unkritisch dem negativen Diskurs Werthers anschließt. In diesem Sinne läßt sich sagen, daß der Schattenriß im Werther eine *mise en abyme* des kritischen Diskurses konstituiert.

Und doch bleibt Barthes zugleich auch einsichtiger als mancher Interpret – oder sollte man vielleicht hier sagen: Die Formulierung weiß mehr über

---

[40] „(...) un lieu ambigu, c'est une limite de fétiche, symbole à regret, beaucoup plus franchement signe, produit de l'art bien plus que de la nature: fétiche sans doute, puisqu'il permet au lecteur de manier fantasmatiquement le corps de la femme, de le tenir à discrétion, de l'imaginer au futur, pris dans une scène adaptée à son désir et dont il serait le sujet bénéficiaire, et cependant dénégation du fétiche, puisque au lieu de résulter du découpage du corps (le fétiche est par définition un *morceau*), il est la forme globale, totale de ce corps. Ce lieu (cette forme) intermédiaire entre le fétiche et le signe, visiblement privilégié par Erté qui en donne une représentation constante, c'est la *silhouette*" (102).
[41] Ibid.
[42] Roland Barthes, *Fragments d'un discours amoureux*, Collection „Tel Quel", Seuil, Paris 1977, 113.

den Schattenriß als Barthes selber. Denn es ist wahr, daß der Schattenriß gerade das ist, „was ihn (Werther) an ihr (Charlotte) befangen macht". Nur daß uns Barthes' Formulierung eben mit diesem *Was* entläßt, ohne nach dessen *Warum* zu fragen.

Diese Fragestellung liegt den (nicht gerade abschließenden) folgenden Ausführungen unterschwellig zugrunde; oder anders formuliert: Warum erscheint der Schattenriß (schwarz auf weiß: wie die Buchstaben auf dem weißen Papier) zunächst als das *umgekehrte Gleiche* von Lotte? Denn Lotte erscheint oft und vor allem an hervorgehobenen Stellen im Roman im weißen Kleid; so sieht sie Werther zum ersten Mal, so auch im letzten Brief des ersten Buches am 10. September, dessen letzte Worte hier zitiert werden sollen:

„Ach, sie wußte nicht, als sie ihre Hand von der meinen zog — Sie gingen die Allee hinaus, ich stand, sah ihnen nach im Mondenscheine und warf mich an die Erde und weinte mich aus und sprang auf und lief auf die Terrasse hervor und sah noch dort unten im Schatten der hohen Lindenbäume ihr weißes Kleid nach der Gartentür schimmern; ich streckte meine Arme aus, und es verschwand" (2. I, am 10. September, 439).

Hinzu kommt, daß Lotte bekanntlich schwarze Augen hat, und daß die Augen oft von Goethe als der Ort bezeichnet werden, wo das Innere, der Geist, nach außen drängt.[43] Wer oder was ist das Negativ von Lotte? Oder aber vielleicht auch: Von wem oder von was ist Lotte das Negativ?

Bis jetzt wurden die Thesen aus Gründen der Verständlichkeit und der Glaubwürdigkeit relativ ausführlich beschrieben. Das Folgende wird in äußerster Verkürzung dargestellt. Doch meine ich, daß die jetzt elliptisch formulierten Interpretationen zwar weiter ausgeführt, präzisiert und eventuell modifiziert, aber nicht mehr einfach heruntergespielt werden können.

b) Die Vorgängigkeit des Todes I: Werthers vielfältiges Mutter-Imago

Hier wird nicht an allzu Bekanntes, also an Lotte als Mutterfigur, bloß erinnert, sondern es wird das verdrängte *Vorher* des Romans als gestaltendes Motiv von Werthers Schreibtätigkeit aufgedeckt. Werther selbst verweist implizit auf die Bedeutung des Vorher bei ihm in einer seiner „Inversionen", von denen der Gesandte, „der pünktlichste Narr", ein „Todfeind" ist (2. II, am 24. Dezember, 441):

---

[43] „Das Auge bevorteilt gar leicht das Ohr und lockt den Geist von innen nach außen" (*Wilhelm Meisters Wanderjahre,* zweites Buch, achtes Kapitel). Zur erkenntnisfördernden Kraft des Auges läßt sich auch der Schlußteil des Briefes vom 16. Junius heranziehen. Auf die Nähe zu Hegel verweist in diesem Zusammenhang Friedrich A. Kittler: *Autorschaft und Liebe,* in: Ders. (Hrsg.): *Vertreibung des Geistes aus den Geisteswissenschaften,* UTB 1054, Schöningh, Paderborn 1980, 145.

„O es ist mit der Ferne wie mit der Zukunft! Ein großes dämmerndes Ganze ruht vor unserer Seele, unsere Empfindung verschwimmt darin wie unser Auge, und wir sehnen uns, ach! unser ganzes Wesen hinzugeben, uns mit aller Wonne eines einzigen großen herrlichen Gefühls ausfüllen zu lassen − und ach! wenn wir hinzu eilen, wenn das Dort nun Hier wird, ist alles vor wie nach, und wir stehen in unserer Armut, in unserer Eingeschränktheit, und unsere Seele lechzt nach entschlüpftem Labsale" (2. I, am 21. Junius, 406).

Eine Minimalsequenz wie dieses *vor wie nach* sagt mehr über Werthers Trieb-federn aus als manche zurechtgezimmerte Interpretation, die auch den nächsten Kontext des Briefes vernachlässigen müßte, um nicht die Relevanz dieser einen Stelle für unseren Interpretationszusammenhang sehen zu müssen: Verweist doch die zitierte Stelle offenbar auf die fantasmierte Verbindung mit der Natur im Brief vom 10. Mai, wobei hier die volle Präsenz der Natur vermißt wird, was ein Manko (das auch ein Supplement sein kann) voraussetzt. Kurz vorher erblickt auch Werther das „Wäldchen" (in dem das „Heiligtum" vom 10. Mai steht) und ruft aus: „Ach, könntest Du Dich in seine *Schatten* mischen! (...) Ich eilte hin und kehrte zurück und hatte nicht gefunden, was ich hoffte" (Ibid., Hervorhebung von mir).

Demnach soll nachgewiesen werden, daß Werthers Liebe eben nicht in der Gestalt Lottens restlos aufgeht, sondern daß diese Leidenschaft durch ein Vorgängiges bewirkt wird, das Werther nicht beherrscht und doch ahnt, da er einmal den „geheimen sympathetischen Zug" erkennt, der „ehe (er) noch Lotten kannte" „die wechselseitige Neigung zu diesem Plätzchen" begründet hatte (2. I, am 10. September, 436). Es gilt folglich, diese prästabilierte Harmonie in ihren Ursachen aufzudecken, die auf dem Ball am 16. Junius bereits in dem Vergleich des tanzenden Paares mit der Harmonie der Sphären durchsichtig wurde. Es ist offenbar etwas an Lotten und an Werther, was ihnen nicht eigen ist und doch zu ihrem Wesen gehört und in dem Schattenriß, gleichsam im Rücken beider, sich wiederholt.

Auf dem Ball am 16. Junius machen gerade „die Strahlen des Geistes" Werther betroffen, die „aus ihren Gesichtszügen hervor*b*rechen" (399). Und es sind besonders die „schwarzen Augen" Lottens, die ihn unwiderstehlich anziehen: „Wie ich mich unter dem Gespräch in den schwarzen Augen weidete, wie die lebendigen Lippen und die frischen muntern Wangen meine ganze Seele anzogen!" (400). In der Begegnung mit Lotte wird Werther durch ‚Motive' gebannt (Augen/Geist, auf deren Zusammenhang bei Goethe bereits hingewiesen wurde), die dann in einem einzigartigen, für unseren Fragenkomplex höchst bedeutsamen Verhältnis zueinander erneut hervorgehoben werden: Am 10. September, nachdem Lotte daran erinnert hat, daß „die Gestalt (ihrer) Mutter immer um (sie) schwebt" und daß sie ihr „in der Stunde des Todes" versprochen hat, „die Mutter ihrer Kinder zu sein" (437), ruft Werther aus: „Sie sagte das! O Wilhelm, wer kann wiederholen, was sie sagte! Wie kann der kalte tote Buchstabe diese himmlische Blüte des Geistes darstellen! (438). Und am 24. November faßt Werther den doppelten und widersprüchlichen Entschluß (in dem offenbar wird, daß er seines Willens nicht mächtig ist), Lottens Lippen nicht zu küssen und doch zu küssen:

„Ich widerstand nicht länger, neigte mich und schwur: nie will ich es wagen, einen Kuß euch aufzudrücken, Lippen, auf denen die Geister des Himmels schweben – Und doch – Ich will – Ha! siehst Du, das steht wie eine Scheidewand vor meiner Seele – diese Seligkeit – und dann untergegangen, diese Sünde abzubüßen – Sünde?" (470).

Daß in allen diesen Ausrufen, die einen Geist mit dem Jenseits verbinden, der Geist der verstorbenen Mutter Lottens wirkt, zeigt Werthers Wort am 10. September, einem Brief, der ganz der Frage nach dem Verhältnis zu den „lieben Abgeschiedenen" gewidmet ist: „Lotte! Der Segen Gottes ruht über dir und der Geist deiner Mutter!" (438). Und schließlich ermöglicht es eine andere Stelle aus diesem Brief, in den „schwarzen Augen" Lottens, die der biographisch-positivistisch ausgerichteten Forschung zu so verlegenen Fragen verführen, eine Spur dieser Trauerarbeit zu sehen: „Sei ihre Mutter! – Ich gab ihr die Hand drauf! – Du versprichst viel, meine Tochter, sagte sie, das Herz einer Mutter" (ibid.).[44]

Dies ist aber nur deshalb entscheidend, weil das Gleiche für Werther gilt. Auch dessen Wesen wird von einem vorgängigen mütterlichen Imago gelenkt, ferngesteuert, so daß die „physische" Begegnung zwischen Werther und Lotte zunächst auf die Begegnung zweier mütterlicher „Besucher des Ichs"[45] zurückzuführen ist, die beide unterschwellig

---

[44] Was das dritte Element von Lottens „Gesichtszügen" betrifft (die Wangen), so tritt es noch einmal im Zusammenhang mit den zwei anderen (Augen/Lippen) in der Kußszene, der einzigen im ganzen Roman, wo die Übertretung des fantasmierten Tabus in die Wirklichkeit dringt. Allerdings muß auch hier hervorgehoben werden, daß sich Werthers und Lottens Sinne erst dann verwirren, nachdem in der Berührung Lotten „eine Ahnung seines schrecklichen Vorhabens zu fliegen" schien (500): Auch hier bleiben Todesgedanke und Todessehnsucht bestimmend für ein Verhalten, das dem Willensgrund der Betroffenen entgeht. – Genau ein Monat vor dem 10. September und dem Gespräch über die lieben Abgeschiedenen heißt es unmißverständlich: „Wenn er (Albert) mir von ihrer rechtschaffenen Mutter erzählt: wie sie auf ihrem Todbette Lotten ihr Haus und ihre Kinder übergeben und ihm Lotten anbefohlen habe, *wie seit der Zeit ein ganz anderer Geist Lotten belebt habe,* wie sie, in der Sorge für ihre Wirtschaft und in dem Ernste eine wahre Mutter geworden..." (423, Hervorhebung von mir).

[45] Die Formulierung verdanke ich Alain de Mijolla, der in seinem Buch *Les visiteurs du moi. Fantasmes d'identification* (Sociéte d'édition Les belles Lettres, Collection

beherrschen. Als diese eine vorgängige Mutterfigur fungiert bei Werther die „Freundin meiner Jugend", die im selben Brief, doch *vor* Lotte, zum ersten Mal erwähnt wird (2. I, am 17. Mai, 387 f.):

„Ach, daß die Freundin meiner Jugend dahin ist! Auch, daß ich sie je gekannt habe! – Ich würde sagen, du bist ein Tor, du suchst, was hienieden nicht zu finden ist; aber ich habe sie gehabt, ich habe das Herz gefühlt, die große Seele, in deren Gegenwart ich mir schien mehr zu sein, als ich war, weil ich alles war, was ich sein konnte. Guter Gott! blieb da eine einzige Kraft meiner Seele ungenutzt? Konnt' ich nicht vor ihr das ganze wunderbare Gefühl entwickeln, mit dem mein Herz die Natur umfaßte? War unser Umgang nicht ein einziges Weben von der feinsten Empfindung, dem schärfsten Witze, dessen Modifikationen bis zur Unart alle mit dem Stempel des Genies bezeichnet waren? Und nun! – Ach ihre Jahre, die sie voraus hatte, führten sie früher ans Grab als mich. Nie werde ich sie vergessen, nie ihren festen Sinn und ihre göttliche Duldung".

Jetzt soll lediglich betont, aber nicht mehr ausgeführt werden, wie sehr diese eine Figur mit den bisher herausgearbeiteten Motivnetzen zusammenhängt: Die existentielle Fülle, die Werther hier aus der Erinnerung ausspricht, löst den für Werther konstitutiven Eindruck eines Mankos aus, wie es im Brief vom 21. Junius (406) thematisiert wird. Ferner widerspricht sich Werther mit der Beteuerung, er werde sie nie vergessen, wo er doch am 4. Mai, also im ersten Brief des Romans, sich entschlossen hatte, sich zu bessern, d. i.: „ich will das Gegenwärtige genießen, und das Vergangene soll mir vergangen sein" (2. I, am 4. Mai, 383). Dadurch, daß das Vergangene in seiner Bedeutung verdrängt wird, wird es zum bestimmenden Gestaltungsfaktor der Gegenwart, ohne daß Werther sich seiner bemächtigen kann. Demnach erscheinen die Hinweise auf die „Freundin meiner Jugend" als Wiederkehr des Verdrängten, deren Erscheinen Werther aber nicht als solches identifizieren kann. In diesem Zusammenhang muß auch auffallen, daß Werther das Motiv des Genies mit ihr verbindet, von dem weiter oben die Rede war: Diese Zusammenhänge genügen, um den Schatten der abgeschiedenen Jugendfreundin in Lottens Schattenriß erkennbar zu machen. Lottens (?) Schattenriß gehört, so gesehen, zu den „Phantomen", den „Bilder(n)", die dir „an deine weiße Wand" scheinen, „kaum bringst du das Lämpchen hinein", d. h. in die „Zauberlaterne", die die Welt ist. Hier (am 18. Julius) erwähnt Werther zwar nur die „*b*untesten *B*ilder", der Grund ist aber, daß er hier nur die Vorgängigkeit der Liebe, des Eros im Auge hat („Wilhelm, was ist unserem Herzen die Welt ohne Liebe?", 417). Der Schattenriß, der ebenso eine Projektion ist, ist der

---

Confluents psychanalytiques, Paris 1981) eingehend und überzeugend dargestellt hat, daß Verstorbenes in einem so weiterleben kann „wie ein Schatten aus seiner Vergangenheit" und zum verdeckten, aber entscheidenden Handlungsfaktor werden kann.

Signifikant des Todes im Leben, dessen Vorgängigkeit hier als die andere „fremde Macht" aufgedeckt wurde, die ihn überwältigt: „Oh wie wahr fühlten die Menschen, die so widersprechende Wirkungen fremden Mächten *zuschrieben*" (2. II, am 14. Dezember, 483, Hervorhebung von mir). Statt längerer Ausführung sei hier schließlich auf die Verse in der Faust-Zueignung hingewiesen, von denen Freud in seiner Goethe-Rede von 1930 sagte, sie könnten in jeder Analyse wiederholt werden:

„Ihr naht euch wieder, schwankende Gestalten,
(...)
Ihr bringt mit euch die Bilder froher Tage,
Und manche lieben Schatten steigen auf;
Gleich einer alten, halbverklungenen Sage
Kommt erste Lieb' und Freundschaft mit herauf."[46]

Vor diesem neuen Hintergrund erscheint nun aber auch Werthers Selbstmord in einem neuen Licht: Er ist nicht mehr nur Befreiung von einem unglücklichen Schicksal, sondern Möglichkeit der Vereinigung mit der vielfachen Mutterfigur als sündeloser Erfüllung der inzestuösen Fiktion der Beziehung mit Lotte. Einmal wird das Verhältnis zwischen Lotte und ihrer Mutter in solchem Zusammenhang auf höchst beredte Weise umgekehrt:

„Ich träume nicht, ich wähne nicht! Nahe am Grab wird mir es heller. Wir werden sein! Wir werden uns wiedersehen! Deine Mutter sehen! Ich werde sie sehen, werde sie finden, ach und vor ihr mein ganzes Herz ausschütten! Deine Mutter, Dein Ebenbild!" (2. Herausgeber an den Leser, 503).

Von diesem Wunsch bleibt die Jugendfreundin nicht ausgeschlossen: Erscheint sie doch immer in Verbindung mit Werthers Tod, ja sogar einmal aus der Vorstellung von Werthers Tode heraus, und zwar gerade in demselben Brief, der mit dem Ausruf über „Deine Mutter, Dein Ebenbild" schließt. Von dem Gedanken an seinen Todesentschluß erfüllt, wird Werther plötzlich von dem quälenden Bild des Begräbnisses eben dieser Freundin seiner Jugend heimgesucht, das ihn deutlich genug wieder auf seinen eigenen bevorstehenden Tod verweist: „aber ich wußte nicht, wie mir geschah – wie mir geschehen wird – Sterben! Grab! Ich verstehe die Worte nicht" (502) – wobei die Schlußworte noch einmal bedeuten, daß der Selbstmord für Werther alles andere als ein Ende darstellt, nämlich die Eröffnung einer neuen Szene („Den Vorhang aufzuheben und dahinter zu treten! Das ist alles! Und warum das Zaudern und Zagen?", 484) – ein Ent-Schluß.

---

[46] Goethe, *Faust*, Zueignung, Verse 1 und 9–12, worauf Mijolla (vgl. Anm. 45) ebenfalls verweist, doch ohne Bezugnahme auf das Motiv des Schattenrißes im *Werther*.

Und dennoch würden wir noch vieles verfehlen, wenn wir uns mit dieser Interpretation begnügten. Denn Werther bekundet ebenso deutlich, daß sein Tod auch ein Zurück zum Vater ist: „Ich gehe voran, gehe zu meinem Vater, zu Deinem Vater" (502). Dieses Element genau zu berücksichtigen führt aber nicht in Widersprüche und Aporien, sondern bedeutet im Gegenteil eine Präzisierung und ein deutlicheres Erfassen der Thematik des Schreibens, die mit der Interpretation des Schattenrisses erneut angeschnitten wurde. Würden wir bei der vorliegenden Interpretation beharren, so hätten wir zwar eine vorgängige Schicht von Werthers Diskurs aufgedeckt, diese Schicht jedoch zu einem neuen Urgrund gemacht, auf dem Werthers Diskurs Boden fasse, und sei dieser Boden nun das alles vereinheitlichende Unbewußte. Diese Falle, der die klassische Psychoanalyse nicht entgeht (was ihre Integration in eine phänomenologische Hermeneutik ermöglicht), wird aber hier dadurch aufgehoben, daß gezeigt werden kann, daß das Unbewußte selbst schon immer gespalten ist, weil die Spur des Unbewußten in der Schrift, dem Schattenriß, nicht in dem mütterlichen Imago aufgeht, sondern durch ein umwälzendes Vater-Imago immer schon verdoppelt und ent-stellt ist (vgl. Homer/Ossian).

c) *Die Vorgängigkeit des Todes II: Der atopische Vater*

Diesen letzten Aspekt würde jeder vermissen, der nach der Aufforderung von Goethe den Roman besser lesen gelernt und also gesehen hat, daß der Vater im *Werther* alles andere als „abwesend" ist. Und ferner würde ihn auch jeder vermissen, der einigermaßen weiß, worum es in der Schrift geht: Weil der logos „ohne die Hilfe seines Vaters" irren muß und nur unwissend wiederholen kann, ohne sich den richtigen Partner auszusuchen, also eben aus der Perspektive des Vaters die Schrift *eidolon* ist, so ist es eben auch der Skandal der Schrift — und ihr Spezifikum, sobald man nicht mehr den Standpunkt des Vaters vertritt, daß sie — wie auch immer — den Vater entmachtet.[47] Schreiben heißt demnach immer auch an die Stelle des Vaters (der Sonne, des Königs usw.) treten zu wollen — zum Beispiel durch Vatermord. So ist es auch nur zu konsequent, wenn wir, diesem Motiv nachspürend, ständig auch auf den Ödipus-Komplex stoßen, den wir im vorangegangenen Abschnitt gestreift haben — tun wir überhaupt etwas anderes, als diesen Weg zu wiederholen?

Zwei Belege: Als Werther am 10. Mai seine Vereinigung mit der Natur feiert, die er viel später explizit als *Mutter, Freundin* und *Geliebte* anredet (501: „So traure denn, Natur! Dein Sohn, Dein Freund, Dein Geliebter

---

[47] Vgl. dazu den bereits herangezogenen Text von Derrida: *La pharmacie de Platon* (wie Anm. 9) und vor allem den 2. Abschnitt Le père du logos, 84—95.

naht sich seinem Ende"), heißt es schon beredterweise: „Wenn das liebe Tal um mich dampft, und die hohe Sonne an der Oberfläche der undurchdringlichen Finsternis meines Waldes ruht und nur einzelne Strahlen sich in das innere Heiligtum stehlen, ich dann im hohen Grase am fallenden Bache liege ..." (384)[48], dann wird schon deutlich, daß Werther eine Umkehrung der Rollen halluziniert, daß er bereits an die Stelle des (himmlischen) Vaters getreten ist, der nur noch auf illegitime Weise die eigene Machtposition zurückerobern könnte (sich *stehlen*).

Auf andere Weise geht Werther im 2. Buch (am 5. und 9. Mai: man beachte die Parallelität der Daten) noch einen Schritt weiter, als er den Liebesakt mit der Mutter dadurch fantasmiert, daß er sich entschließt, eine Wallfahrt nach seinem *Geburtsort* zu machen; die genauen Angaben Werthers erlauben keinen Zweifel am symbolischen Charakter dieser Pilgerfahrt: „*Zu eben dem Tore will ich hineingehen,* aus dem meine Mutter mit mir herausfuhr, als sie nach dem Tode meines Vaters den lieben vertrauten Ort verließ ..." (453, Hervorhebung von mir).

Es ist auch nicht ohne Bedeutung, daß wir erst und gerade hier erfahren, daß der Vater schon in diesen Jahren gestorben ist. Und wie wir gesehen haben, daß der Roman keineswegs mit dem ersten Brief beginnt, sondern mit zwei verstorbenen mütterlichen Figuren, die für den Lauf des Romans eine strukturelle Bedeutung haben, so auch für eine Reihe von Vaterfiguren – nicht nur Werthers Vater – nur daß die Spur, die diese Gestalten im Leben hinterlassen haben, nicht in glühenden Erinnerungen oder Blüten des Geistes sich artikuliert, sondern – auch dies gehört zur Vaterfigur – ökonomisch: in der Form von hinterlassenem Kapital – Erbschaften.

Abgesehen von Werthers Vater erfahren wir in den ersten Briefen des Romans von vier verstorbenen Vaterfiguren, zu denen Werther in ein eigentümliches Verhältnis tritt. Gleich im ersten Brief wird der verstorbene Graf von M. erwähnt, an dem der Gegensatz von wissenschaftlichem Geist und fühlendem Herzen thematisiert wird (384). Vor allem aber erwähnt

---

[48] Gegen die These des linear sich entwickelnden Textes läßt sich auch eine anagrammatische Lektüre des Werther erwägen. An dieser Stelle läßt sich zeigen, daß Werther nicht nur die Vereinigung mit der Natur phantasmiert, sondern diese Vereinigung nach dem eigenen Tode halluziniert: „Gras" ist die vollkommene anagrammatische Spiegelung von „Sarg". Dies kann man nur solange als Buchstabenspielerei abtun, als man darüber hinweg sieht, daß im Roman die Signifikanten „Gras" und „Grab" immer wieder aufeinander bezogen werden, z. B. am 12. Oktober, wo es von Ossian heißt: „Wenn ich den tiefen Kummer auf seiner Stirne lese, den letzten verlassenen Herrlichen in aller Ermattung dem Grabe zuwanken sehe, wie er (...) nach der kalten Erde, dem hohen wehenden Grase niedersieht ..." (464).

Werther schon hier das verfallene Kabinettchen, in dem im letzten Brief des ersten Buches das Gespräch über die Abgeschiedenen stattfindet (10. September): „Schon manche Träne hab' ich dem Abgeschiedenen in dem verfallenen Kabinettchen geweint, das sein Lieblingsplätzchen war und auch meines ist. Bald werde ich Herr vom Garten sein" (348). Aus einer Herzensverwandtschaft heraus fühlt sich Werther berechtigt, sich den hinterlassenen Garten anzueignen und an die Stelle dieser ersten Vaterfigur zu treten.

In diesem Brief haben wir auch erfahren, warum Werther hierher gekommen ist: er soll ein „Geschäft" erledigen, nämlich eine Tante dazu bewegen, einen „zurückgehaltenen Erbschaftsanteil" herzugeben:

„Ich erklärte ihr meiner Mutter Beschwerden über den zurückgehaltenen Erbschaftsanteil; sie sagte mir ihre Gründe, Ursachen und die Bedingungen, unter welchen sie bereit wäre, alles herauszugeben, und mehr als wir verlangten" (383).

An diesen ersten zwei Belegen ist die Parallele mit Werthers Briefen selbst wichtig, wie sie dann von dem Herausgeber gehandhabt werden: Auch er wird einmal Herr der Briefe, indem er willkürlich entscheidet, „die von dem Abgeschiedenen hinterlassenen *B*riefe" bis auf „das kleinste aufgefundene *B*lättchen" (Der Herausgeber an den Leser, 476) herauszugeben, sich dabei zugleich auch seiner Herrschaft über die Briefe entledigt, indem er sie ihrem Geschick überläßt.

Auch eine zurückgehaltene Erbschaft liegt der Begegnung zwischen Werther und einer älteren Frau, der Tochter des Schulmeisters, zugrunde:

„Ich unterhielt mich weiter mit dem Weibe und erfuhr, daß sie des Schulmeisters Tochter sei, und daß ihr Mann eine Reise in die Schweiz gemacht habe, um die Erbschaft eines Vetters zu holen. – Sie haben ihn drum *b*etriegen wollen, sagte sie, und ihm auf seine *B*riefe nicht geantwortet; da ist er selbst hineingegangen" (2. I, am 27. Mai, 393).

Ist der Vater „abwesend", so nimmt Werther sofort seinen Platz ein („Es ward mir schwer, mich von dem Weibe loszumachen", ibid.).

Schließlich befindet sich auch Albert selbst in einer solchen Lage: Am 16. Junius erfährt Werther durch eine Base: „Sie (Lotte) ist schon vergeben, antwortete jene, an einen sehr braven Mann, der weggereist ist, seine Sachen in Ordnung zu bringen, weil sein Vater gestorben ist" (397). „Die Nachricht war mir ziemlich gleichgültig" lautet die Reaktion Werthers, was sich auch so versteht: Die Antwort war ihm *gleich gültig*; alle Bedingungen sind erfüllt. So wie die Tochter des Schulmeisters ist Lotte die Tochter eines Institutionsvertreters (des Amtmanns, von dem Werther in demselben Brief sagt, er solle ihn „in seinem kleinen Königreiche" besuchen, 396), was ja auch Albert ist (bei Lotte übernimmt er auch die Position des Vaters, die ihrer Mutter versprochen hatte, dem Vater treu wie ein Weib zu sein):

Jedesmal wird das Gesetz des Vaters zugleich anerkannt und übertreten, übertreten und also anerkannt — wie in der Schrift.[49]

Am deutlichsten wird das Spiel von Anerkennung und Übertretung im Verhältnis von Werther zum himmlischen Vater, Gott dem Vater. Der frühe Tod des eigenen Vaters gibt einen semantischen Spielraum frei, den die Textsignifikanz ausnützt: „Vater, den ich nicht kenne! Vater! der sonst meine ganze Seele füllte und nun sein Angesicht von mir gewendet hat!" (2. II, am 30. November, 473). Dieser frei gewordene Raum erreicht seinen Höhepunkt in der Umdisponierung des Gleichnisses vom verlorenen Sohn, in der das Spiel von Anerkennung und Übertretung weiter entfaltet wird. Hier ist es sehr bezeichnend, daß Erich Trunz, der sonst alle Bibelreminiszenzen genau aufzählt (Hamburger Ausgabe, 578 f.), diese eine Stelle völlig herunterspielt: Auch hier scheint die Zensur zunächst eine Selbstzensur zu sein, paßt doch diese Umdisponierung nicht gerade in das Trunzsche Schema der „Intensivierung von Werthers religiöser Sehnsucht" (ibid.). Und auch Reinhard Meyer-Kalkus, der dem Motiv doch Aufmerksamkeit schenkt, liest offenbar an der Umdisponierung vorbei, wenn er in dieser Szene nur eine „Wunschphantasie einer Vereinigung mit dem Vater, den ich nicht kenne" feststellt.[50] Die Umdisponierung besteht nun darin, daß der zurückkehrende Werther ja nicht, wie der verlorene

---

[49] Damit entgeht man auch der Naivität, daß die Schrift ohne Gesetz sei: Verweist doch die Übertretung des Gesetzes auf ein Gesetz der Übertretung, das sie selbst mitproduziert. Man kann in diesem Sinne vom autotelischen Gesetz der Schrift sprechen, was sich nicht einfach mit dem Prinzip der Autoreferenz deckt: Denn ginge die Schrift in der Autoreferenz auf, so würde sie auf sich selbst als auf ein geschlossenes System verweisen. Ich versuche dagegen zu zeigen, daß auch dieses ihr eigene System von der Schrift überspielt wird. So kann auch eine Interpretation wie die vorliegende ohne Widerspruch Aussagen des „empirischen" Autors integrieren, ohne deshalb als positivistisch gelten zu müssen: Die vorliegende Interpretation dürfte nahegelegt haben, wie sie Goethes Hinweise versteht, nach dem Werther „vom Wurme gestochen" sei — nämlich im Sinne einer Vorgängigkeit des Todes in seiner „Biographie". Man braucht nur die Behandlung derselben Aussage etwa bei Zimmerman (wie Anm. 3) ins Auge zu fassen, um den Unterschied feststellen zu können.

[50] Op. cit. 129. Gerade in der unterschiedlichen Auffassung des Wirklichkeitsbezugs, wie sie den jeweiligen Interpretationen als methodologische Vorentscheidung unterschwellig zugrunde liegt, besteht vermutlich der Grund für die Differenzen zwischen Meyer-Kalkus und mir. Die soziologische Ausrichtung der Studie von Meyer-Kalkus drängt schließlich das Psychoanalytische ins Psychologische zurück. Eine eingehendere Auseinandersetzung mit dieser immerhin sehr wertvollen Analyse, die meinen eigenen Bemühungen sonst nicht allzu fern steht, muß einer späteren Arbeit vorbehalten werden.

Sohn der Bibel, damit dem immer schon bestehenden, wenn auch verschwiegenen Willen seines Vaters entspricht, sondern umgekehrt:

„Dein Schweigen wird diese dürstende Seele nicht aufhalten - Und würde ein Mensch, ein Vater zürnen können, dem sein unvermutet rückkehrender Sohn um den Hals fiele und riefe: ich bin wieder da, mein Vater! Zürne nicht, daß ich die Wanderschaft *ab*breche, die ich nach deinem Willen länger aushalten sollte" (473 f.).

Mit anderen Worten: *Mein* Wille geschehe — Werther macht sich dadurch symbolisch zum Vater, daß er sich über das Vatergesetz erhebt — dabei aber allerdings wiederum weniger dem *eigenen* Willen folgt als vielmehr dem des eigenen kranken Herzens/Kindes. So kann er auch sein Unternehmen dadurch legitimieren, daß er den himmlischen Vater in der Übertretung doch noch anerkennt: „Mir ist nur wohl, wo du bist" (ibid.).

Am 21. August führen Gedanken an den Mord an Albert (vgl. Anm. 50) Werther an „Abgründe, vor denen ich zurückbebe" (457) — allerdings um eine vollkommene *mise en abyme* zu entfalten:

„Mir ist es, wie es einem Geiste sein müßte, der in das ausgebrannte zerstörte Schloß zurückkehrte, das er als blühender Fürst einst gebaut und, mit allen Gaben der Herrlichkeit ausgestattet, sterbend seinem geliebten Sohne hoffnungsvoll hinterlassen hätte" (458).

Aus der Vorstellung des eigenen Todes heraus phantasmiert sich Werther zugleich als gestorbenen Vater (den Geist des blühenden Fürsten) und als dessen geliebten Sohn, der die Hoffnungen des Vaters enttäuscht hat, weil er die Hinterlassenschaft (das Schloß) zerstört hat, wobei der Grund dafür im Adjektiv „ausgebrannt" durchschimmern mag (Leidenschaft). So gibt das hinterlassene Schloß einen Schlüssel zum Werther, denn in der Gestalt des „geliebten Sohne(s)" erkennt man nun auch Werthers Herz selbst, das kranke Kind, das er allein hat (*haben will*, 455). So erklären sich auch teilweise Werthers „Gewissensbisse" und der Selbstmord als Mord an dem Vater und an sich selbst zugleich. Sogar das besondere Datum des Selbstmordes (am Tage vor Weihnachten) entspricht strukturell dieser Logik, und man braucht nicht in diesem Zusammenhang angestrengt-phantasielos auf außertextuelle moralische Erwägungen hinzuweisen, die einander widersprechen und nichts über den Text sagen, weil die Interpreten darin nur „das standardisierte Echo (ihrer) selbst" (Adorno) zum Ausdruck bringen.[51]

---

[51] Vgl. etwa die inkonsistente Aufzählung von Müller-Salget (wie Anm. 3, 537), die an das Bekenntnis zur letzten Instanz des empirischen Autors anknüpft: „Auf eben diese Vieldeutigkeit des Sterbedatums ist es Goethe offensichtlich angekommen". Daß aber Vieldeutigkeit nicht Beliebigkeit bedeutet, und daß Vieldeutigkeit in solchen Analysen immer in der Eindeutigkeit einer noch so unbewiesenen

Eine durchaus ähnliche Szene schließlich ergibt sich aus einer Analyse des Ossian-Motivs. Schon der berühmte Ausspruch Werthers am 12. Oktober: „Ossian hat in meinem Herzen den Homer verdrängt" (464) erinnert daran, daß Homer mit der mütterlichen Sphäre identifiziert wurde („Wiegengesang"), die jetzt durch Ossian *verdrängt* wird − und das heißt eben nicht vernichtet oder vergessen. Die Identifikation, die Werther im Briefe vom 12. Oktober leistet, faßt alles bisher Dargestellte zusammen und verdeutlicht manche Konturen:

„Wenn ich ihn dann finde, den wandelnden grauen *B*arden, der auf der weiten Heide die Fußstapfen seiner Väter sucht, und ach, ihre Grabsteine findet und dann jammernd nach dem lieben Sterne des Abends hinblickt, der sich ins rollende Meer verbirgt, und die Zeiten der Vergangenheit in des Helden Seele lebendig werden (...). Wenn ich den tiefen Kummer auf seiner Stirn lese, den letzten verlassenen Herrlichen in aller Ermattung dem Grabe zuwanken sehe, wie er immer neue schmerzlich glühende Freuden in der kraftlosen Gegenwart der Schatten seiner Abgeschiedenen einsaugt und nach der kalten Erde, dem hohen wehenden Grase niedersieht und ausruft: Der Wanderer wird kommen, kommen, der mich kannte in meiner Schönheit, und fragen: Wo ist der Sänger, Fingals trefflicher Sohn? Sein Fußtritt geht über mein Grab hin, und er fragt vergebens nach mir auf der Erde. − O Freund! ich möchte gleich einem edlen Waffenträger das Schwert ziehen, meinen Fürsten von der zuckenden Qual des langsam absterbenden Lebens auf einmal befreien und dem befreiten Halbgott meine Seele nachsenden" (2. II, am 12. Oktober, 464 f.).

Wir müssen hier abbrechen und dem Leser die Aufgabe des Lesens hinter- und überlassen, die Entfaltung der hier ansatzweise ausgesponnenen Fäden: Werther als Ossian, der den verschiedenen Vätern nachspürt und am eigenen Grabe „neue schmerzlich glühende Freuden *in der kraftlosen Gegenwart der Schatten seiner Abgeschiedenen* einsaugt", wobei „Schatten" noch einmal die Spur auch des verdrängten Mütterlichen wieder aufsteigen läßt: Der Schattenriß an der weißen Wand, ein Phantom und doch kein Phantom, weil „es uns wohl ist" (18. Julius, 418), aktualisiert die Unentscheidbarkeit zwischen Männlichem und Weiblichem, Väterlichem und Mütterlichem, bleibt in sich gespalten. Der Schatten braucht das Licht, die Vater-Sonne, das also auch da anerkannt und doch hinfort übertreten wird, weil Werther es sich zu eigen macht, und sich an die Aneignung verliert − nie wird er sich über den Sinn des Schattenrisses, die Wahrheit des Signifikanten, des Todes im Leben und des zu neuem Leben berufenen Toten (*B*uchstabens) klar. Denn so ist die Schrift: Weil sie alle Systeme verwirrt und verrückt macht, braucht sie auch das Gesetz des Vaters, um es zu durchdringen und übertreten, und sie schließt den Autor in diese Geste ein, natürlich auch den Interpreten, denn keiner ist der Garant oder

---

Autorintention aufgehen muß, darüber macht sich Müller-Salget nicht all zu viel Gedanken.

Besitzer der Wahrheit, sondern — buchstäblich — ein Schrift-steller, *un posteur d'écriture*.[52]

3. Statt einer abschließenden Bemerkung: Post-Skriptum

Eine solche Interpretation, die sich als Rezeption einer Nicht-Rezeption versteht, weil sie von der ‚Rezeption' verdrängten Kraftlinien nachzuspüren sucht, bleibt selbstverständlich eine Form der Rezeption, doch erfüllt sie sich nicht in der Rekonstruktion eines vermeintlich ursprünglichen Horizontes — ein Verfahren, das vielleicht sogar die eigentliche List der Tradition ist. Daher hat eine so verstandene Interpretation immer nur Entwurfcharakter, und daher gehört es auch zu jeder recht verstandenen (textgerechten) Rezeption, daß sie prinzipiell zwischen Unaufschiebbarkeit und Uneinlösbarkeit aufgehoben bleibt.

Am Motiv des (B)-Signifikanten, das keineswegs als Botschaft, sondern als Spur einer Insistenz (Intensität) zu verstehen ist, wurde angedeutet, wie Werthers ‚Diskurs' und Handeln bis in die Verunglimpfung der Schrift von deren bewegenden Mächten bestimmt wird. Dies läßt sich nicht beweisen, wohl aber doch begründen, wenn dabei durch Verallgemeinerung eine neue Kraftlinie am Text aufgewiesen werden kann. Zum Schluß führe ich daher noch einige Belege an, die das bereits Angedeutete verdeutlichen mögen.

Man kann sich zum Beispiel fragen, was es mit diesem Fräulein von B. auf sich hat, dem Werther „in dem traurigen Neste D . . ." (2. II, am 20. Januar, 445) begegnet; warum sich Werther nicht auf ein näheres Verhältnis mit ihr einläßt, wo er doch offenbar auf Lotte verzichtet hat, zumal dieses Fräulein von B., das Werther gelegentlich auch „meine Fräulein B." nennt (449) wie ein Doppelgänger von Lotte wirkt: „Sie gleicht Ihnen, Lotte, wenn man Ihnen gleichen kann" (445). Aber gerade hier ist auch der restriktive Ton nicht zu überhören, und man muß sich fragen, warum es so ist, zumal diese Person in den Augen Werthers einen höheren

---

[52] Hier wird auf die nicht reduzierbare semantische Vielseitigkeit des französichen Wortes „poster" angespielt (stellen, mit der Post schicken), die z. B. für Derrida in *La carte postale* (deutsch: *Die Postkarte*, übersetzt von Hans-Joachim Metzger, Brinkmann & Bose, Berlin 1982) wichtig ist. In unserem Zusammenhang läßt sich hinzufügen, daß die Sequenz „un posteur d'écriture" auch „imposteur d'écriture" (Betrüger, Hochstapler der Schrift) gehört und verstanden werden kann — was der Autor und der Interpret ja eben auch immer ist, weil er eine Interpretation vorlegt, die Wahrheit beansprucht, wo es doch eben keine Wahrheit gibt, auf die sie gründen könnte.

Wert dadurch gewinnt, daß sie — wie er selbst — unter dem Zwang der Gesellschaft leidet („Ihr Stand ist ihr zur Last", 446. Vgl. auch, wie sie von Werther gegen das Negativum ausgespielt wird, das die Tochter der Dame von S. darstellt: Den 15. März, 448 f.). Die Antwort auf diese Frage kann hier nur aufs Lapidarste formuliert werden: Weil dem Werther noch so interessierenden Fräulein von B. („ich gab nur auf meine B. acht", 449) Entscheidendes fehlt, was für ihn (unbewußt) ein unverzichtbares ‚Mehr' ist: Die Spur der „lieben Abgeschiedenen" in ihrem Ich, das Immer-schon-durch-den-Tod-Gezeichnet-Sein (wovon der Schattenriß — buchstäblich — zeugt). Dieses eine Beispiel dürfte genügen, um nahezulegen, daß die hier unternommene Interpretation nicht einfach als willkürliche Buchstabenspielerei abgetan werden kann. Und schließlich kann auch auf die eigentümliche Wirkungsgeschichte gerade dieses Buchstabens hingewiesen werden, die besser als jedes Beispiel deutlich macht, worum es hier geht: Hat doch Saussure gerade auch an diesem Buchstaben einmal „die Tyrannei des Buchstabens" angeprangert, weil sich von der Etymologie her der Eigenname *Lefèvre* auch *Lefèbvre* schreiben kann, also „avec un *b* qui n'a jamais existé réellement dans le mot"[53]. Auf dem Spiel steht hier nichts anderes als die verschiedenen und womöglich konträren Vorentscheidungen, die das jeweilige Verständnis vom Wort und demnach auch den jeweiligen Umgang mit ihm (mit dem Text) vorausbestimmen.

Doch würde ich mich damit begnügen und zufrieden geben, wenn die vorliegende Interpretation auch nur Zweifel an der Selbstgewißheit der Interpreten aufkommen ließe, die den Text, das Wort, und hier sogar den Eigennamen immer schon auf Eines, Gesichertes festnageln wollen. Exemplarisch scheint mir hier die Zitierweise von Hans-Egon Zimmermann, dessen Interpretation hier mehrmals in Frage gestellt wurde:

„Ach diese Lücke, diese entsetzliche Lücke, die ich hier in meinem Busen fühle! Ich denke oft: Wenn du sie (= Lotte) nur einmal an dieses Herz drücken könntest. All diese Lücke würde ausgefüllt sein" (H. E. Zimmermann, op. cit. S. 168).

Für Zimmermann besteht hier kein Zweifel, daß sich das Pronomen *sie* mit der Person *Lotte* deckt. Und in der Tat hat er wahrscheinlich recht, wenn er Werthers (= Goethes) Intention zur letzten Sinninstanz erhebt. Aber gegen solche Auffassung muß man an die Selbstverständlichkeit erinnern, daß wir es hier mit einem *Text* zu tun haben, der in solcher Instanz nicht aufgeht. Dies kann auf zwei Wegen sichtbar gemacht werden: Erstens dadurch, daß man im Text syntaktische Merkmale erkennt, die die Mehrstelligkeit von ‚Lotte' bezeugen. Auch hier wieder ein einziges Beispiel: Am 20. Februar erfährt Werther, daß Lotte und Albert nun ein Paar sind

---

[53] *Cours de linguistique générale*, édition critique préparée par Tullio de Mauro, Payot, Paris 1979, S. 54.

und daß – gegen den eigenen Willen – Lottens *Bild* (der Schattenriß) immer noch an seiner Wand hängt, daß er es also nicht „begraben" hat. Nun die Schlußworte des Briefes: „Albert, leb wohl! Leb wohl, Engel des Himmels! Leb wohl, Lotte!" (448). Keine Frage, daß für Werther Lotte mit dem Engel des Himmels identifiziert werden muß. Andrerseits aber hat er in seiner Entscheidung, den Schattenriß an der Wand zu lassen, dem Vergangenen das Wort geredet. Und ein Ausdruck wie „Engel des Himmels" verweist bei Werther auch auf die Sphäre der „lieben Abgeschiedenen". Unter das Nichtvergessen Lottens schiebt sich demnach das Nichtvergessen der lieben Verstorbenen: der Jugendfreundin zum Beispiel, oder von Lottens Mutter. Das Nichtnennen dieser Figuren ermöglicht es, daß sie sich durch die Arbeit der Kontexte unter Lottens ‚Namen' schieben – aber man müßte nun auch der Tatsache nachgehen, warum Lotte in bestimmten Kontexten auch nicht genannt wird, wie es zum Beispiel am 6. Dezember, also im letzten von Werther selbst abgeschickten Brief, der Fall ist.

Der zweite Weg führt über Zimmermanns Kommentar der zitierten Stelle:

„Solche Hoffnung setzt er sogar auf die *Ferne* und die *Zukunft* (...) wobei ihm aber schon zuinnerst *bewußt* ist, daß die Hoffnung letztlich nie Wirklichkeit werden wird: ‚Wir stehen in unserer Armuth, in unserer Eingeschränktheit, und unsere Seele lechzt nach *entschlüpftem* Labsale'" (ibid., Hervorhebung von mir).

Zwar überläßt der Interpret Werther das letzte Wort, doch nur weil er sich vorher vergewissert zu haben glaubt, daß er seiner Interpretation recht gibt (sie = Lotte). Aber der Text will es anders: Geht Zimmermann fasziniert auf die Ferne und die Zukunft Werthers ein, so erinnert Werther hinterrücks an das vom Interpreten (zugegeben: unbewußt) Zensierte: das Vorher, das Vergangene, das Werther vergangen sein haben will, und nach dem er sich als einem *entschlüpften* Labsale sehnt[54].

So läßt sich sagen, daß die „Tyrannei des Buchstabens", gegen die sich Saussure wehrt, nichts anderes ist als der Versuch, sich dem Textgesetz zu beugen. Und daß unter ‚Textgesetz' zunächst eine Rehabilitierung des

---

[54] Dazu gehören schließlich auch Werthers ‚Inversionen', die dem Gesandten, also dem Vertreter des institutionellen Gesetzes, so zuwider sind. Es läßt sich sagen, daß Werther das Verständnis des Liebes(brief)romans ‚inversiert' oder umkehrt: Es ist nicht, wie etwa Zimmermann es meint, die Geschichte einer Leidenschaft für eine lebendige Person, die mit dem Tod endet, sondern umgekehrt die Geschichte einer ‚Leidenschaft zum Tode', die als eine Leidenschaft für Tote verstanden werden kann. Lotte wird nur insofern geliebt, als sich Tote in ihr artikulieren, was auch ihr Name zeigt, wenn man dessen Einheit nicht allzu verabsolutiert und das erste *t* an Stelle des großgeschriebenen *L* (möglicherweise ein Alibi für das in der Form der Bejahung verneinte *L*eben) rückt: (L)Tote.

Syntaktischen gegen das Semantische zu verstehen ist, wenn angenommen wird, daß nicht die Syntax im Dienste der Botschaft steht, sondern die (auch vom Autor unreflektierte) Syntax vor allem in ihren Diskontinuitäten Spannungen auslöst und ‚Linien' vervielfältigt, die in der Interpretation eingelöst werden können. Ferner muß noch einmal betont werden, daß damit nicht eine ‚wahre' Interpretation gegen eine ‚falsche' ausgetauscht wird, sondern daß eine Interpretation, die ein breiter angelegtes Verständnis eines Textes ermöglicht und dabei die eigenen Voraussetzungen nach Möglichkeit entfaltet, mehr von sich und vom Text gibt als eine andere. Und in einem Forschungsfeld, in dem es keine nachprüfbare Wahrheit gibt, kommt es auf nichts anderes an.

Manfred Frank

Die Grenzen der Beherrschbarkeit der Sprache

Das Gespräch als Ort der Differenz von Neostrukturalismus und Hermeneutik

Von Ausnahmen abgesehen, gibt es heute kein Gespräch zwischen zwei mächtigen Strömen europäischer Philosophie, nämlich zwischen dem Neostrukturalismus und der Hermeneutik. Es wäre fast schon zuviel behauptet, wollte man sagen, zwischen ihnen bestünde eine unüberwindliche Feindschaft. Denn um gegen eine Position feindselige Gefühle zu entwickeln, müßte man sie immerhin ein bißchen kennen. Der Prozeß des wechselseitigen Sich-Kennenlernens ist aber noch kaum in Gang gekommen. Realistisch wäre vielleicht die Feststellung, daß die beiden Standpunkte einander verdächtigen: denn die Verdächtigung ist motiviert, beruht aber auf unerwiesenen Voraussetzungen.

Gewiß ist richtig, daß der über dialogischen Veranstaltungen schwebende Zwang zur Harmonisierung ein ernstes Hindernis zum Herausarbeiten gedanklicher und sachlicher Differenz(ierung)en werden kann. Indessen: wer sagt eigentlich, daß das Gespräch, das zwischen der deutschen Hermeneutik und dem französischen Neostrukturalismus nicht stattfindet, unter dem Gebot der Verträglichkeit stehen müßte, *wenn* es statthätte? Freilich bleibt *eine* Voraussetzung unabdingbar (Schleiermachers *Dialektik* hat sie uns bewußt gemacht): Streitende müssen sich auf dieselbe Sache beziehen, sonst streiten sie nicht miteinander, sondern äußern verschiedene Urteile – Urteile, deren Verschiedenheit, da sie auf verschiedene Sachen verweisen, nicht bis zur Schärfe des Widerspruchs gesteigert ist. Nun behaupte ich, daß die Gemeinsamkeit der Sache im Streit zwischen Neostrukturalismus und Hermeneutik gegeben ist: Bei beiden handelt es sich um ein Philosophieren nach Hegel, nach Nietzsche und nach Heidegger: das absolute Selbstbewußtsein bietet keine Möglichkeit mehr, dem Faktum der Endlichkeit und der Geschichte zu entrinnen; ein transzendenter Wert, dessen Berufung das Leben rechtfertigte, ist nicht mehr zu sehen: die Konturen der Wertgebung zeichnen sich im Prozeß einer „unendlichen perspektivischen Interpretation"; das Subjekt ist nicht länger mehr Herr seines Seins, es erwirbt sein „Selbstverständnis" im Zeichen-Zusammenhang einer Welt, in deren Struktur eine bestimmte Deutung des Sinns von Sein eingegangen ist. Schließlich sind sowohl der Neostrukturalismus wie die Hermeneutik wesentlich Sprachphilosophien, die das ‚Bewußtsein' des Menschen durch das hindurchführen, was Lacan den

„défilé du signifiant" genannt hat. Im Deutschen beruft man sich dabei auf Schleiermacher, Humboldt, Nietzsche und Heidegger als auf die wesentlichen Vorläufer; im französischen Sprachgebiet steht die implizite Sprachtheorie des poetischen Symbolismus (besonders Mallarmés) und die Linguistik Ferdinand de Saussures im Vordergrund. Seitdem man — durch die Kritische Ausgabe des Saussureschen Nachlasses — weiß, wie sehr gerade Saussure dem Denken Humboldts, Schleiermachers und Steinthals (teils wirkungs-, teils lebensgeschichtlich) verpflichtet ist, schwindet freilich auch diese vermeintliche Differenz: nämlich die einer unterschiedlichen Tradition von Neostrukturalismus und Hermeneutik.

Wo stecken also die Differenzen? Vermutlich werden sie die Beiträge dieses Bandes viel eher manifestiert als ausgetragen haben. Der Leser sollte versuchen, die Teilnehmer dieser Debatte beim Gespräch über Neostrukturalismus und Hermeneutik (à propos von Heideggers Nietzsche-Deutung) gleichsam zu ertappen: beim Gespräch, das zu führen sie sich bislang erfolgreich geweigert haben. Bevor es geführt und abgeschlossen ist (aber wo ist der Abschluß eines Gesprächs? sagen wir:) bevor die Partner ihre Positionen einander haben nahebringen können, ist jede Behauptung einer Verträglichkeit oder Unverträglichkeit unbegründet und überstürzt.

Ich habe meine eigene Stellung zu dieser (nicht stattfindenden) Debatte anderswo ausführlich dargestellt.[1] Für heute schien es mir geschickt, hermeneutische und neostrukturalistische Positionen zu eben der Sache miteinander teils zu vergleichen, teils zu durchdringen, die zwischen ihnen zu wenig statthat: zur Sache des Gesprächs. Vielleicht ist das, was uns trennt, zugleich das, was uns verbindet: das Bewußtsein der prinzipiellen Nicht-Beherrschbarkeit eines Gesprächs; der Nicht-Festlegbarkeit der Zeichen, die wir miteinander tauschen; der Nicht-Identität der Bedeutungen, über die wir uns verständigen; der prinzipiell hypothetischen Natur jedes denkbaren Konsensus.

Darüber sprechen die folgenden Seiten, erst in geschichtlicher, dann in systematischer Absicht.

Die Hermeneutik — als die „Kunst, die Rede eines andern, vornehmlich die schriftliche, richtig zu verstehen"[1a] — ist eine wissensgeschichtlich junge, nämlich eine romantische Erfindung. Gewiß gab es Auslegungsprobleme und deren systematische Aufarbeitung schon seit der Antike, und auch die

---

[1] In: *Das individuelle Allgemeine. Textstrukturierung und -interpretation nach Schleiermacher*, Suhrkamp, Ffm. 1977, vor allem aber jetzt: *Was ist Neostrukturalismus?*, es 1203, Ffm. 1983.

[1a] Friedrich Schleiermacher, *Hermeneutik und Kritik*. Mit einem Anhang sprachphilosophischer Texte Schleiermachers hg. und eingeleitet von Manfred Frank, Frankfurt 1977, 71 (hinfort zit.: *HuK*).

Universalisierung des hermeneutischen Skopus auf das Gesamt der zeichenvermittelten Interaktion war bereits eine Errungenschaft der Aufklärung. Der romantische Bruch mit dem Interpretationsmodell der Aufklärung betraf denn auch nicht den Universalitätsanspruch des kunstmäßig betriebenen Verstehens, sondern die Auffassung vom Wesen der Sprache als des Gegenstandes jeder Auslegung. In grober Vereinfachung darf man sagen, daß bis etwa zur Mitte des 18. Jahrhunderts die Auslegung als ein spezifisches Problem in den sprachbezogenen Wissensformen darum keine Rolle spielt, weil die Sprachform in ihrer Wahrheit eine logische Form repräsentiert[2] und weil die logische Form der Urteils-Synthesen unmittelbar auf Tatsachen bezugnimmt, so daß die vernünftige Rede (die von ihrer Natur her allgemein, wahr und einleuchtend ist) mit der sachhaltigen Rede zusammenfällt und das Problem einer Verständigung über den spezifischen Verwendungssinn einer Rede oder über die Art und Weise der sprachlichen Konstruktion von Welt gar nicht erst aufkommt: Eine prästabilierte Harmonie macht die grammatisch korrekte Rede zu einer unmittelbaren und verläßlichen Repräsentation logisch korrekt kombinierter „Vorstellungen". Grammatik und Vernunft sind allgemein: jede Anwendung ihrer Gesetze re-produziert diese wesenhafte Allgemeinheit des Code in concreto, so wie ein Fall das Gesetz, dem er untersteht, nicht modifiziert, sondern manifestiert. Etwas als etwas verstehen heißt unter dieser epistemologischen Prämisse: die geäußerten oder geschriebenen Worte auf ihren Vernunftgehalt hin zu durchleuchten, d. h. sie als jenes Allgemeine aufzufassen, das sie in ihrer historisch einmaligen Anwendungssituation nicht aufhören zu sein.

Die Hermeneutik – die Kunst, eine Rede oder eine Schrift richtig zu verstehen – reduziert sich unter Bedingungen der Geltung eines universalgrammatischen Repräsentationsmodells vollkommen oder doch weitgehend auf die Regel der „vernünftigen (raisonnée)" De-codierung der Sprache, in der die Diskurse oder die Texte abgefaßt sind.

Das ändert sich mit der Romantik. Foucault hat uns – wenn auch ohne ausdrückliche Bezugnahme auf die Hermeneutik und den fundamentalen Status, der gerade ihr für diese Entwicklung zukommt – Einblicke in jenes „événement fondamental" tun lassen, das das Paradigma der Repräsentation und der Ordnung in dasjenige der Geschichte überführt hat. Foucault spricht von einem beträchtlichen Schock, von dem nicht weniger als die klassische Auffassung von Vernunft erschüttert worden sei: „un des plus radicaux sans doute qui soit arrivé à la culture occidentale pour que se

---

[2] Vgl. zu diesem Problem die lichtvolle Einleitung, die Michel Foucault der *Grammaire générale et raisonnée* von Arnauld und Lancelot vorausgeschickt hat (Paris 1969, bes. p. IX ff.).

défasse la positivité du savoir classique, et que se constitue une positivité dont nous ne sommes sans doute pas entièrement sortis" (*Les mots et les choses*, Paris 1966, 232).

Ich möchte das Resultat des epistemologischen Bruchs, der das Repräsentationsmodell in das des universalisierten Interpretierens übergeführt hat, in äußerster Vereinfachung wie folgt charakterisieren: Die romantische Sprach-Theorie war, nach dem Zusammenbruch des Universalitätsaxioms der Vernunft, gezwungen, die über-individuelle Geltung von Sprache anders zu erklären als damit, daß die Sprache aufgrund ihrer natürlichen Transparenz für die Vernunft selbst auch vernünftig (und allgemein) sein müsse. Es gibt die relative — nämlich auf eine „Denkgemeinschaft" eingeschränkte — Allgemeinheit der ‚Sprache' nur als eine idealisierende Abstraktion aus unzähligen (und jeweils geschichtlich situierten) Redehandlungen, die ihrerseits unvollständig beschrieben sind, wenn man sie nicht 1. als Akte individueller Weltkonstruktion und 2. als Antworten auf andere Reden (als ein Weiter- oder als ein Widerreden) begreift: als Momente eines Gesprächs. Anders gesagt: die Sprache ist eine reine Virtualität, eine Idealisierung in analytischer Absicht und nie mehr als eine bloße, vom wirklichen und in Situation erfolgenden Sprechen der Individuen permanent angefochtene Hypothese. Weit entfernt, die Realität der sprachlichen Weltkonstruktion (deren Reduktion auf ihre reine Gesetzmäßigkeit die „Vernunft" wäre) zu determinieren, ist die Sprache nie mehr als der veränderbare und ins Allgemeine projizierte Zustand des Gesprächs einer Kommunikationsgemeinschaft, die aus unzählig vielen individuell miteinander kommunizierenden Einzelnen besteht. Das Gespräch ist ein einzelnes Allgemeines; es ist allgemein, denn ohne über-individuelle Fixierung des Sinns von Ausdrücken wäre Verständigung prinzipiell ausgeschlossen; aber es ist zugleich individuell, weil die Universalität der verfügbaren Zeichen-Synthesen und Kombinations-Regeln immer die Probe an der Weltkonstruktion des einzelnen Sprechers zu bestehen hat:

> Wie (...) das unübertragbare Gefühl notwendig zugleich wieder äußerlich wird und den Charakter der Gemeinschaft annimmt, so muß auch das allgemeingültige Denken wieder den Charakter der Eigentümlichkeit annehmen. Zuerst von seiten der Sprache angesehn heißt das: die Sprache muß sich individualisieren. Sonst kann sie nur als Vermögen gedacht werden, aber nicht wirklich existieren. So ist es auch. Im Individualisieren hängt die Sprache zuerst als höchstes Produkt der Organisation ab von den großen kosmischen Bedingungen der Organisation überhaupt. Dann steigt sie herab, und das Bestimmteste ist das Individualisieren für jeden einzelnen Mensch in Stil und Sprachgebrauch. Diesen erkennen wir alle als wahr und notwendig an, so gewiß wir an eine höhere Kritik glauben (*HuK* 364).

Es gibt „die Sprache" also nur in der Realität des wirklichen Gesprächs; im wirklichen Gespräch wiederum sind die Bedeutungen der Zeichen, mit deren Hilfe wir übereinkommen, nicht einfach Reproduktionen eines transhistorischen Code-der-Rationalität, sondern fix gewordene Resultate eines prinzipiell nicht eingegrenzten Prozesses gemeinschaftlicher, aber letztlich individueller Welt-Auslegung. So bestätigt das Miteinander-Sprechen die Geltung der Sprache als eines „fait social", und es schränkt sie ein. Es bestätigt sie, denn nur durch Kommunizieren gibt es Sprache als einen vielen gemeinsamen Sinn- und Verständigungsrahmen. Aber das Gespräch ficht diesen Rahmen zugleich auch an, weil wir nur denjenigen Austausch von Zeichen als ein Gespräch bezeichnen werden, in dem (anders als in der Bienensprache) die Antwort freigestellt ist. Dem, der (in gewissen Grenzen, versteht sich) frei ist, Antwort zu geben, ist die Gemeinschaftlichkeit des symbolisch besiegelten Einverständnisses zur Disposition gestellt; an seinem Vermögen, dieses Einverständnis neu und anders zu deuten, bricht sich die Einheit des sozialen Code.

Wenn ich recht sehe, bieten uns die Hauptrichtungen der gegenwärtigen Linguistik und Sprachphilosophie das Bild einer allmählichen Verdrängung dieser romantischen Erfahrung. Der berühmte Satz, in dem Saussures *Cours de linguistique générale* abschließend seine „idée fondamentale" resümiert (und der bekanntlich gar nicht von ihm herrührt, sondern von Bally und Sechehaye eingeschwärzt wurde), bietet dafür einen eindrucksvollen Beleg: *„la linguistique a pour unique et seul objet la langue envisagée en elle-même et pour elle-même"* (édition critique préparée par Tullio de Mauro, Paris 1972, ²1980, 317). Man könnte diese Formulierung, die sich ähnlich schon bei Humboldt und Grimm findet und eine Art Topos der klassischen Sprachwissenschaft wiederauffrischt, trivial finden, wüßte man nicht, daß „die Sprache" hier im Geiste des Strukturalismus verstanden ist als „das System der *langue*" (also: als der „code", vgl. *Cours* l. c. 31, passim; 423, Anm. 66) unter Abstraktion sowohl von den innovativen Akten, die Saussure (wie Schleiermacher) im individuellen Sprachgebrauch gründen ließ[3], wie von der Ebene der lebendigen symbolischen Interaktion.

Ich wage im folgenden eine starke Vereinfachung. Sie soll eine gemeinsame Prämisse sprach- und texttheoretischer Modelle sichtbar machen, die als eine Art stillschweigenden Minimalkonsenses so weit auseinanderstrebende Schulen wie den (text)linguistischen Strukturalismus, die Genera-

---

[3] „Dans la langue, il y a toujours un double côté qui se correspond: elle est *sociale/ individuelle*. (...) Formes, grammaire n'existent que socialement, mais les changements partent d'un individu" (F. de Saussure, *Cours de linguistique générale (1908/9). Introduction*, éd. par R. Godel, in: *Cahiers Ferdinand de Saussure* 15, 1957, p. 8 [hinfort zit.: *CFS* 15]). Vgl. *Cours*, éd. de Mauro, p. 231: „Rien n'entre dans la langue sans avoir été essayé dans la parole, et tous les phénomènes évolutifs ont leur racine dans la sphère de l'individu" (vgl. auch p. 138).

tions-Grammatik, die analytische Sprachphilosophie, die epistemologische Archäologie, die Informations-, die Sprechakttheorie und Teile der wirkungsgeschichtlichen Hermeneutik in der Einheit eines Paradigmas versammelt.

Alle diese Richtungen vollziehen das, was man den *linguistic turn* nennt, und bezeugen damit ihren Ursprung in der Krise der Reflexions- (bzw. der Repräsentations-) Philosophie. Im Gegensatz jedoch zur hermeneutischen Sprachtheorie der Romantik suchen sie den Verlust einer in Vernunftbegriffen durchgängig ausgelegten Welt (wie sie von der Universalgrammatik zum Zwecke der Mitteilung repräsentiert wird) zu ersetzen durchs Modell des sprachlichen „Code" (der Grammatik, des Sprachspiels, des Sprach-Systems, der Struktur, des Archivs, der Taxonomie der illokutionären Akte, des von der Tradition imprägnierten Bewußtseins usw.), aus dem die Einzelereignisse der situierten Rede zu deduzieren wären wie besondere Fälle aus einer allgemeinen Regel. Die gemeinsame Konsequenz dieser quasi-rationalistischen Renegation der Krise des klassischen Rationalismus ist die Schwierigkeit, die die genannten Schulen mit dem Problem der Vieldeutigkeit und der semantischen Innovation sowie mit dem Sprachwandel und mit der Bestimmung des Status von Identität der Zeichen haben. Der Minimalkonsens der Sprachtheorien, die mit dem Code-Modell (oder einem verwandten Operations-Schema wie etwa dem Modell einer das Verstehen determinierenden „Tradition", die ja — als eine symbolische Entität — ebenso ihre Formationsregeln haben muß wie ein Foucaultsches „Archiv"), — der Minimalkonsens all der Sprachauffassungen, die mit dem Code-Modell arbeiten, gründet sich auf ein Interesse, das sich als szientifisch kennzeichnen läßt: Um der wissenschaftlichen Beherrschbarkeit des Gegenstandes Sprache willen ist die Voraussetzung unumgänglich, daß die sprachlichen Ereignisse Gesetzmäßigkeiten gehorchen, die zwar nicht unbedingt, wie der Rationalismus des 17. und des 18. Jahrhunderts wollte, den Status der Außerzeitlichkeit haben müssen (es mag sich um konventionelle oder traditionelle Systeme handeln), doch aber sicherstellen, daß mehrere Vorkommen solcher sprachlichen Ereignisse als Realisationen eines und desselben sprachlichen (oder archäologischen oder pragmatischen usw.) *Typus* rekognosziert werden können. In Searles Worten:

Any linguistic element written or spoken, indeed any rule-governed element in any system of representation at all must be repeatable, otherwise the rules would have no scope of application. To say this is just to say that the logician's type-token distinction must apply generally to all the rule-governed elements of language in order that the rules can be rules. Without this feature of iterability there could not be the possibility of producing an infinite number of sentences with a finite list of elements; and this, as philosophers since Frege have recognized, is one of the crucial feature of any language. (*Reiterating the Differences: A Reply to Derrida,* in: Glyph 1, 1977, 199).

Dies Zitat formuliert die Grundannahme des Code-Modells sehr präzise; und es macht zugleich klar, daß die theoretische Entscheidung für Beherrschung-durch-Systematisierung die Seinsweise des Gegenstandes der Sprachwissenschaft im vorhinein definiert. Unter der Voraussetzung (aber auch nur unter der Voraussetzung), daß Sprachen systematisch verfaßt sind und ihre Äußerungen determinieren, ist analytisch wahr, daß jede Wiederholung eines sprachlichen Typs (oder einer typisierten sprachlichen Handlung) „involves the notion of the repetition of the same" (J. R. Searle, l. c., 207).

Freilich ist die Wahl der konventionalistischen Auffassung der Sprache selbst nur durch eine epistemologische Dezision zu begründen; nichts beweist, daß sie gezogen werden *muß.* Die Erfahrung der Verschiebung der Einheit der Bedeutung im Gespräch und die Einsicht in die Unentscheidbarkeit der Zuweisung eines *token* unter den Titel eines *type* lassen das Code-Modell sogar als besonders ungeeignet erscheinen, einer Theorie des Gesprächs als Grundlage zu dienen. Gälte fürs Gespräch die szientistische Prämisse, daß im Hin und Her von Rede und Gegenrede die *Selbigkeit* des sprachlichen Typus nicht angetastet werden darf, dann reduzierte sich alles Sprechen auf die Übung der *parole vide,* als welche das Gespräch von den Sozialtechniken, die sich „Conversational Analysis" nennen, zu allermeist in Anschlag gebracht wird. Was berechtigt, hier von ‚leerer Rede' zu sprechen?

Diesen Ausdruck hat Jacques Lacan 1953 in seinem großen Kongreßbericht über *Fonction et champ de la parole et du langage en psychanalyse* eingeführt und damit an die fundamentale, in den zeitgenössischen Sprachwissenschaften gleichwohl vernachlässigte[4] Tatsache erinnern wollen, daß jede Rede nach Antwort ruft und ohne dies Abzielen auf Beantwortung ‚leer' bleibt („toute parole appelle réponse", „il n'est pas de parole sans réponse" [*E* 247]). Das Leerbleiben der Rede meint nicht, daß sie faktisch keine Antwort erfährt. Im Gegenteil kann das Schweigen eines der Partner als Signal des „Widerstandes" begriffen werden, während sein bereitwilliges Respondieren Zeichen dafür sein kann, daß er sich zur Prallmauer einer Stimme macht, die nicht als Antwort, sondern bloß als Echo zum Ohr des Sprechers zurückkehrt. Die leere Rede vereinnahmt die Antwort des Anderen in einer Dialektik nicht des eigentlichen, sondern des spekulären Selbstgesprächs (wie es Feuerbach der Hegelschen Dialek-

---

[4] „L'évidence du fait n'excuse pas qu'on le néglige" (Jacques Lacan, *Ecrits,* Paris 1966, 247; hinfort zit.: *E*).

tik vorwarf), dessen beide Rollen von einem und demselben Subjekt gespielt werden.

Auf den ersten Blick konvergiert Lacans Kritik an der leeren Rede mit dem tiefsten Impuls der Gadamerschen Hermeneutik: dem jedenfalls, der am stärksten auf die hermeneutische Diskussion im deutschen Sprachgebiet der 60er und 70er Jahre gewirkt hat. Beide trennen sich sowohl von jener Naivität, die den Einsatz des Gesprächs durch den Rekurs auf einen gesprächsunabhängigen und mithin transhistorischen Code glaubt kontrollieren zu können, wie von der Auffassung, das in den Diskurs eintretende Individuum sei der souveräne Produzent der Zeichen, mit deren Hilfe es sich an den Anderen wendet. In Wahrheit läßt sich das Gespräch, das wir viel eher sind als daß wir es ‚führen'[5], nicht hintergehen: es ist nicht Repräsentation einer gesprächsjenseitigen ‚Wahrheit', sondern es konstituiert Wahrheit allererst im Prozeß der Verschmelzung zweier Horizonte: desjenigen der Überlieferung (sie spreche in einem Text oder in einer aktuellen Rede) und desjenigen, der sich diese Überlieferung (diesen Text, diese Rede) soeben zueignet. In diesem Sinne ist der Narzißmus eines selbstreflexiv sich auf sich verstehenden Subjektes schon im Ansatz gebannt: Sich-Verstehen ist immer zuvor ein Verwiesensein an die Rede des Anderen, die ihrerseits nicht unverändert aus dem Gespräch geht, weil sie mit dem fremden Horizont ihres Partners fusioniert wurde. Sinn entsteht in der Wechselseitigkeit eines vorab nicht antizipierbaren Verständnisses, das Gadamer als das „wirkungsgeschichtliche Bewußtsein" charakterisiert hat. Der berühmte Terminus besagt, daß jedes Selbstverständnis eines geschichtlichen Subjekts aus der Verwiesenheit an eine Überlieferung erwächst, mit der es im Gespräch steht und über die es zu seinem Wissen von sich gelangt.

Man erkennt in Gadamers Ansatz die Spur des für den gesamten Nachhegelianismus und besonders für Heidegger verbindlichen Gedankens wieder, daß unser Selbstbewußtsein auf einem Grunde erwächst, als dessen Urheber es sich selbst nicht ansehen kann. Diese Prämisse teilt Gadamer mit der Philosophie des Neostrukturalismus, z. B. mit Lacan (aber auch mit Derrida): Selbstbewußtsein setzt voraus das Innestehen in einer symbolisch artikulierten Welt, die mir die Zeichen an die Hand gibt, mit deren Hilfe ich mich identifizieren kann (es ist gleich, ob ich hier von „Tradition" oder von „symbolischer Ordnung" spreche). Die Welt, die Sprache, der „Bewandtniszusammenhang" definieren den Ort, auf dem ein Subjekt Verständnis seiner selbst und des Seienden im ganzen gewinnt.

---

[5] Hans-Georg Gadamer, *Wahrheit und Methode. Grundzüge einer philosophischen Hermeneutik*, Tübingen ²1965 (zit.: *WuM*), 361.

Nun muß man sehen, daß der Vorrang oder, wie Gadamer gern sagt, die „Unüberholbarkeit" der Tradition gegenüber dem Selbstverständnis des Subjekts die Reflexivität des subjektiven Selbstbezuges zwar unterbricht und seine Transparenz trübt, nicht aber unterbindet: „richtig bleibt doch, daß *alles solche Verstehen am Ende ein Sichverstehen ist"* (*WuM* 246). Die Zirkularität von „Vor-habe" (des Je-schon-sich-Aufhaltens in der Erschlossenheit einer symbolischen Ordnung/Tradition) und „Vor-sicht" (die progressive Überschreitung der Tradition in Richtung auf ihr zukünftiges Für-mich-Sein) bestimmt den „geworfenen Entwurf", als welchen Gadamer mit Heidegger das Dasein begreift, dazu, in einer spekulativen Beziehung zu existieren, durch die ein dem Subjekt zunächst unverfügliches Sein ständig in Formen des Selbst- oder Sich-gegenwärtig-Seins übergeführt wird. Auf diese Weise begegnet Gadamers Hermeneutik bereits im Ansatz der Hegelschen Dialektik, deren reflexive und integrierende Kraft sie bei Gelegenheit ihres Schleiermacher-Referats von dem Konzept einer ohnmächtigen Rekonstruktion des ursprünglich Gemeinten ausgezeichnet hatte (*WuM* 158 [ff.]): Verstehen ist Aufhebung: überschreitendes Sich-zu-eigen-Machen von scheinbar Fremdem.

Die Gadamersche Hermeneutik kann insofern für eine (im Namen der Endlichkeit des „Daseins" unternommene) Modifikation des Modells einer „dialektischen" (*WuM* 366, vgl. 328) oder, wie sie auch sagt, einer „spekulativen" Selbstbeziehung gelten. Von daher die durchgängige Zweideutigkeit ihres Argumentationsstils: Einerseits wird (im Namen der Endlichkeit des Bewußtseins: seiner Unfähigkeit, sich je ganz durchsichtig zu werden[6]) der Narzißmus der spekulären und ungeschichtlich gedachten Selbstvergegenwärtigung (wie bei Lacan) gedemütigt und das Subjekt dem Überlieferungsgeschehen als seinem historischen Apriori unterworfen; andererseits muß, um der möglichen Reflexivität von „Selbstverständnis" willen, entweder die Wirkungsgeschichte selbst als Subjektivität gedacht oder aber behauptet werden, die Tradition komme zu sich erst im Akte eines verstehenden Selbstbezuges, der alsdann der eines Einzelsubjektes wäre. Im ersten Fall wird das, was Gadamer treffend als „Sinnkontinuum" (*WuM* 351) kennzeichnet (kein Kontinuum ohne vorgängige Einheit), ununterscheidbar von jenem überindividuellen Subjekt, als welches Hegel den absoluten Geist dachte; im zweiten Falle wird das Einzelsubjekt zur letzten Instanz der Bedeutungsbildung, da nur in ihm die Tradition in ein Sinn, Wahrheit oder Bewußtsein gewährendes Selbstverhältnis treten kann. In beiden Fällen aber findet nicht wirklich eine „Horizont-Verschmelzung" statt, sondern die Unterwerfung eines der Relate unter sein anderes:

---

[6] „Geschichtlichsein heißt nie im Sichwissen aufgehen" (*WuM* 285)*

entweder wird das Überlieferungsgeschehen vom zueignenden Subjekt oder es wird das Subjekt des Interpreten vom Überlieferungsgeschehen vereinnahmt. So wird der spekulative *Dialog* der Wirkungsgeschichte letztlich zu einer Abart des spekulativen *Monologs* der Dialektik, d. h. der leeren Rede.

Gadamer unterstreicht diese Tendenz seiner Hermeneutik nicht nur durch die Berufung auf Hegel, sondern auch durch seine Rede von der „spekulativen Struktur" der Sprache (*WuM* 432 ff.). Die Sprache, die Tradition und Traditions-Auslegung als „Wirkungseinheit" (*WuM* 267) ineinander verspiegelt, ist das „eigentliche Subjectum der Spielbewegung" (*WuM* 464, vgl. 97 ff.). Dies Subjekt der Sprache übergreift seine Relate in analoger Weise, wie der „Geist" bei Hegel das An-sich- und das Für-sich-Sein übergreift. Es handelt sich, wie Gadamer selbst sagt, um „eine Verdoppelung, die doch nur die Existenz von einem ist" (*WuM* 441). Spekulativ darf sie (im Wortsinne) heißen, denn es ist ihr Subjekt „ungreifbar seinem eigenen Sein nach und doch das Bild zurückwerfend, das sich ihm bietet" (*WuM* 449): ein Reflexions-, d. h. ein Widerspiegelungs-Verhältnis also, und nicht dessen Überwindung. Immerhin möchte Gadamer, was er die „Mitte der Sprache" nennt, nun nicht mehr als die Überlegenheit eines der Relate über sein anderes (etwa des Überlieferungsgeschehens über den Akt der Interpretation oder umgekehrt) verstanden wissen: Selbstverständnis, sagt er, gründet in einem selbst-losen Verhältnis, das vor den von ihm befaßten Beziehungsgliedern des Verstehenden und des Verstandenen den „Primat" hat (*Zur Problematik des Selbstverständnisses,* in: *Einsichten,* FS für G. Krüger, Frankfurt 1962, 77).

In diesem dritten Versuch, das Wesen der hermeneutischen Horizont-Verschmelzung spekulativ zu fassen, bleibt nun freilich erst recht unklar, wie sich die Behauptung rechtfertigen läßt, daß jedes Verstehen dem verstandenen Sein etwas *hinzufüge*: in diese Richtung deutete Gadamers Rede von einem ,Seinszuwachs' (*WuM* 133, 140/1) und von einem prinzipiellen *Anders*-Verstehen in jedem neuen Verständnis (*WuM* 280). Das von Schleiermacher und Saussure dafür in Anspruch genommene Individuum scheidet zur Erklärung semantischer Innovation aus, denn es besitzt keinerlei Selbständigkeit gegenüber dem Überlieferungsgeschehen, in das es, wie Gadamer sprechend sagt, „einrückt" (*WuM* 274/5). Ein in jedem Verstehen-von-etwas immer nur sich selbst reproduzierendes Überlieferungsgeschehen könnte aber nur um den Preis einer Sprengung seiner in sich geschlossenen Reflexivität auf ein ihm Äußeres und Anderes stoßen, um das es sich zu bereichern vermöchte. Diese Möglichkeit wird ihm aber genommen, wenn das Traditionsgeschehen ganz ausdrücklich spekulativ gedeutet wird, d. h. als die Bewegung der Selbstbespiegelung Eines in sich

(„Es ist eine Verdoppelung, die doch nur die Existenz von einem ist"). In diesem Falle fehlt nämlich das Kriterium zur Identifikation der Andersheit eines Anderen. Über diese Andersheit kann immer erst entschieden werden, wenn sie entweder im Horizont des Interpreten integriert ist (in diesem Falle bedürfte es für das Subjekt der Interpretation einer minimalen Selbständigkeit, die Gadamer ihm verwehrt) oder wenn der Horizont der Interpreten „eingerückt" ist in den des Traditionsgeschehens oder wenn die fusionierenden Horizonte über eine höherstufige Dyade Reflektierender-Reflex spekulär (in der ‚Mitte der Sprache') identifiziert sind: dann freilich ist's abermals zu spät für ein Urteil über die Differenz beider. Der Sinn-Eigenständigkeit des zu interpretierenden Textes geht es mithin kaum anders als den um ihre wechselseitige Anerkennung ringenden Selbstbewußtseinen bei Hegel: Der Augenblick, der auf beiden Seiten die Einsicht in die Selbstheit des Anderen stiftet, hebt 1. die Differenz zwischen ihnen auf, ohne die Erkenntnis gar nicht statthätte, und vernichtet 2. ihre Individualität (ihr Anderssein gegeneinander), indem er sie überführt in jenes uniforme „wesentliche Selbst" oder „allgemeine Selbstbewußtsein", das über den Schein einer Alternative von Ich und Du, von Eigenem und Anderem immer schon hinaus ist.[7]

Aus der Perspektive, die sich von Lacan her auf die Hermeneutik des wirkungsgeschichtlichen Bewußtseins richten läßt, können also durchaus Zweifel entstehen: Bleibt die „Horizontverschmelzung" – wider ihre tiefste Motivation, lediglich aufgrund des spekulativen Modells, dessen sie sich bedient – nicht letztlich selbst dem Paradigma der Reflexionsphilosophie verhaftet, das sie so gründlich in Frage stellt? Begründet sie ein positives Modell, das dem Verdacht der selbstaffektiven, d. h. der ‚leeren Rede' entkommt? Wenn jedenfalls entweder der Horizont des Interpreten in den Sinnhorizont des Interpretanden (z. B. des Textes) „einrückt" oder beide Interlokutoren gemeinsam in das autonome „Sinnkontinuum" des Überlieferungsgeschehens sich auflösen, das alsdann, in zwei Rollen verkleidet, einen spekulativen Monolog nur mit sich selbst führen würde (jedes Verstehen wäre eigentlich *nur* ein Sich-Verstehen: *WuM* 246), – wenn das der Fall wäre, dann verringerte sich die manifeste Differenz, die zwischen Gadamers Modell der Verständigung und dem der Code-Theoretiker besteht, in einigen Rücksichten: Beide Ansätze träfen sich auf der Ebene eines immer noch verbleibenden Minimalkonsenses.

Der „Horizont-Verschmelzung" war nur durch eine gewisse Bösäugigkeit nachzuweisen, daß sie strukturell mit dem konvergiert, was Lacan

---

[7] Ich habe diese Konsequenz detailliert begründet in meiner Arbeit *Der unendliche Mangel an Sein. Schellings Hegelkritik und die Anfänge der Marxschen Dialektik*, Frankfurt 1975, 94 ff. (bes. 99) und 155 ff.

„parole vide" nennt. Markantere Ausformungen der leeren Rede sind die psychologische (oder psychoanalytische) Einfühlung — „cette tarte à la crème de la psychologie intuitionniste, voire phénoménologique, a pris dans l'usage contemporain une extension bien symptômatique de la raréfaction des effets de la parole dans le contexte social présent" (*E* 252) — und das kybernetische Modell der konversationellen Informationsübermittlung, demzufolge ein enkodierter Inhalt von einem anderen Subjekt nach denselben Regeln dekodiert wird, in gleichbleibender und gewährleisteter Bedeutung. (Der Methodik des Code-Modells widerspricht Gadamer gewiß ebenso leidenschaftlich wie etwa Lacan, ohne freilich befriedigend aufzuklären, durch welche Instanz der in sich abgeschottete, auf sein Anderes immer übergreifende und es in sich vereinnahmende Überlieferungsprozeß sich semantisch-pragmatisch bereichern könnte.)

Auf den ersten Blick gibt es keinen größeren Gegensatz als den der Einfühlung und des Dekodierens: Während in der Einfühlung das sprechend-verstehende Subjekt sich selbst im Wege steht und statt des anderen immer nur sich selbst begegnen kann (dies ist seine narzißtische Strategie, versteht sich), geht nach dem informationstheoretischen Modell das Subjekt wirklich aus sich heraus, indem es seine Botschaft den überindividuellen Regeln des „discours" (dessen, was Lacan den „ordre symbolique" nennt) anvertraut. Nun hat Lacan oft in spöttischen Wendungen die Verwandtschaft des informationstheoretischen Code-Modells mit dem Modell, nach dem die Bienensprache entschlüsselt wurde, betont und damit den Punkt treffen wollen, daß beide Modelle — „pour les résultats les plus confus" — das Faktum des Verstehens an Spielregeln binden wollen, deren unerbittlicher Starre allein zugetraut wird, die Eindeutigkeit der Botschaften zu gewährleisten (*E* 18 f., 297). Ein Code wäre dann ein System von Paaren signifiant/signifié derart, daß jedem Ausdruck nach bestimmten Konventionen ein und nur ein Sinn zugeordnet ist: Der Ver-schlüsselung des Sinns durch den Sprecher folgte die Ent-schlüsselung durch den Hörer; und die Identität der Botschaften würde garantiert durch die Übersubjektivität der Verschlüsselungs-Regeln. Nach Lacans Ansicht ist dies keine wissenschaftlich gangbare Alternative zur Irrationalität des Einfühlens. Beide Modelle halten ein am Reflexionsmodell (des spekulären Monologs) orientiertes Gesprächsideal hoch: Gerade die Relativität der diskursiven Vernunft auf eine „Akzeptierung des Prinzips einer Regel der Debatte, die eben nicht vonstatten geht ohne ein explizites oder implizites Einvernehmen über das, was man ihren Fundus nennt" („une acception de principe d'une régle du débat qui ne va pas sans un accord explicite ou implicite sur ce qu'on appelle son fonds") — gerade diese Anhängigkeit von einem je und je historisch instituierten „Regelkorpus" („corps de règles")

(Recht — *droit* —, sogar Logik — *logique* — nennt Lacan unter den Paradigmata desselben) bannt die diskursive Vernunft in den Narzißmus spekulierbarer und nahezu immer antizipierbarer Vorverständigungen über den Einsatz des Gesprächs, das zu führen sie vorgibt („ce qui équivaut presque toujours à un accord anticipé sur son enjeu", *E* 430/1).

Von diesen Formen des leeren Sprechens unterscheidet Lacan „die symbolische Interpretation" (*E* 254), mit der die „parole pleine" anhebt (l. c.). Ähnlich dem, was Schleiermacher als die „strengere Praxis" bezeichnet hatte *(HuK* 92), überprüft sie ihr wirkliches Verständnis, indem sie es zuvor einem „Widerstand" unterwirft, d. h. gerade nicht vorab schon glaubt, verstanden zu haben: „C'est qu'elle nous présente la naissance de la vérité dans la parole" (*E* 255/6).

Im Verweis auf eine mögliche „Wahrheit" des Diskurses liegt ein Mißverständnis vorgezeichnet: als sei es denkbar, ein von den Vorurteilen des Subjekts abstrahierendes, authentisches Verstehen zu fordern. Lacans Argument geht jedoch in eine andere Richtung. Er meint, daß das Verstehen (als Einbringen eines fremden Horizonts in den eigenen) noch nicht die Garantie dafür biete, daß wirklich der Andere in seiner Andersheit zur Geltung gekommen ist. In diesem Sinne möchte die „symbolische Interpretation" — die den Widerstand weniger aufbaut, als daß sie sein Bewußtsein wachhält — Kommunikation nicht unterbrechen, sondern allererst herstellen, indem sie eigentliches Kommunizieren (Rede und *Antwort*) von der Übung des spekulativen Selbstgesprächs-bei-Gelegenheit-eines-anderen-(Textes/Diskurses) deutlich unterscheidet, diesem das Prädikat „imaginär", jenem das der Wahrheit verleihend. Es gibt eine untrügliche Probe auf das Gelingen oder Mißlingen des „vollen Gesprächs": Das ist das Kriterium der semantischen Novation.[8] Ein semantischer ‚Horizont' (im Sinne Gadamers) bleibt so lange in sich geschlossen, wie er den Sprecher/den Interpreten nicht — durch eine Art schockhafter Enttäuschung seiner Vorerwartung — veranlaßt, „erratend" (devinant) einen ihm bisher unzugänglichen Sinn (was nicht heißt: eine ihm neue Vokabel oder Information) sich zuzueignen. Eine solche innovative — Bedeutungserwartungen nicht bestätigende, sondern zerstörende — Sinnzueignung kann nur in wirklicher Berührung mit dem Anderen gelingen, den Lacan mit großem A schreibt. Verstanden im emphatischen Sinne des Wortes wird nur dort, wo zuvorbestehende Vorurteile des Interpreten nicht etwa durch eine Geste des ‚guten Willens' virtualisiert, sondern als reale Effekte der Rede des Anderen zerstört, außer Kraft gesetzt oder desorganisiert werden.

Um diesen Effekt zu entbinden, muß aber nicht nur das Einfühlungsmo-

---

[8] „La *novation* analogique (mieux qu'innovation)" (Saussure, *CFS* 15, p. 88).

dell aufgegeben werden, sondern ebensosehr das nur scheinbar kommunikationsfreundlichere Modell der Horizontverschmelzung oder das Code-Modell, die zwar die „Sprache an und für sich selbst betrachten" oder als autarke „spekulative Struktur" berücksichtigen, nicht aber die beständige Subversion, die die enkodierte oder tradierte Botschaft durch die Antwort des Anderen erleidet. Intersubjektiv ist ein Diskurs nämlich nicht schon dann, wenn — kraft der Gleichförmigkeit aller sprachlichen Schemata — beliebig viele Subjekte nach gleichen Demarchen an ihm teilnehmen können, sondern erst, wenn die Rede des einen Subjekts vom Horizont des anderen nicht, und zwar grundsätzlich nicht antizipiert werden kann und insofern allerdings „unbewußt" bleiben muß. („Unbewußt", sagt Lacan, meint nicht, daß beim eigentlichen Gespräch nichts gedacht oder nichts vorgestellt würde, sondern daß keiner der Partner sicher wissen kann, *was* der Andere bei den Zeichen, die er äußert, denkt und vorstellt: „L'inconscient est cette partie du discours concret en tant que transindividuel, qui fait défaut à la disposition du sujet pour rétablir la continuité de son discours inconscient" [*E* 258 f.].)

Die Nicht-Entscheidbarkeit (und Nicht-Vorhersehbarkeit) des Sinns einer Rede gründet also gerade in dem, worin die Systemtheorie der Sprache seine Entscheidbarkeit und Vorhersehbarkeit festmachen will: in seiner Symbolizität und Intersubjektivität (l. c.). ‚Wahr' ist nur *die* Zwischenmenschlichkeit, in der der Mensch dem Menschen als einem Anderen begegnet, der mit den zuhandenen sprachlichen Mitteln anderen Sinn machen kann als jener selbst und der sich dieser Möglichkeit allaugenblicklich bedient, sofern nur ernsthaft kommuniziert und kein bloßes „Wettergespräch" geführt wird (*HuK* 83). Darum ist auch jede Beschreibung der Effekte eines Gesprächs schief, die das Einzelsubjekt für den Ort hält, in dem, durch das Gespräch, Kontinuität (im Sinne eines motivierten Lebenszusammenhangs) hergestellt würde; es ist die Intersubjektivität des Gesprächs selbst und als solche, in der Bedeutung sich bildet; und d. h.: es ist weder der individuelle Zeichenvorrat („trésor"), über den ein Subjekt verfügt, noch die Grammatik einer „Sprache an und für sich selbst betrachtet" (als Idealisierung des Gesamts aller Redeverwendungen), die den Sinn einer Rede verbürgt, noch auch ein verselbständigtes „Überlieferungsgeschehen"; sondern es ist die Antwort und das Verständnis des Anderen, die über diesen Sinn entscheiden, und zwar immer vorbehaltlich und vorläufig, weil das Gespräch offen ist und nur durch Schicksal oder Gewalt ein Ende findet.

L'omniprésence du discours humain pourra peut-être un jour être embrassée au ciel ouvert d'une omnicommunication de son texte. Ce n'est pas dire qu'il en sera plus accordé. Mais c'est là le champ que notre expérience polarise dans une relation qui n'est à deux qu'en apparence, car toute position de sa structure en termes seulement duels, lui est aussi inadéquate en théorie que ruineuse pour sa technique (*E* 265).

In anderer, und doch vergleichbarer Weise hat Sartre die Antwort (bzw., im Falle der Lektüre: die Rezeption) zum Kriterium gelingender Kommunikation gemacht. Diese wird nicht bloß darum zum Problem einer Theorie des Gesprächs und der Sprache, weil die Regeln des Code keinem Einzelnen vollkommen bekannt oder adäquat von ihm verinnert sind, sondern weil grundsätzlich nicht der Sprecher, sondern der, der die Antwort gibt, über den Sinn der Anrede entscheidet (vgl. *Que peut la littérature*, éd. par Yves Buin, Paris 1965, 107 ff.). Der irreduzibel duale und ungleichzeitige Charakter der Kommunikation macht aber ein von beiden Partnern geteiltes Urteil über den Sinn ihres Gesprächs unmöglich.

Sartre hat dies in einem wenig bekannten Passus des 1. Teils seines *Idiot de la famille* (Paris 1971/2, hinfort zit.: *IF*) vorgeführt. Wenn die Bedeutung eines Zeichens (oder einer Äußerung), so heißt es dort, grundsätzlich nicht auf der Ebene der Erzeugung, sondern der Aufnahme (durch den Anderen) konstituiert wird, dann muß die semiologische Synthesis, die ein Zeichen stiftet, selbst kommunikativ begründet werden. In diesem Augenblick entsteht aber das Problem, wie sich die semantische Identität der Äußerung feststellen läßt: Offenbar ist keiner der Partner dazu imstande.

C'est la Vérité qui est en cause: pour qu'il [Gustave] la *reconnaisse* et l'affirme – ne fût-elle que le déguisement d'une erreur ou d'un mensonge – il faut et il suffit que l'Autre l'ait estampillée. Et, bien entendu, il ne se tromperait guère s'il envisageait le Vrai comme une œuvre commune et comme une exigence de réciprocité: je ne *saurai* jamais rien que l'Autre ne me garantisse mais il faut ajouter que le Savoir d'autrui n'a d'autre garantie que moi (*IF* I, 159).

Die Wahrheit – die Geltung, die Intersubjektivität, das Wissen – gründet also in wechselseitiger Anerkennung. Aber in dieser Wechselseitigkeit gibt es eine latente und unüberwindliche Ungleichzeitigkeit. Denn so wenig ich zum Konsens fähig bin, indem ich die „parole de l'Autre" gläubig akzeptiere, so wenig gelange ich zur Wahrheit, indem ich sie unter Berufung auf selbst erfahrene „Evidenzen" lediglich (individuell) bestreite. Denn ein individueller Zweifel wird ja ebenfalls erst dadurch zur Gewißheit, daß der Andere ihn mit trägt, ihn unterstreicht oder, wie Sartre sagt, ihn „abstempelt". Mit einem Wort: Jede Anrufung von Evidenzen hat hypothetischen Charakter: sie appelliert an die Zustimmung des Anderen, von der ich mich freilich meinerseits nicht anders überzeugen kann, als daß ich sie – wieder durch eine Hypothese – glaube (auch das symbolisch vermittelte Zeugnis des Anderen bedarf, um wahr zu sein, meiner Garantie).

Or chaque signification vraisemblable comporte par elle-même une hypothèque sur notre croyance: l'univers des signes est d'abord celui de la foi: dans toute phrase entendue, dans tout mot qui résonne à mon oreille, je découvre une affirmation souveraine qui me vise, qui exige que je la reprenne à mon compte (*IF* I, 162/3). Ich könnte also keinem wirklichen Diskurs standhalten ohne die Bereitschaft, den in der fremden Rede verborgenen Appell in mir zu aktualisieren. Aber die Ethik der (zustimmungsfähigen) Behauptung setzt voraus das Selbstvertrauen, also die Selbstbehauptung in jedem Etwas-Behaupten oder -Akzeptieren. Asymmetrisch wäre jedes Gespräch, in welchem entweder der Andere oder ich zur Entscheidungsinstanz würden. Die „opération idéale" — deren Spielregel ich bei jedem Eintreten ins Gespräch stillschweigend schon anerkannt haben muß (l. c. 163) — entfaltet Sartre als eine aus zwei Momenten zusammengesetzte Tätigkeit: Zunächst schenke ich der Rede des Anderen mein Gehör, ich suspendiere methodisch meinen Zweifel bis zu dem Augenblick, da ich sie *verstanden* habe. Aber dieser relativ passive Moment — „Vertrauen eines Menschen einem anderen gegenüber" — wird sofort zugunsten der Wechselseitigkeit überschritten:

J'affirme souverainement ce qui m'est souverainement affirmé. Pourtant, je serais dupe à chaque instant des mensonges, des erreurs si je ne disposais — en principe sinon dans chaque cas — de véritables *réducteurs*. Ou plutôt je n'en ai qu'un mais qui varie sans cesse: l'évidence. Cela veut dire que je reprends l'affirmation de l'Autre, conformément à son exigence, mais en présence de la chose, à travers l'intuition que j'en ai. La croyance disparait automatiquement: elle cède la place à l'acte. A présent je *sais:* par un oui, par un non, par un peut-être que j'arrache à la chose — ou par un silence qui permet toutes les conjectures — j'ai transformé la vraisemblance en vérité. Telle est du moins l'opération idéale (l. c.).

Die Idee einer Überprüfung symbolisch übermittelter Wahrheitsansprüche hat freilich Grenzen darin, daß eine reine, nicht sprachlich schematisierte „Evidenz" ausgeschlossen werden muß und daß, wenn dies der Fall ist, die vermeintliche Evidenz wieder in das sich zurückverwandelt, was sie eigentlich ist: Appell an die Zustimmung des anderen Subjekts, ihre Wahrheit mitzutragen. Alsdann aber ist die Wahrheit abermals nur Hypothese: die semantische Symmetrie einer hypothetischen Einigung ist nie von beiden Seiten des Gesprächs aus bezeugbar, sie hat einen unauflöslich tentativen Charakter, der sich zwar kommunikativ bewähren kann, aber ohne die Garantie eines Wissens.[9] Bleiben wir bei Sartres Beispiel

---

[9] Ähnlich dachte Schleiermacher: „Daß (...) die Sprache uns eine hinlängliche Gewähr ist für die Identität des Prozesses, d. h. daß ich gewiß bin, es müsse, wer mit mir dasselbe Wort ausspricht, auch dabei dasselbe innere Bild konstruieren und dadurch dieselben einzelnen organischen Affektionen bilden, erscheint freilich nur als Voraussetzung, die sich beständig bewähren muß und, indem sie sich bewährt, für wahr erklärt wird. (...) Wir sind beständig in der Probe begriffen, und so auch in der Wahrnehmung der Identität der Konstruktion. Alle Mitteilung über äußere

einer Aussage mit Wahrheitsanspruch. Wahr ist eine Proposition des Anderen nur, wenn ich sie meinerseits erneut affirmiere. Erst mit diesem Akt wird sie auch für den Anderen wahr; denn es hilft nichts, den Sachen selbst ins Gesicht zu schauen: solange sie nicht durch „propositional attitudes" artikuliert sind, haben sie keine Geltung im Bereich der Ordnung des Symbolischen, d. h. sind sie nicht „reaffirmiert" (166). Andererseits ist die individuelle Zustimmung unerläßlich für die Wahrheit, und die Wahrheit trägt immer einen Index der Herkunft aus individueller Affirmation. Das Paradox des Gesprächs ist also, daß für wahr nur gelten kann, was sowohl individuell bekräftigt wie auch inter-individuell aufrechterhalten wird. Die individuelle „Evidenz" hat ihre Wahrheit in der Zustimmung des Anderen; aber diese Zustimmung ist selbst niemals „evident", denn sie wird ihrerseits bewährt durch die freie „réaffirmation" durch mich, die ihre Wahrheit wieder in die Schwebe bringt (1. c. 166). Mit einem Wort: Es gibt keinen dem Diskurs übergeordneten Ort, von dem aus die semantische (bzw. veritative) Identität der Äußerung bezeugt werden könnte: beide Gesprächspartner entwerfen – in Gestalt „konjekturaler Hypothesen" (*IF* I, 56) – permanent die Einheit der Bedeutung dessen, worüber sie glauben einig geworden zu sein; aber sie tun es ohne die Gewißheit, darin Erfolg zu haben. Die Einheit der Bedeutung, um die es den Partnern des Gesprächs geht, steht also in Frage. Sie scheint den Status einer regulativen Idee zu haben, auf die das Gespräch abzweckt, ohne ihre Verwirklichung denken zu können.

Die unüberwindbare Asymmetrie der Sinnentwürfe mit einander sprechender Subjekte scheint in der Ungleichzeitigkeit von Rede und Gegenrede zu gründen. Die Zeit ist, nach einem berühmten, von Sartre oft zitierten, Wort Hegels „das Sein, das, indem es *ist, nicht* ist, und indem es *nicht* ist, *ist*" (*Enzyklopädie* § 258). Auf die im Gespräch übertragene Zeichenkette angewandt, könnte man sagen, daß, so wie ihre Distinktheit in ihrer Linearität und also im zeitlichen Nacheinander der Laute entsprang, so auch ihre Bedeutsamkeit als kommunikatives Ereignis die Zeit nicht stillstellt, sondern ihr entspringt. Zu zwei verschiedenen Zeiten interpretiert, kann eine und dieselbe Ausdruckshülse die Identität ihres Sinns nicht garantieren. Und das nicht, wie etwa E. D. Hirsch (in *Validity in Interpretation*) vermutet, aufgrund eines hermeneutischen Kurzschlusses, der die „Historizität aller Interpretationen" für ein Hindernis des jederzeit möglichen „objektiven" Textverständnisses hält; sondern aufgrund einer

---

Gegenstände ist beständiges Fortsetzen der Probe, ob alle Menschen ihre Vorstellungen identisch konstruieren. (...) Allein diese Identität, sowohl an sich, als insofern sie zu bestimmtem Bewußtsein gebracht werden kann, hat ihre Grenzen, welche die Relativität des Wissens ausmachen" (*Dial O* 373/4, = *HuK* 459/60).

strukturell zu nennenden Eigenschaft aller Äußerungen — besonders natürlich der langlebigen, da *geschriebenen* Äußerungen: der Texte —, daß sie nämlich die Identität von Ausdruck und Bedeutung weder — wie es die Konserventheorie der Schrift seit Platon behauptet — über längere Zeiträume bewahren *noch* auch zu *einem* Zeitpunkt (t) gewährleisten kann. Diese letztere — stärkere — These behauptet, daß die Zeichen, die im Gespräch getauscht (oder die Texte, die zu verschiedenen Zeiten interpretiert) werden, nicht zunächst eine Identität besessen haben, die vom Rezipienten nur nicht (mehr) adäquat eingelöst würde, sondern daß die Zeitlichkeit der Zeichenartikulation eine semantische Identität der Zeichen zu keiner Zeit zu denken erlaubt. Erst mit der Entfaltung dieser These wird es möglich sein, die Idealisierungen des Code-Modells als unhaltbar zu überführen.

Ich möchte diesen entscheidenden Angriff aufs Modell einer synchron gedachten und von aller Verzeitlichung unbetroffenen Sprach-Struktur auf der Grundlage von Äußerungen Ferdinand de Saussures führen, der zu Unrecht gerade für den Begründer dieses Modells gilt. Seit über 10 Jahren besitzen wir, herausgegeben von Rudolf Engler, eine zweibändige kritische Saussure-Ausgabe (Wiesbaden 1968 und 1974), die das, was uns die ersten Bearbeiter der nachgelassenen drei Vorlesungsnachschriften übermittelt haben, als eine strukturalistische Fälschung des Saussureschen Werks haben erkennen lassen.[10] Von den wichtigen Arbeiten Ludwig Jägers und Christian Stetters abgesehen, steht die wissenschaftliche Ausbeutung dieser Edition noch bevor.

Saussure hatte seine Entdeckung der systematischen Verfaßtheit von Sprache gerade nicht mit dem Gedanken einer ursprünglichen Identität der Zeichen bestritten. Ihr gilt vielmehr, wie schon R. Godels kritische Edition der Vorlesungsnachschrift des zweiten *Cours* (von 1908/9) ans Licht gebracht hatte, sein angestrengtestes Fragen. Daß die Identität der Zeichen ihm fraglich werden mußte, folgt eigentlich schon aus seiner berühmten und oft zitierten Äußerung, daß in einer Sprache „tout consiste en différences"[11] (*CFS* 15, 1957, 16). Wenn nichts, so hält er der „illusion naturaliste"

---

[10] Ich zitiere aus dieser Ausgabe im folgenden nach den üblich gewordenen Siglierungen: Ein vorgestelltes *EC* verweist auf den ersten Band der Ausgabe, die die drei Vorlesungen Saussures bietet; *N* bezeichnet den zweiten Band, der die wichtigen *Notes* enthält. — Die folgenden Gedanken verdanken viel der Lektüre des noch unveröffentlichen Manuskripts über *Grundlagen der Pragmatik*, das mir Christian Stetter in einer Kopie überließ. Die Grundidee der Saussure gewidmeten Passagen dieses Buchs ist veröffentlicht in dem Aufsatz *Peirce und Saussure*, in: κωδικας / *Code* 2 (1979), 124—149.

[11] Eine andere, berühmte Formulierung lautet: „Il n'y a dans la langue que des différences et pas de quantité positive" (*CFS* 15, 1. c., 93).

der Junggrammatiker entgegen, an der Lautsubstanz von selbst bedeutungsträchtig ist, dann muß die Einheit und Distinktheit eines Zeichens anders zustandekommen. Nämlich auf Grund zweier Prinzipien: der zeitlich-linearen Sukzession einerseits und eines ihr entgegenstrebenden Verallgemeinerungsprozesses andererseits. Durch den Zeitfluß und nur durch ihn können sich Elemente voneinander unterscheiden: die „chaîne parlée" basiert ja ad infinitum auf einer Relation der Nicht-Identität. Christian Stetter hat sie als Relation des „anders als" gedeutet (*Peirce und Saussure*, 1. c. 135): Ist ein Term a gegeben, von dem ein zweiter als −a unterschieden, also etwa mit b identifiziert wird, so ergibt die Negation von b (also: −−a) das Kontinuum aller möglichen Laut*einheiten*. − Nun könnte die bare Negativität des Unterscheidens und Verfließens nimmermehr das Bewußtsein der Einheit und gleichsinnigen Wiederholbarkeit eines sprachlichen Zeichens gewährleisten ohne ein in die Gegenrichtung wirkendes Prinzip der „mémorisation" oder „recollection des unités phonatoires successives" (*N* 15 [3318. 6]), also eines Prinzips, das − ähnlich der kantischen ‚Synthesis der Rekognition' − das vergangene Element und den Ort seines Auftretens im Zusammenhang mit anderen Elementen im Gedächtnis festhält (*N* 15 [3316. 2 ff.]). *Was* da festgehalten wird, kann nun freilich nicht das Element − bzw. die Elementenkonfiguration *(Gestalt)* − selbst sein (die sind ja gerade vergangen), sondern nur ihr Stellvertreter: nennen wir ihn a'. Die unterscheidende Beziehung findet also − streng genommen − nicht zwischen den Elementen a und −a statt, sondern zwischen a' und −a, zwischen einem vergangen- (v)erinnerten und einem gegenwärtig vernommenen und nun *als* a interpretierten Element. Man sieht, daß Saussures Konzept des sprachlichen Werts − wie es von den linguistischen und literaturwissenschaftlichen Strukturalisten zugeeignet wurde − keinesfalls verstanden werden kann als Idee einer zeitlos-synchronen Struktur von Elementen, die einander durch Opposition wie Moleküle in einem Kristallgitter dauerbar begrenzen. Denn zwei Werte lassen sich einander nur in der Zeit und kraft der Unterscheidungsmöglichkeit eines Vor und Nach entgegensetzen (*N* 15 [3317. 2]). Der Wertbegriff schließt also den der Zeit nicht aus: es wäre ohne denselben undenkbar. Ein Element kann nur dadurch begrenzt und semantisch identifiziert werden, daß ihm − zeitlich − ein anderes folgt, das vom Bewußtsein − im Rahmen eines kontinuierlichen Bewußtseinsstroms − als mit jenem *nicht*-identisch erkannt wird. Und das gilt auch für das memorierte Element selbst: a' ist mit a nicht schon von selbst, etwa durch seine Lautgestalt oder Natur, identisch − das wäre ja gerade der „naturalistische Fehlschluß", vor dem Saussure warnt −, sondern nur vermöge einer *schöpferischen Interpretationsleistung:* „Elle comporte, cette identité, un élément subjectif, indéfinissable. Le point exact où il y a identité est toujours délicat à fixer" (*EC* 243, III C 294). Es handelt sich hier um ein *hypothetisches Urteil,* für das keine anderen als hermeneutische Kriterien zur Hand sind. Anders gesagt: weil „événement" und „représentant de l'événement" weder gleichzeitig existieren noch auch durch ihre Lautgestalt identifizierbar sind, bedarf es eines Erweiterungsschlusses, der die Einheit der Bedeutung (auf der Ebene der *langue*) durch ein trans-semiologisches Sprecherbewußtsein allererst fundiert, und zwar auf eine permanent widerrufbare und instabile Weise.

Die Rede vom letztfundierenden Sprecherbewußtsein findet sich wirklich bei Saussure selbst:

Cette perspective du grammairien, du linguiste a pour étalon la perspective des sujets parlants, et il n'y a pas d'autre méthode que de se demander quelle est l'impression des sujets parlants. Pour savoir dans quelle mesure une chose est, il faut rechercher dans quelle mesure elle est dans la conscience des sujets parlants, elle signifie. Donc, une seule perspective, méthode: observer ce qui est ressenti par les sujets parlants (*CFS* 15, 1957, 75; vgl. 1. c. 41 f. und 94 f.).

Ist dies mehr eine methodologische Reflexion auf die Heuristik des Sprachwissenschaftlers, so gibt es andere Formulierungen Saussures, die keinen Zweifel lassen, daß er das Bewußtsein (oder, wie er auch sagt, das Denken) der sprechenden Subjekte für den konstitutiven Grund der Bedeutungsbildung und -unterscheidung annimmt: „C'est la pensée qui délimite les unités: il y a toujours rapport avec la pensée. (...) il s'agit toujours de la découpure que fait la pensée dans la masse parlée qui est informe" (l. c., 68; vgl. 7/8, 28, 41, 76, 82). „Le son vocal (...) est l'instrument de la pensée (...), sans exister pour soi, indépendamment de la pensée (...) Le son vocal n'est un mot que dans la mesure exacte, constante, qu'il lui est attaché un sens" (l. c. 7/8). Diese Sinnzuweisung nimmt das Sprecherbewußtsein auf dem Wege der Hypothesenbildung vor: Das Denken (nicht *la langue*) setzt Einschnitte in den an sich formlosen Redefluß: „L'unité ne préexiste pas. C'est la signification qui la crée" (l. c. 41). Die Bedeutung (la signification) ist also nichts anderes als ein Entwurf, den das Sprecherbewußtsein auf die Artikulation der anderen Sprecher unternimmt, ohne letzte Gewißheit zu erreichen. Die Ordnung des Intersubjektiven behält darum einen prinzipiell hypothetischen oder, wie Saussure gern sagt, imperativischen Charakter:

Il est certain que le terme de loi appelle deux idées:
1) Celle de la régularité ou de l'ordre, d'une part, et
2) celle de son caractère impératif, d'une nécessité impérative.
(...) loi équivaut à arrangement, à formule d'un ordre établi.
Elle (...) a un caractère impératif dans ce sens que les individus ne peuvent s'en écarter, mais vis-à-vis de la communauté, c'est absolument précaire; rien n'en garantit la stabilité, cet ordre est à la merci de lendemain. Aucune sanction n'est donnée (l. c. 72).

Im Unterschied zur Geltung eines Naturgesetzes, das seine „événements" notwendig beherrscht, kann einem Imperativ zuwidergehandelt werden: Seine Notwendigkeit gilt nur hypothetisch, denn sie setzt einen niemals empirisch zu bewährenden Entwurf auf das Bewußtsein der ‚sprechenden Mehrheit' voraus: Das einzige Geltungskriterium für sprachliche Werte ist die intersubjektive Bewährung: ein nie ganz kontrollierbarer Prozeß: „Le passage de la bouche de A à l'oreille de B, et réciproquement, sera toute la vie de la langue, ce qui implique chaque fois le passage par l'esprit des sujets parlants. (...) [Un événement linguistique] sera vrai s'il existe chez les sujets parlants" (l. c. 8 und 95).

Man kann die prinzipiell hypothetische Natur der Bedeutungskonstitution auch anders plausibel machen: Anzahl und Ordnung der von einem (differentiell bestimmten) Zeichen oder von einer Texteinheit[12] fernzuhaltenden Oppositionen existiert nicht a priori. Ihre Menge ist durch neue Kombinationsmöglichkeiten und durch textanalytische Phantasie unabsehbar zu erweitern[13]; folglich ist der Prozeß der semantischen Identifikation – d. h. der Auslegung – vollständig niemals durchführbar: Der Umweg über das System der Differenzen, kraft deren ich die Einheiten a' und a identifizieren kann, führt durch die Unendlichkeit[14] („le nombre des groupes d'association est infini" [l. c. 83]. „La langue est alors le vaisseau à la mer, non plus en chantier: on ne peut déterminer sa course *a priori*, par la forme de sa coque, etc." [l. c. 25 (f.)]). Die Identifikation beruht also immer auf dem, was Sartre eine „hypothèse compréhensive" (*IF* I, 56) nennt: „La vérité de cette restitution ne peut être prouvée; sa vraisemblance n'est pas mesurable." Ihre Gültigkeit muß sich in sozialer Praxis stets aufs neue

---

[12] Ich unterscheide, der Arbeitshypothese des literaturwissenschaftlichen Strukturalismus folgend, in diesem Zusammenhang nicht zwischen Zeichen und Text. Die Arbeitshypothese besagt, in äußerster Vereinfachung, daß Texte, obzwar Gebilde, deren kleinste Einheiten Sätze sind, dennoch in Analogie zu Sprachen, deren kleinste Einheiten Phoneme und Morpheme sind, analysiert werden können. So betrachtet, wäre der *Text* ein synchrones Schrift-System, das die Bedeutung seiner Elemente ganz ebenso determinierte und sicherte, wie das bei der Identitätsbildung der Zeichen *im* und *durch* das System einer *Sprache* der Fall ist.

[13] C'est pourquoi „l'activité créatrice ne sera qu'une activité combinatoire, c'est la création de nouvelles combinaisons" (*EC* I R 2. 77, al. 2573).

[14] „Je mannigfaltiger Etwas individualisirt ist", notiert Novalis, „desto mannigfacher ist *seine Berührung* mit andern Individuen – desto *veränderlicher seine Grenze* und Nachbarschaft. Ein unendlich caracterisirtes Individuum ist Glied eines Infinitonomiums – So unsre Welt – Sie gränzt an unendliche Welten –". „Von der Trüglichkeit und Alldeutigkeit aller Symptome" (Novalis, *Schriften,* hg. von P. Kluckhohn und R. Samuel, 2. Aufl., Stuttgart 1960 ff., Bd. III, 261, Nr. 113 und Bd. II, 610, Nr. 402).

bewähren, etwa durch Beistimmung anderer Interpreten (aber wir sahen, daß dieser Prozeß ebenfalls unendlich ist und nie zu einem definitiven Wissen führen wird). Aus diesem Grunde ist, was bei Saussure „kontinuierliche Transformation/Alteration" konstituierter Bedeutungen heißt, keine Panne struktularer Theoriebildung, sondern ihre Voraussetzung: Gründet die Identität eines Zeichens oder einer Zeichenkette in einer Interpretation – das sind Saussures eigene Worte: „Il faut donc [un] acte d'interprétation qui est actif" (*CFS* 15, 1957 89) –, dann lassen sich Textauslegungen zwar motivieren, aber keineswegs, wie Schleiermacher sagt, „mechanisieren" (*HuK* 81). Man muß alsdann die Illusion eines ursprünglichen, mit sich identischen Textsinns fahrenlassen und sehen, daß Text und Interpretation nicht zwei Seiten einer teilbaren Arbeit – der Produktion und der Rezeption – sind, sondern daß bereits die *im* Text selbst verwobenen Ausdrücke nur kraft einer Interpretation bestehen, d. h. den Status von Zeichen erwerben. Nicht die *Auslegung* verfehlt also – wie die Theoretiker einer ‚objektiven Interpretation' (Betti, Hirsch u. a.) wollen – den ursprünglichen Sinn der Textäußerung; der Text selbst besitzt Sinn nur dià hypóthesin, nur vermutungsweise.[15] Darum ordnet Saussure die Sprachwissenschaft dem Spektrum der interpretierenden Disziplinen zu: Die Sprache steht in einem beständigen Re-interpretationsprozeß, der darin gründet, daß die von einer bestehenden Sprachgemeinschaft vorgenommene Artikulation/Differenzierung in jedem Augenblick neu und anders vorgenommen werden kann:

La langue peut être considérée comme quelque chose que, de moment en moment, interprète la génération qui la reçoit; c'est un instrument qu'on essaie de comprendre. La collectivité présente ne l'interprète pas du tout comme les générations précédentes, parce que, les conditions ayant changé, les moyens, pour comprendre la langue, ne sont pas les mêmes. Il faut donc le premier acte d'interprétation, qui est actif. (...) Cette interprétation se manifestera par les distinctions d'unités (c'est à quoi aboutit toute activité de langue) (*CFS* 15, 1957, 89).

Sich verändern und neu interpretiert werden kann die Sprache aber nur unter der Bedingung, daß eine Garantie auf die Bedeutungsgleichheit eines zweimal gesagten Wortes nicht besteht („Il est intéressant de se demander sur quoi nous faisons reposer l'affirmation de l'identité d'un même mot prononcé deux fois de suite, de ‚Messieurs!' et ‚Messieurs!' [...] Cette question: sur quoi repose l'identité? est la plus grave, parce qu'elle revient

---

[15] Genau dies ist's übrigens, was Schleiermacher, und nach ihm Sartre, den „divinatorischen Akt" nannten und bald mit „Erraten", bald mit „Konjizieren" übersetzten. „On devine en lisant", schrieb auch Proust *(À la recherche du temps perdu,* éd. par Pierre Clarac et André Ferré, Bibl. de la Pleiade, Paris 1954, III 156).

tout à fait à la question de l'unité" [l. c. 38]).[16] Die Möglichkeit der „Novation"[17] (in Analogie zu anderen, schon sprachüblichen morphologischen und/oder syntagmatischen Fügungen) ist nur die produktive Seite der strukturellen Nicht-Festgelegtheit der Bedeutung: Saussure spricht von einem „immense phénomène" (l.c. 88). Die Novation verschiebt den bis dahin geltenden Wert eines Terms durch eine Neuartikulation des sprachlichen Materials. Darum bleibt sie – als ein zunächst singuläres Ereignis – so lange rein virtuell, wie nicht auch ein anderer Sprecher – durch einen Akt hypothetischer Deutung – sie sich zueignet und benützt: Alsdann ist ihr der Durchbruch in die Sprach*wirklichkeit* gelungen:

Tant que je ne fais qu'interpréter, il n'y a pas de fait d'analogie, mais seulement possibilité. Le premier qui utilise la nouvelle unité (...) crée l'analogie, qui peut être adoptée ou non par la communauté (l. c. 90).

C'est un fait grammatical, mais il est pur produit d'une interprétation (l. c. 100).

La création analogique apparaît comme un chapitre particulier, une branche de l'activité générale, des phénomènes d'interprétation de la langue, de la distinction des unités (l. c. 92).

Es ist dieser prinzipiell hypothetische Charakter jeder denkbaren symbolischen Ordnung, welcher die Einfältigkeit der regelgesteuerten Sinnzuschreibung vereitelt. Als reines System von Virtualitäten könnte die Grammatik einer Sprache niemals semantische Effekte vorschreiben; sie könnte allenfalls einen Kodex von „hypothetischen Imperativen" des Typs befassen: ‚Willst du X oder Y erfolgreich verwenden, so mußt du ...' Der Diskurs einer Epoche wäre alsdann ein offenes System hypothetischer Gebote, das gewisse Verhaltensweisen nahelegt, aber keineswegs determiniert. Im Unterschied zu naturgesetzlichen Zusammenhängen erwerben –

---

[16] Vgl. *Cours*, éd. par de Mauro, l. c. V/VI: „Le point de départ des réflexions de Saussure est la conscience aiguë de l'individualité absolue, unique, de chaque acte expressif, cet acte qu'il appelle *parole* (...) / (...) si l'on répète deux fois le même mot on communiquera deux choses différentes la première et la seconde fois. (...) Le même mot, répété dans le discours d'une même personne, a, d'un moment à l'autre, une exécution différente: si on ne fait vraiment abstraction d'aucun détail, le sens précis, dans sa réalité concrète, apparaît d'une manifestation à l'autre comme fermé d'associations et de résonances émotives différentes; et la phonie réelle, elle aussi (...)." – Ebenso August Boeckh, *Enzyklopädie und Methodenlehre der philologischen Wissenschaften*, hg. von E. Bratuschek, Neudruck Darmstadt 1966, 126: „Daher kann man nie dasselbe noch einmal produciren."

[17] Die Prägung „Novation" findet sich bei Saussure selbst: „C'est à ces deux phénomènes [groupes d'associations et groupes de syntagmes: p. 79 ff.] que se rattache un immense phénomène: le phénomène de l'*analogie*, ce qu'on appelle: les phénomènes d'analogie, la création analogique, la *novation* analogique (mieux qu'innovation), qui se produit à tout moment. Il y a du neuf, donc il y a du changement" (*CFS* 15, 1957, 88).

wie wir sahen — symbolische Ordnungen die ihnen eigene Kausalität nur vermöge einer freien interpretatorischen Zusprechung, die eine (phonische, graphische usw.) Materie *als* ein Zeichen und als *dieses* Zeichen (und mithin als Motiv für eine bestimmte Handlung) annimmt. Die statistische Gleichförmigkeit der Praktiken, die den Diskurs einer Epoche als Ausdruck des ‚objektiven Geistes' erschließbar macht, verhindert darum keineswegs, daß dies Ensemble von Werten, Wahrheiten, Ideologien, Mythen und Mystifikationen (die miteinander, zumal in einer Klassengesellschaft, in vielfältigem Konflikt stehen) einem „vielfältigen und widersprüchlichen Verständnis" der Gesellschaftsmitglieder unterworfen ist (vgl. Sartre, *IF* III, 49). Der von früheren Generationen konstruierte Sinn der Zeichen, der mir als Imperativ angemutet wird, ist zwar „das Passiv der Idee" (l. c.) und schränkt die Spannweite meiner Entwürfe ein, so wie die *Schrift* den Spielraum der Interpretationen eindämmt:

Elle a brisé l'intériorité de la pensée originelle — présence translucide du tout aux parties et des parties au tout — et lui a substitué la *lettre*, en la pénétrant jusqu'au plus infime d'elle-même d'un éparpillement extérieur. L'idée devient chose: imprimée, sa tendance à persévérer dans son être est précisément celle de la chose (*IF* 3, 49/50).

Gleichwohl bleibt wahr, daß eine aufs Schriftzeichen reduzierte Botschaft keinen Sinn mehr besäße. In einer verlassenen Bibliothek lebt kein Geist mehr: Papier und Tinte und Druckerschwärze haben ihre Bedeutung verloren. Die Reduktion des hypothetischen und imperativischen Charakters jedes symbolischen Appells auf die reine Materialität des Übertragungsorgans nimmt dem Ausdruck (signifiant) gerade seine Zugehörigkeit zu einer kulturell gedeuteten Welt. Die soziale Natur eines (literarischen oder umgangssprachlichen) Gesprächszusammenhangs befreit die Teilnehmer also nicht von dem „dualen Charakter" symbolischer Mitteilung, deren Bedeutung immer nur hypothetisch realisiert werden kann.

Dans la mesure (...), où, dans l'intimité d'une chambre, dans des salles de classe ou de bibliothèque, des millions de personnes lisent des millions de livres dont chacun contient des références à d'autres ouvrages en cet instant non consultés, une totalisation détotalisée s'opère, c'est-à-dire que chaque lecteur totalise sa lecture *à sa manière* qui est, à la fois, voisine et radicalement distincte de la totalisation qu'une autre lecture en une autre ville, en un autre quartier tente de réaliser avec le même livre. De ce point de vue, la multiplicité des totalisations individuelles (elles ne se rapportent pas toutes au même livre mais à des secteurs différents du savoir écrit dont beaucoup, cependant, renvoient implicitement les uns aux autres) paraît irréductible (*IF* III, 50).[18]

Ce qui nous importe, pour l'instant, c'est ce caractère double de l'Esprit objectif, qui ne peut être *en nous* dépassement vers l'idée que s'il est *dehors* une matière ouvrée. La

---

[18] Diesen Gedanken hat schon Maurice Merleau-Ponty in den Aufsätzen *La Science et l'expérience de l'expression* und *La perception d'autrui et le dialogue,* wenn auch weniger radikal als Sartre, vorgetragen (in: ders., *La prose du monde,* éd. par Claude Lefort, Paris 1969, 15 ff. und 182 ff.).

garantie de sa permanence, c'est sa choséité: il n'existe point, il *est* et les seuls dangers qui le menacent viennent de l'extérieur, des grandes forces naturelles et des désordres sociaux. Aussi quand, par sa lecture, je transforme la chose en idée, la métamorphose n'est jamais entière: c'est une idée-chose qui pénétre en moi puisque cet être hybride qui ne peut ressusciter que par moi a nécessairement sa réalité hors de moi comme pensée figée en matière et puisque cette pensée, dans l'instant que je la fais mienne, reste définitivement / *autre*, comme pensée dépassée d'une autre qui m'ordonne de la ressusciter. Ce n'est pas tout: car cette idée que je m'approprie, je sais que d'autres lecteurs se l'approprient au même moment: il s'agit d'hommes que j'ignore, qui ne sont pas faits comme je suis et qui dépassent le même matériel vers des significations voisines mais sensiblement différentes. Ainsi chaque lexème reste *en moi* extérieur à moi dans la mesure où il s'enrichit à mes yeux de mille interprétations qui m'échappent: Il apparaît que le livre, mode fini de l'Esprit objectif est, par rapport au lecteur, interne-externe. La lecture est une intériorisation selon des procédés définis mais la phrase n'est jamais entièrement soluble. Sa matérialité indestructible lui vient à la fois de la rigidité figée du *vestige* et de son rapport multiple — pour chaque lecteur — aux autres. (...) En ce sens l'écrit laisse apercevoir à travers lui la Société comme un des éléments de sa dualité essentielle (*IF* III, 51/2).

Unter diesen Umständen muß man das Modell einer „Textgrammatik" — also eines pragmatisch-semantisch-syntaktischen Code, aus dem alle Elemente eines Textes ganz ebenso zu deduzieren wären wie sprachliche Elemente aus einer Grammatik — revidieren.[19] Todorov, der diesen Ausdruck eingeführt hat, war auch einer der ersten, die die systematische Verfaßtheit literarischer Kommunikation seit Beginn der 70er Jahre wieder in Zweifel zogen (vgl. seinen Artikel *Texte* in dem von ihm und Oswald Ducrot herausgegebenen *Dictionnaire encyclopédique des science du langage*, Paris 1972, 375—382). Schon früher hatte Julia Kristeva, die Schöpferin des Schlagworts „intertextualité", gezeigt, daß die Grenzen eines Einzeltextes im unendlich offenen Kontinuum aller anderen Texte verschwimmen. Sie hätte sich mit dieser Einsicht auf Schleiermacher berufen können, der die Interpretation zu einer unabschließbaren Aufgabe erklärte (*HuK* 80 f., 94) und hinzufügte: „Keine Schrift kann vollkommen

---

[19] Vgl. Christian Stetter, *Die Idee der Semiologie bei F. de Saussure. Ein Beitrag zur Klärung des linguistischen Erkenntnisinteresses,* in: *Deutsche Sprache,* Heft 4/1976, 301: „Wenn wir aufgrund unserer Verstehenskompetenz die Ausbildung einer sprachlichen Regel annehmen, so ist dies gleichzeitig ein Schluß auf einen entsprechenden Prozeß im betreffenden [fremden] Sprecherbewußtsein. Die auf der Ebene linguistischer Beschreibung aufgeworfene Frage, ob die Verallgemeinerung eines bestimmten Sprachgebrauchs zu einer Regel zulässig ist oder nicht, reflektiert somit nur die Schlußprozesse des betreffenden Sprecherbewußtseins für die Angemessenheit oder Richtigkeit dieses Sprachgebrauchs unter bestimmten Umständen. Die ‚Repräsentation' einer ‚Vorstellung' durch einen sprachlichen Term — um in der traditionellen Terminologie zu bleiben — hat also den Charakter einer Hypothese."

verstanden werden, als nur im Zusammenhang mit dem gesammten Umfang von Vorstellungen, aus welchem sie hervorgegangen ist, und vermittelst der Kenntniß aller Lebensbeziehungen, sowol der Schriftsteller als derjenigen für welche sie schrieben" (*SW* I/1, Berlin 1843, 58): eine offenbar unabschließbare Aufgabe. Derrida prägte 1972 — in Anlehnung an Hjelmslev — den Ausdruck des unendlichen oder allgemeinen Textes (*Positions,* Paris 1972, 82), um literaturwissenschaftliche Konsequenzen aus der irreduziblen Ungleichzeitigkeit der Sinnschichten eines Textes zu ziehen, d. h. um in das einzutreten, was M. Blanchot *L'entretien infini* genannt hat.

Auch diese Art der semantischen Entgrenzung will von einer Theorie des offenen Gesprächs beachtet werden, obwohl sie sich an dem Paradigma der Text-Rezeption (einer sehr speziellen Form der Kommunikation) entfaltet.

Ich möchte gerne zeigen, daß Derridas Idee eines entgrenzten Gesprächs mit dem Text nicht etwa in Opposition zu dem, was wir von Saussure kennen, steht, sondern die größte Nähe zu den Gedanken des Genfer Linguisten hält. Fragte dieser sich nach den Gründen der Schwierigkeit, dem sprachlichen Zeichen anders denn in hypothetischen Urteilen eine semantische Identität zuzusprechen, so sucht Derrida eine ebenso radikale wie aufschlußreiche Erklärung für das, was er die „Unentscheidbarkeit" der Sinnzuweisung nennt.[20]

Den Theoretikern der Textgrammatik gesteht er zu, daß die Wiederholbarkeit von sprachlichen Zeichen oder von ganzen Äußerungen (d. h. pragmatisch interpretierten Propositionen) eine strukturelle Möglichkeit des regelgesteuerten Sprechens sei. In Gegenführung jedoch zur Idee einer unzeitlichen Taxonomie des Textes ficht Derrida die Berechtigung des Schlusses an, der da lautet, in einer funktionierenden Grammatik sei jede Wiederholung eines Zeichens notwendig die Wiederholung eines *Selbigen*. (Wir erkennen darin die Prämisse der Informationstheorie wieder.)

Es gibt, sagt Derrida, keine prästabilierte Kopräsenz von Autor und Leser; ja streng genommen ist auch der Verfasser dem, was er schreibt, nie kopräsent. Denn nur unter der Bedingung, daß seine individuelle Intention von der Bedeutung der von ihm geäußerten Zeichen gleichsam abspringt, können die von ihm vorgebrachten Zeichen zu Elementen einer mehr als

---

[20] Ich beziehe mich vor allem auf Derridas Entgegnung auf den früher zitierten Text von J. R. Searle *(Reiterating the Differences)* und verwende dazu ein vom Autor handkorrigiertes Umbruchexemplar, das den seither ins Englische übersetzten Text (*Glyph* 2, *Limited Inc a b c . . .,* 1977, 162—254) im französischen Original bietet (Das französische Original ist inzwischen als Einzelausgabe bei der Johns Hopkins University Press im Paperback zugänglich geworden).

nur individuellen Botschaft, also zu Typen, zu sozialen Tatsachen werden: Das Individuum tritt zurück, um der Allgemeinheit des Systems Raum zu geben. Dies Aussetzen eines individuellen Sinns macht aber im Gegenschlag die Zeichen frei für die Übernahme einer anderen individuellen Deutung; denn, wie Saussure sagt: die letzte Determination erfährt die Zeichenkette immer erst in Situation, durch das Bewußtsein eines Individuums (vgl. *CFS* 15, 1957, 10; *EC* III C 277, al. 2022). Es handelt sich da nicht etwa nur um eine individuelle Einfärbung, die die intersubjektiv geteilte Bedeutung intakt ließe. Das individuelle Element trifft die Bedeutung in ihrer Substanz. Denn die Bedeutung eines Ausdrucks realisieren, heißt ja gerade: eine individuelle Hypothese auf die (offene) Menge von Oppositionen wagen (eine Hypothese, die eben nicht in einer objektiven Sinnfeststellung gerinnt). Der Sinn, sagt Lacan mit einem Wortspiel, *faßt Stand* auf der Ausdruckskette *(insiste)*, aber keines der Elemente der Kette *hat Bestand (consiste)* in der Bedeutung, deren es in gerade diesem Augenblick fähig ist.[21] Sobald kodifizierte Sprachtypen in einem Gespräch ausgetauscht werden, muß es prinzipiell (was nicht schon heißt: allaugenblicklich) möglich sein, ihre erste oder ursprüngliche Artikulation/Interpretation durch eine zweite zu ersetzen und also von der (ohnehin bloß virtualiter bestehenden) Konvention oder Diskursmaxime abzurücken. Derrida spricht von der „*re*-marque", der steten Möglichkeit für den Sprecher/Autor/Leser/Hörer/Interpreten, den Sinn eines Wortes, eines Satzes, eines Textes, einer Kultur neu zu markieren.

Diese Möglichkeit folgt wiederum aus der Zeitlichkeit des Textes, die die Rede von der Kopräsenz des Senders und des Empfängers ebenso untergräbt wie die Synchronie von *concept* und *image acoustique/graphique*. Jede Form des Gegenwärtigseins-bei- hat ja die Struktur einer Differenzierung: etwa ist *bei* etwas (demnach ist es nicht einerlei mit dem, bei dem es ist), und etwas ist *nach* etwas. Die Gegenwart trennt das Selbst und das Selbige von sich – wie schon die Grammatik des Gebrauchs der Pronomina und Reflexion lehrt –, um es jenseits eines minimalen, aber niemals insignifikanten Abstands wieder mit sich zu vereinigen. Der Sinn eines Zeichens/einer Äußerung wird durch jeden neuen Gebrauch von sich getrennt, er wird ent-stellt (déplacé). Wer beweist (und kraft welchen Kriteriums), daß er *nach* dem Durchgang durch die Lücke der Iteration in derselben Synthesis mit seinem Ausdruckssubstrat besteht wie zu Beginn? „Le déplacement de sens confirme la loi que j'indique ici: le temps et le lieu de

---

[21] „(...) c'est dans la chaîne du signifiant que le sens *insiste,* mais qu'aucun des éléments de la chaîne ne *consiste* dans la signification dont il est capable au moment même" (*E* 502).

l'*autre fois* (the other time) travaillent et altèrent déjà, at once, aussi sec, *la première fois,* le premier coup et l'at once." Erstaunlich ist auch hier die Nähe zu Saussure, der notiert hatte: „Ce qui a échappé ici aux philosophes et aux logiciens, c'est que du moment qu'un système des symboles est *indépendant* des objets désignés, il était sujet à subir, pour sa part, *par le fait du temps,* des déplacements *non calculables pour le logicien*" (*N* 10, p. 13).

Aber es gibt eine weitere und beunruhigendere Konsequenz, die Derrida den Kommunikationswissenschaften zu ziehen empfiehlt. Nicht nur das (in der Zeit) wiederholte Zeichen, sagt er, kann seine Identität nicht garantieren, sondern auch das nur einmal verwandte. Und zwar darum, weil semiologische Ordnungen, Traditionszusammenhänge, Diskurse usw. ihren Elementen nur dadurch Bedeutung zu verleihen vermögen, daß sie jedes einzelne von allen anderen unterscheiden. Was aber seine Identität nur auf dem Umweg über alle anderen Identitäten vermitteln kann, von dem kann man sagen, es sei auch von sich selbst getrennt (sei das Andere seiner selbst). Denn dies sein Selbst ist ja – wie wir sahen – eine Funktion der unabsehbar offenen Menge all der anderen Zeichenverwendungen, die ich im Verlauf eines Kommunikationsprozesses ausmache und unterscheidend von ihm abgrenze.

Ich möchte diesen Gedanken, der die Vorstellung von der systematischen Beherrschbarkeit der Bedeutung fremder Rede mit der Idee ihrer Unausdeutbarkeit (und Geschichtlichkeit) aussöhnen will, gerne mit einigem Nachdruck versehen. Da er im deutschen Sprachgebiet fremd (und weder von der Hermeneutik noch von der Gesprächs-Theorie wahrgenommen) ist, nehme ich einen neuen Anlauf.

Wenn Sinn und Bedeutsamkeit im Aufeinanderbezogenensein unterschiedener Ausdrucks-Materien entspringen, dann könnte die Identität eines Terms nur durch einen Zustand der Abgeschlossenheit und der Unveränderlichkeit des Systems gewährleistet werden. Das Modell, das den szientistischen Kommunikationswissenschaften (vor allem der strukturalen Texttheorie und Linguistik) zugrundeliegt, ist ja nicht von ungefähr das Kristallgitter *(grille),* in welchem bei hinreichend niedriger Temperatur alle Atome oder Moleküle auf ihre Plätze gebannt sind, von allen anderen sowohl unterschieden wie auch mit ihnen verbunden. Nun, im Gegensatz zur elementarischen Welt läßt sich die geschichtlich-kulturelle (in der und von der unsere Gespräche handeln) nicht auf den absoluten Gefrierpunkt abkühlen.[22] Gespräch und Literatur gedeihen nur in einer gewissen Wärme, die den Fluß: den Austausch und die Neuordnung der Zeichen

---

[22] In einem metaphorischen Kontext, angewandt etwa auf die atomare Nachrüstung, macht freilich auch diese Behauptung Sinn.

gestattet. Gespräche sind immer Transformationen anderer und früherer Gespräche, so wie Zeichen immer Neuartikulationen anderer und früherer Zeichen sind.[23] Durch den Gedanken der Unterschiedenheit ist nämlich zugleich ausgemacht, daß kein Zeichen sich selbst unmittelbar und unzeitlich gegenwärtig ist, da es ja den Umweg durch eine unabsehbare und (vor allem) wechselnde Konfiguration anderer Zeichen nehmen muß (die außerdem in jedem Sprecherbewußtsein anders und verschieden reich rekrutiert ist), ehe es sich identifiziert. Macht man sich klar, daß der Verlauf dieses Weges nicht prognostizierbar ist (weil er durch fremdes Bewußtsein führt), dann hat man der szientistischen Vorstellung aufgekündigt, es gebe eine ursprüngliche, unzeitliche und durch die Konversations- oder Text-Analyse restituierbare Gegenwärtigkeit oder Vertrautheit zumindest *eines* Zeichens mit und bei sich selbst (wie dies etwa Greimas' Rede vom *sens total* oder vom *sens central* unterstellt); derart gar, daß ich auf allen Wegen, die ich über Zeichen beschreite, stets mit Gewißheit zu ihm zurückfinde. Ein solcher dem Spiel der Struktur entzogener Zentralsinn wäre, wenn es ihn gäbe, das *Prinzip* der Struktur (Derrida sagt: der „transzendentale Sinn"). Aber die Gewißheit dieses archimedischen Ortes ist immer schon verloren; denn die Feststellung des Zentralsinns bleibt das Resultat einer motivierten (aber nicht deduzierbaren) Hypothese auf die unendlich offene Reihe all seiner Opposita, die nur in der Phantasie eines ‚idealen Sprechers/Hörers' zusammenbestehen könnten. Das Paradigma der Reflexion (der spekulativen Rückkehr zum Ausgangspunkt, das man in der Rede von der ‚Rekonstruktion des eigentlichen Wortsinns' wiederfindet) hält der Erfahrung der entgrenzten Ökonomie von semantischen Oppositionen nicht stand.

Das bedeutet nicht etwa, daß folglich die Willkür im Textsystem ausbräche: *Weder* widersteht die Erkenntnis, daß die Ausdifferenzierung eines Terms durch die Bildung offener Reihen von „Oppositionen" erfolgt, der streng wissenschaftlichen Formulierung: es handelt sich vielmehr um ein allgemein geltendes *Gesetz*; *noch* sind hypothetische Urteile etwa willkürlich oder unüberprüfbar. Hypothesen sind stets *motiviert* und könnten sich anders niemals durchsetzen. Motivationen sind aber solche Verursachungen, die eine Deutung des verursachenden Grundes zur Voraussetzung

---

[23] „La langue, à quel moment que nous la prenions, si haut que nous remontions, est à n'importe quel moment un héritage du moment précédent. L'acte idéal par lequel, à un instant donné, des noms seraient distribués aux choses, l'acte par lequel un contrat serait passé entre les idées et les signes, entre les signifiés et les signifiants, cet acte reste dans le seul domaine de l'idée. (...) Jamais une société n'a connu la langue que comme un produit plus ou mois perfectionné par les générations précédentes et à prendre tel quel" (*EC* III C 312, al. 1187 ff.).

haben: im Gegensatz zu rein mechanischen Kausationen. Wenn also die Textinterpretation, wie Schleiermacher sagt, „nicht mechanisierbar" ist (*HuK* 81), so bleibt sie doch, wie jede Hypothese, einerseits motiviert, andererseits rechenschaftspflichtig. Das betont auch Lacan: „L'interprétation n'est pas ouverte à tous sens. Elle n'est point n'importe laquelle. Elle est une interprétation significative, et qui ne doit pas être manquée. Cela n'empêche pas que ce n'est pas cette signification qui est, pour l'avènement du sujet, essentielle. Ce qui est essentiel, c'est qu'il voie, au-delà de cette signification, à quel signifiant (...) il est, comme sujet, assujetti" (*Les quatre concepts de la psychanalyse,* = Le Séminaire XI, Paris 1973, p. 226). Der Interpret wird also stets bemüht sein, den innovativen (und vom Bewußtsein/vom Sprachüblichen usw. verdrängten) Akt mitzuvollziehen und auszuweisen, durch den – seiner Vermutung (Divination) gemäß – der Text oder die Äußerung *im* Text oder nur ein bestimmter idiosynkratischer Wortgebrauch innerhalb der Äußerung sich gegen einen „état de langue/ état de texte préétabli" abheben vermöge jener „activité continuelle par laquelle la langue décompose les unités qui lui sont données" (Saussure II R 103, al. 2523). Die Innovation und das Verstehen von Innovation sind aber Leistungen, die im Subjekt gründen, und zwar auf je verschiedene Weise sowohl bei Lacan wie bei Saussure:

(...) que tous les changements, toutes les innovations (...) continuent de dépendre du premier principe agissant dans cette même sphère, qui n'est situé nulle part ailleurs qu'au fond de l'âme humaine (N 10, p. 17. al. 1261).

* * *

Mit solchen (insgesamt eher aporetischen) Überlegungen ist der Raum einer Forschung angezeigt, der von den Kommunikations-Theorien des angelsächsischen und des deutschen Sprachgebiets noch zu erobern wäre. Mir genügt es, auf ihn hingedeutet zu haben. Gewiß führt die Verfolgung der Bahn, deren Ansätze hier skizziert sind, nicht sogleich und nicht einmal in absehbarer Ferne zu einer überschaubaren Theorie des eigentlichen Gesprächs. Wohl aber scheint mir der Fall, daß eine weitverbreitete Voraussetzung, die der Ausarbeitung einer Theorie des Gesprächs im Wege stand, unter den Hieben zumal der neostrukturalistischen Sinn-Kritik gefallen ist: nämlich die Annahme, daß ein Gespräch nur dann geführt werden kann, wenn es vorab anerkannte Diskursmaximen und semantisch-pragmatische Regeln gibt, die den Bedeutungsspielraum des Gesprächs von vornherein begrenzen. Mit dieser Restriktion würde das Gespräch ja darauf verpflichtet, die Einfältigkeit einer bestehenden semantisch-pragmatischen Ordnung zu reproduzieren: die Antworten meines Gesprächspartners wären allenfalls inhaltlich (und auch das nicht durchaus) unabsehbar, nicht aber hinsichtlich der Art und Weise, wie er, im Rahmen eines durchaus offenen Systems von Differenzen Sinn und Ausdruck synthetisierend, seine Welt konstruiert. Eine im bisherigen System der symbolischen Interaktion nicht vorgenommene Sinn-Artikulation kann von diesem System her natürlich nicht entschlüsselt werden; um mich ihrer zu vergewissern, muß ich tatsächlich auf die Rede des Anderen hören und seine individuelle Deutung durch einen Akt unüberprüfbaren, aber auch nicht zu hintergehenden „Erratens" mir zueignen. Genau dies meinte Schleiermacher, wenn er von „Divination" sprach: Zueignung eines innovativen Sinns, der eine schon eingespielte grammatische Form produktiv verändert und darum *miß*deutet wird, wenn man die verwandten Ausdrücke nach Art des bisherigen Verständnisses schematisiert (*HuK* 169/70). Da aber, nach Schleiermachers Ansicht, die hermeneutische Reflexion universalisiert werden muß, da ich nicht sicher sein kann, aufgrund von Sprachregeln, die ich kenne, bereits zu *verstehen,* ist es unmöglich, die sprachliche Innovation für einen Sonderfall der Sprachverwendung zu halten: Jede Realisation eines Sinns ist das Resultat einer niemals verifizierbaren Hypothese und also divinatorisch. Die Divination ist mithin das alltäglichste Phänomen des eigentlichen Gesprächs; und es konnte in Vergessenheit geraten nur dort, wo Gespräche tatsächlich − in einer verdinglichten und entfremdeten Welt − dem Ein- und Ausgeben invarianter Informationen sich angenähert haben. Wer die Uniformierung und Entfremdung der Gespräche (die wir tatsächlich viel weniger führen, als daß wir von ihnen geführt werden) zugibt, muß dem doch, auch als Wissenschaftler, durchaus nicht zustimmen. Die Wissenschaft des Gesprächs muß, mit anderen Worten, nicht selbst die Struktur des entfremdeten Gesprächs reproduzieren, wenn sie zu ihm sich äußert. Je weniger die Gespräche, die in unserer Gesellschaft geführt werden, der Divination bedürfen, desto schlimmer steht es um diese Gesellschaft. − Die am wenigsten szientistisch integrierbare Form der Sprachverwendung ist vermutlich die der Literatur; und die besondere Form des Gesprächs, die wir mit einem poetischen Text führen, ist ohne die Bereitschaft zur Divination im Kern unmöglich. Das macht die Literatur zur Fluchtburg von Sinnphantasien, die der Dekodierbarkeit Widerstand entgegenbringen. Schleiermacher hat als poetisch denjenigen Redegebrauch gekennzeichnet, in dem die semantische Innovation, die im gewöhnlichen Gespräch nur latent ist, als solche dargestellt ist.[24] Insofern hält die Dichtung den obsolet

---

[24] „So wäre demnach die Poesie eine Erweiterung und neue Schöpfung in der Sprache. Allein dies verhält sich nicht so, sondern die Möglichkeit dazu wohnt

gewordenen Anspruch des Individuums in einer uniformierten und codierten Welt aufrecht. Die Literatur, sagt Musil, ist von ihrem „Prinzip" her „unaufhörliche Variation" (*Gesammelte Werke,* hg. von A. Frisé, 9 Bde. Reinbek 1978, 7, 868). So steht sie der neuen, der schöpferischen Erfahrung, und also dem Individuellen bei. Sie hat „die Aufgabe unaufhörlicher Umformung und Erneuerung des Bildes der Welt und des Verhältnisses zu ihr, indem sie durch ihre Erlebnisse die Formel der Erfahrung sprengt" (8, 1152). Einen ähnlichen Zweck hatte auch Novalis ihr zugedacht: „Alle Poesie unterbricht den gewöhnlichen Zustand, das gemeinsame Leben, fast wie ein Schlummer, um uns zu erneuern" (*NS* II, 568).

Ich denke, daß die Theorie der (literarischen) Kommunikation diese Erneuerungsfähigkeit des literarischen (wie jedes anderen) Sprechens unterdrückt, wenn sie dem Text das nimmt, was Saussure das „élément individuel" und August Boeckh den „individuellen Beisatz"[25] genannt hatten: den kritischen Punkt, an dem die Wiederholung zur Transformation wird; die Ungleichzeitigkeit seines Gesamtsinns; die Unausschöpfbarkeit seines Bedeutens, kurz: seine prinzipielle Fähigkeit, sich von deutungsfähigen Individuen überschreiten zu lassen. Texte sind „ästhetische Imperative" (Novalis), deren Gegenstand erst durch einen fremden Willen und in einem fremden Bewußtsein aufersteht.

Man darf diesen Aspekt des miteinander (oder mit einem Text) Sprechens mit Musil „ethisch" nennen, weil er niemals gegeben, sondern immer nur *auf*gegeben ist. Durch seine Unausschöpflichkeit stellt das Werk (wie jede Rede in einem „eigentlichen Gespräch") Fragen an unser Leben und an unsere Zeit: es stellt sie in Frage. Doch eben nicht nur unsere Zeit, sondern jede kommende, die sich zur Einlösung seines immer noch unvollendeten Sinns aufrufen läßt. Da alle Deutung schöpferisch und alle Schöpfung ein factum ex improviso ist, vermittelt jede divinatorische Lektüre wie jedes eigentliche (Zu)hören ein Erlebnis von Freiheit. Denn „es versteht sich von selbst, daß das Leben, wenn man es in seiner Nacktheit, seiner ‚Natürlichkeit' nimmt, keinen *menschlichen* Sinn bieten würde („il va de soi que la vie, à la prendre nue, ‚naturelle', (...) n'offrirait pas de sens *humain*"). Der Sinn kommt als Zufall oder als Nicht-Sinn – als ein „être en soi nul" – auf die Welt, bevor er im Rahmen einer menschlichen Unternehmung ‚subjektiviert' und mit dem Index einer *Deutung* versehen wird (Sartre, *IF* I, 59/60, 141). Dieser Index verweist auf die Freiheit; denn

---

schon der Sprache ursprünglich ein, aber freilich ist es immer nur das Poetische, woran es zum Vorschein kommt, sei es rein oder an einem andern" (*Ästhetik*, = *SW* III/7, 643, = *HuK* 405).

[25] *Enzyklopädie und Methodenlehre der philologischen Wissenschaften* (wie Anm. 16), 83.

− so könnte man in Abwandlung eines Kant-Wortes sagen − ‚wäre ein Sinn an sich selbst, so wäre Freiheit nicht zu retten' (*KrV* B 171).

Eine von der Methodenkonkurrenz der Wissenschaften verschüchterte Theorie des Gesprächs muß sich heute auch dies fragen: ob sie der Sinnreduktion oder der Sinnentfaltung beistehen will. Zweifellos funktioniert die Natur auch ohne die Kategorie ‚Sinn', und sie arbeitet − sich selbst überlassen − weder an seiner Rettung noch gar an seiner Mehrung. Foucault war es, der uns vor einiger Zeit daran erinnert hat, daß sie ebensogut ohne den Menschen funktionieren wird: „Wenn er verschwindet wie am Meeresufer ein Gesicht im Sand."[26]

---

[26] *Les mots et les choses,* Gallimard, Paris 1966: „(...) on peut bien parier que l'homme s'effacerait, comme à la limite de la mer un visage de sable" (398).

Auswahlbibliographie

Abraham, N. / Torok, M.: *Cryptonymie. Le verbier de l'homme aux loups* (précédé de: *Fors,* par Jacques Derrida), Aubier-Montaigne, Paris 1976 (deutsch: Kryptonymie. Das Verbarium des Wolfsmannes, aus dem Französischen von W. Hammacher, Suhrkamp, Frankfurt 1979).
Anz, H.: *Die Bedeutung poetischer Rede.* Studien zur hermeneutischen Begründung und Kritik der Poetologie, München 1979.
Adorno, Th. W.: *Gesammelte Schriften,* herausgegeben von Rolf Tiedemann, Suhrkamp Verlag, Frankfurt 1970–1982.
Apel, K. O.: *Transformation der Philosophie,* stw 164/165, Suhrkamp Verlag, Frankfurt 1977.
— (et alii): *Hermeneutik und Ideologiekritik.* Theorie-Diskussion, Suhrkamp Verlag, Frankfurt 1971, ²1980.
— *Die Erklären-Verstehen-Kontroverse in transzendental-pragmatischer Sicht,* Suhrkamp Verlag, Frankfurt 1979.
Apel, K. O. / Manninen, J. / Tuomela, R. (Hrsg.): *Neue Versuche über Erklären und Verstehen.* Theorie-Diskussion, Suhrkamp Verlag, Frankfurt 1978.

Barthes, R.: *Le degré zéro de l'écriture,* Editions du Seuil, Paris 1953 (deutsch: *Am Nullpunkt der Literatur. Essay,* aus dem Französischen von Helmut Scheffel, Suhrkamp Verlag, Frankfurt 1982).
— *Critique et vérité,* Editions du Seuil, Paris 1966 deutsch: *Kritik und Wahrheit,* aus dem Französischen von Helmut Scheffel, Suhrkamp Verlag, Frankfurt 1967).
— *S/Z,* Editions du Seuil, Paris 1970 (deutsch: *S/Z,* aus dem Französischen von Jürgen Hoch, Suhrkamp Verlag, Frankfurt 1976).
— *Le plaisir du texte,* Editions du Seuil, Paris 1973 (deutsch: *Die Lust am Text,* aus dem Französischen von Traugott König, Suhrkamp Verlag, Frankfurt 1974).
— *Fragments d'un discours amoureux,* Editions du Seuil, Paris 1977.
— *Leçon,* Editions du Seuil, Paris 1978 (deutsch: *Lektion.* Antrittsvorlesungen (sic) im Collège de France, aus dem Französischen von Helmut Scheffel, Suhrkamp Verlag, Frankfurt 1980).
— *L'obvie et l'obtus,* Essais critiques III. Editions du Seuil, Paris 1982.
Baumeister, Th.: *Adorno — nach zehn Jahren,* in: Philosophische Rundschau, Heft 1/2 (1981).
Beardsley, M. C.: *Textual meaning and Authorial Meaning,* in: Genre I/1968.
Beaufret, J.: *Le Nietzsche de Heidegger* (entretien avec Frédéric de Towarnicki), in: Magazine littéraire n° 141, Oktober 1978.
Becker, J.: *Begegnungen zwischen Gadamer und Lévinas.* Der hermeneutische Zirkel und die Alteritas, ein ethisches Geschehen. Peter Lang, Zürich/New York 1981.

Bellemin-Noël, J.: *Vers l'inconscient du texte,* Presses Universitaires de France, Paris 1979.
Benjamin, W.: *Gesammelte Schriften,* herausgegeben von Rolf Tiedemann und Hermann Schweppenhäuser, Suhrkamp Verlag, Frankfurt.
Betti, E.: *Allgemeine Auslegungslehre als Methodik der Geisteswissenschaften,* J. C. B. Mohr, Tübingen 1967, ²1972.
Birus, H.: *Hermeneutische Wende? Anmerkungen zur Schleiermacher-Interpretation,* in: Euphorion 74 (1980).
— (Hrsg.): *Hermeneutische Positionen* (Schleiermacher, Dilthey, Heidegger, Gadamer) Vandenhoeck & Ruprecht, Göttingen 1982.
Blanchot, M.: *La part du feu,* Gallimard, Paris 1949.
— *L'espace littéraire,* Gallimard, Paris 1955.
— *Le livre à venir,* Gallimard, Paris 1959.
— *L'entretien infini,* Gallimard, Paris.
Blumenberg, H.: *Wirklichkeiten in denen wir leben,* Reclam 7715, Stuttgart 1981.
— *Die Genesis der kopernikanischen Welt.* 3 Bde. stw 352, Frankfurt 1981.
Boehm, G. / Gadamer, H. G. (Hrsg.): *Seminar: Philosophische Hermeneutik,* Suhrkamp Verlag, Frankfurt 1976.
— *Seminar: Die Hermeneutik und die Wissenschaften,* Suhrkamp Verlag, Frankfurt 1978.
Boehme, W.: *Nietzsche heute. Ist Gott tot?* Herrenalber Texte 41, 1982.
Bohn, V. (Hrsg.): *Literaturwissenschaft. Probleme ihrer theoretischen Grundlegung,* Kohlhammer, Stuttgart 1980.
Bohrer, K. H.: *Plötzlichkeit. Zur Struktur ästhetischer Wahrheit,* es 1058, Frankfurt 1981.
Borman, C. von: *Der praktische Ursprung der Kritik,* Metzler, Stuttgart 1974.
Böschenstein, B.: *Die notwendige Unauflöslichkeit.* Reflexionen über die Dunkelheit in der deutschen und französischen Dichtung (von Hölderlin bis Celan), in: Zeitwende. Thema: Text und Deutung — zum Beispiel: Paul Celan, Heft 6/November 1975.
Bourdieu, P.: *Le sens pratique,* Editions de Minuit, Paris 1980.
— *Leçon sur la leçon,* Gallimard, Paris 1982.
Brandt, R. B.: *The Philosophy of Schleiermacher.* The Development of his Theory of Scientific and religious Knowledge, New York 1968.
Brinkmann, H.: *Mittelhochdeutsche Hermeneutik.* Niemeyer, Tübingen 1980.
Brütting, R.: *‚Texte' und ‚Ecriture' in den französischen Literaturwissenschaften nach dem Strukturalismus,* Bouvier, Bonn 1976.
Bubner, R.: *Phänomenologie, Reflexion und Cartesianische Existenz.* Zu Jean-Paul Sartres Begriff des Bewußtseins, Diss. Heidelberg 1964.
Bubner, R.: *Zur Sache der Dialektik,* Reclam 9974, Stuttgart 1980.
Bubner, R. / Cramer, K. / Wiehl, R.: *Hermeneutik und Dialektik* (2 Bde) J. C. Mohr (Paul Siebeck), Tübingen 1970.
Bürger, P.: *Aktualität und Geschichtlichkeit.* Studien zum gesellschaftlichen Funktionswandel der Literatur, es 879, Frankfurt 1977.
— *Vermittlung-Rezeption-Funktion.* Ästhetische Theorie und Methodologie der Literaturwissenschaft, stw 288, Frankfurt 1979.

Castelli, E. (Hrsg.): *Démythisation et idéologie,* Aubier, Paris 1973.
Child, A.: *Interpretation. A General Theory,* University of California, Publications in Philosophy, volume 36, Berkeley and Los Angeles 1965.
Collin, F.: *Maurice Blanchot et la question de l'écriture,* Gallimard, Paris 1971.
Compagnon, A. (Hrsg.): *Prétexte: Roland Barthes.* Colloque de Cerisy. Union Générale d'Editeurs, Paris 1978.
Culler, J.: *Structuralist Poetics.* Structuralism, Linguistics and the study of Literature, London 1975.

David, M. V.: *Les dieux et le destin de Babylone,* Presses Universitaires de France, Paris 1949.
Dällenbach, L.: *Le récit spéculaire.* Essai sur la mise en abyme, Editions du Seuil, Paris 1977.
Decottignies, J.: *L'écriture de la fiction.* Situation idéologique du roman, Presses Universitaires de France, Paris 1979.
– (Hrsg.): *Les sujets de l'écriture.* Presses Universitaires de Lille, Lille 1981.
Deleuze, G.: *Nietzsche et la philosophie,* Presses Universitaires de France, Paris 1962 (deutsch: *Nietzsche und die Philosophie.* aus dem Französischen von Bernd Schwibs, Rogner & Bernhard, München 1976).
Derrida, J.: *La voix et le phénomène,* Presses Universitaires de France, Paris 1967.
– *De la grammatologie,* Editions de Minuit, Paris 1967 (deutsch: *Grammatologie,* aus dem Französischen von Rheinberger, H. / Zischler, H. Suhrkamp Verlag, Frankfurt 1974).
– *L'écriture et la différence,* Editions du Seuil, Paris 1967 (deutsch: *Die Schrift und die Differenz,* aus dem Französischen von Gasché, R. Suhrkamp Verlag, Frankfurt 1972).
– *La dissémination,* Editions du Seuil, Paris 1972.
– *Positions,* Editions de Minuit, Paris 1972.
– *Marges de la philosophie,* Editions de Minuit, Paris 1972 (deutsch: *Randgänge der Philosophie,* aus dem Französischen von Ahrens, G. / Beese, H. / Brückner-Pfaffenberg, E., Ullstein 1976).
– *Glas,* Editions Galilée, Paris 1974.
– *Economimesis,* in: Mimesis des articulations, Aubier-Flammarion, Paris 1975.
– *Eperons, les styles de Nietzsche,* Flammarion, Paris 1978.
– *La vérité en peinture,* Flammarion, Paris 1978.
– *La carte postale,* Flammarion, Paris 1980 (deutsch: *Die Postkarte,* 1. Lieferung, autorisierte Übersetzung von H. J. Metzger, Brinkmann & Bose, Berlin 1982 und: *Mit Freud spekulieren.* 2. Lieferung. Brinkmann & Bose, Berlin 1983).
– *Otobiographie de Nietzsche,* in: L'oreille de l'autre, Textes et débats avec Jacques Derrida sous la direction de Claude Lévesque et Christie V. McDonald, VLB éditeur, Montréal 1982 (Deutsch: *Nietzsches Otobiographie oder Politik des Eigennamens. Die Lehre Nietzsches,* aus dem Französischen von Fr. A. Kittler, in: Fugen. Deutsch-französisches Jahrbuch für Text-Analytik, Olten Freiburg Br. 1980, Band 1).
Descombes, V.: *Le même et l'autre.* Quarante-cinq ans de philosophie française (1933–1978), Editions de Minuit, Paris 1979 (deutsch: *Das Selbe und das Andere.* Fünfundvierzig Jahre Philosophie in Frankreich, aus dem Französischen von Ulrich Raulff, stw 346, Frankfurt 1981).

Dilthey, W.: *Gesammelte Schriften in 12 Bänden.* G. B. Teubner Verlagsgesellschaft, Stuttgart / Vandenhoeck & Ruprecht, Göttingen.
Dragonetti, R.: *La vie de la lettre au Moyen-Age.* Editions du Seuil, Paris 1980.

Finas, L. (Hrsg.): *Ecarts.* Quatre essais à propos de Jacques Derrida, Fayard, Paris 1973.
Fink, E.: *Nietzsches Philosophie,* Kohlhammer, Stuttgart 1960.
— *Das Spiel als Symbol der Welt,* Kohlhammer, Stuttgart 1970.
Forget, Ph.: *De la traduction éclatante à la critique éclatée.* Itinéraires pour une nouvelle approche de George traducteur, in: Lehmann, P. L. / Wolff, R. (Hrsg.), Das Stefan-George-Seminar 1978, eine Dokumentation, herausgegeben durch die Gesellschaft zur Förderung der Stefan-George-Gedenkstätte, in Komission: Lothar Stiehm Verlag, Heidelberg 1979.
— *Textverstehen und Übersetzen / Ouvertures sur la traduction,* Julius Groos Verlag, Heidelberg 1981 (zus. mit Paepcke, F.).
— *Übersetzen als Praxis / Pratiques de la traduction,* Julius Groos Verlag, Heidelberg 1982 (zus. mit Paepcke, F.).
— *Übersetzen als Sprachverhalten,* in: Mitteilungsblatt der Dolmetscher und Übersetzer e. V., Frankfurt/Main, 6/1981.
— *Distanz und Ironie als Ausdruck von Gefühlswandel, oder: Tradition als Textproduktion in Plenzdorfs ‚Neue Leiden des jungen W.',* in: Craemer-Ruegenberg, I. (Hrsg.): Pathos, Affekt, Gefühl, Alber-Broschur Philosophie, Karl Alber Verlag, Freiburg/München 1981.
— *Literarischer Textvergleich als gestaltende Leseerfahrung.* Zur praxisorientierten Korrelation von Literaturwissenschaft und Literaturunterricht, in: Jahrbuch Deutsch als Fremdsprache 7, Julius Groos Verlag, Heidelberg 1981.
— *Übersetzen als Spiel,* in: Jahrbuch Deutsch als Fremdsprache 8, Julius Groos Verlag, Heidelberg 1982.
Foucault, M.: *Les mots et les choses.* Une archéologie des sciences humaines, Gallimard, Paris 1966 (Deutsch: *Die Ordnung der Dinge,* eine Archäologie der Humanwissenschaften, Suhrkamp Verlag, Frankfurt 1974).
— *L'archéologie du savoir,* Gallimard, Paris 1969 (Deutsch: *Die Archäologie des Wissens,* aus dem Französischen von Köppen, U., Suhrkamp Verlag, Frankfurt 1973).
— *L'ordre du discours,* Gallimard, Paris 1971 (Deutsch: *Die Ordnung des Diskurses,* aus dem Französischen von Seitter, W., Hanser Verlag, München 1974).
Frank, M.: *Das Problem ‚Zeit' in der deutschen Romantik.* Zeitbewußtsein und Bewußtsein von Zeitlichkeit in der frühromantischen Philosophie und in Tiecks Dichtung, Winkler, München 1972.
— *Der unendliche Mangel an Sein.* Schellings Hegelkritik und die Anfänge der Marxschen Dialektik, Suhrkamp Verlag, Frankfurt 1975.
— *Eine fundamental-semiologische Herausforderung der abendländischen Wissenschaft* (J. Derrida), in: Philosophische Rundschau 23 (1976, Heft 1/2).
— *Das individuelle Allgemeine.* Textstrukturierung und -interpretation nach Schleiermacher, Suhrkamp Verlag, Frankfurt 1977.
— *Die unendliche Fahrt.* Ein Motiv und sein Text, Suhrkamp Verlag, Frankfurt 1979.
— *Das Sagbare und das Unsagbare.* Studien zur neuesten französischen Hermeneutik und Texttheorie, stw 317, Frankfurt 1980.

- *Die Aufhebung der Anschauung im Spiel der Metapher*, in: Neue Hefte für Philosophie 18/19, Vandenhoeck & Ruprecht, Göttingen 1980.
- *Textauslegung*, in: *Erkenntnis der Literatur*. Theorien, Konzepte, Methoden der Literaturwissenschaft. Herausgegeben von Dietrich Harth und Peter Gebhardt, J. B. Metzlersche Verlagsbuchhandlung, Stuttgart 1982.
- *Der kommende Gott*. Vorlesungen über die Neue Mythologie, es 1142, Frankfurt 1982.
- *Was ist Neostrukturalismus?*, es 1203, Frankfurt 1983.

Freud, S.: *Gesammelte Werke*, London und Frankfurt, 1940–1968.

Gadamer, H. G.: *Platos dialektische Ethik und andere Studien zur platonischen Philosophie*, Felix Meiner Verlag, Hamburg 1968.
- *Wahrheit und Methode*. Grundzüge einer philosophischen Hermeneutik, J. C. B. MOHR (Paul SIEBECK), Tübingen ⁴1975.
- *Kleine Schriften I–IV*, J. C. B. MOHR (Paul SIEBECK), Tübingen 1967–1977.
- *Hegels Dialektik*. Fünf hermeneutische Studien, J. C. B. MOHR (Paul SIEBECK), Tübingen 1971.
- *Heideggers Wege*. Studien zum Spätwerk, J. C. B. MOHR (Paul SIEBECK), Tübingen 1983.
- *Wer bin ich und wer bist du?* Kommentar zu Celans ‚Atemkristall', Suhrkamp Verlag, Frankfurt 1973.
- *Sinn und Sinnverhüllung*, dargestellt an Paul Celans ‚Tenebrae', in: Zeitwende. Thema: Text und Deutung – zum Beispiel: Paul Celan, Heft 6/Nov. 1975.

Gadamer, H. G. / Habermas, J.: *Das Erbe Hegels*. Zwei Reden aus Anlaß des Hegel-Preises, st 596, Frankfurt 1979.

Gadamer, H. G. / Marx, W. / Weizsäcker, C. F. von: *Heidegger*, Alber-Broschur Philosophie, Karl Alber Verlag, Freiburg/München 1977.

Genette, G.: *Introduction à l'architexte*, Editions du Seuil, Paris 1979.
- *Palimpsestes*. La littérature au second degré, Editions du Seuil, Paris 1982.

Giovannangeli, D.: *Ecriture et répétition*. Approche de Derrida, Union générale d'édition (10/18), Paris 1979.

Goeppert, S. u. H. C.: *Sprache und Psychoanalyse, Westdeutscher Verlag, 1973.*

Goody, J. (Hrsg.): *Literalität in traditionalen Gesellschaften*, Suhrkamp Verlag, Frankfurt 1981.

Goth, J.: *Nietzsche und die Rhetorik*, Niemeyer, Tübingen 1970.

Göttner, H.: *Die Logik der Interpretation*. Analyse einer literaturwissenschaftlichen Methode unter kritischer Betrachtung der Hermeneutik, W. Fink, München 1973.

Greffrath, K. R.: *Metaphorischer Materialismus*. Untersuchungen zum Geschichtsbegriff Walter Benjamins, W. Fink, München 1981.

Greisch, J.: *Les mots et les roses*. La métaphore chez Martin Heidegger, in: Revue des sciences philosophiques et théologiques, Vrin, Paris 1973.
- *Identité et différence chez Martin Heidegger*. Le chemin de l'Ereignis, in: Revue des sciences philosophiques et théologiques, Vrin, Paris 1973.
- *Herméneutique et grammatologie*, Editions du CNRS, Paris 1977.

Grondin, J.: *Hermeneutische Wahrheit?* Zum Wahrheitsbegriff H. G. Gadamers (Forum Akad. Monogr. zur Philosophischen Forschung) Hain 1982.

Guzzoni, U. (Hrsg.): *Nachdenken über Heidegger*. Eine Bestandsaufnahme, Gerstenberg, Hildesheim 1980.

Haas, N. / Haas, V. / Schrübbers, C.: *Der Wunderblock.* Zeitschrift für Psychoanalyse, Berlin.
Habermas, J.: *Theorie des kommunikativen Handelns.* Band I: Handlungsrationalität und gesellschaftliche Rationalisierung. Band II: Zur Kritik der funktionalistischen Vernunft, Suhrkamp Verlag, Frankfurt 1981.
Hegel, G. W. F.: *Werke,* herausgegeben von K. M. Michel und E. Moldenhauer, (Theorie-Werkausgabe), Suhrkamp Verlag, Frankfurt 1969–76.
Heidegger, M.: *Gesamtausgabe,* Vittorio Klostermann, Frankfurt/Main.
— *Nietzsche,* G. Neske, Pfullingen 1961 (2 Bände).
Hempfer, K. W.: *Poststrukturale Texttheorie und narrative Praxis,* W. Fink, München 1976.
Henrich, D.: *Hegel im Kontext,* es 510, Frankfurt ²1975.
Henrich D. / Iser, W. (Hrsg.): *Theorien der Kunst,* Suhrkamp Verlag, Frankfurt 1982.
Henrichs, N.: *Bibliographie der Hermeneutik und ihrer Anwendungsgebiete seit Schleiermacher,* Saur K G, Düsseldorf 1968 ²1972.
Hillebrand, B. (Hrsg.): *Nietzsche und die deutsche Literatur,* 2 Bde, Niemeyer, Tübingen 1978.
Hirsch, E. D.: *Validity in Interpretation,* Vale University 1967 (deutsch: Prinzipien der Interpretation, München 1972).
Holenstein, E.: *Linguistik, Semiotik, Hermeneutik.* Plädoyer für eine strukturale Phänomenologie, Suhrkamp Verlag, Frankfurt 1976.
Hollier, D.: *Politique de la prose.* Gallimard, Paris 1982.
Hörmann, H.: *Meinen und Verstehen.* Grundzüge einer psychologischen Semantik, Suhrkamp Verlag, Frankfurt 1976.
Hottois, G.: *L'inflation du langage dans la philosophie contemporaine.* Causes, formes et limites, Bruxelles 1980.
Hübner, K.: *Kritik der wissenschaftlichen Vernunft.* Alber-Broschur Philosophie, Verlag Karl Alber, Freiburg/München ²1979.
Husserl, E.: *Gesammelte Werke,* herausgegeben unter Leitung von H. L. van Breda, Martinus Nijhoff, Haag 1958–1980.

Iser, W.: *Der Akt des Lesens* — Theorie ästhetischer Wirkung. UTB 636, W. Fink, München 1976.

Jäger, L.: *Linearität und Zeichensynthesis.* Saussures Entfaltung des semiologischen Form-Substanz-Problems in der Tradition Hegels und Holbolds, in: Fugen. Deutsch-französisches Jahrbuch für Text-Analytik, Olten und Freiburg/Br. 1980.
— *Zu einer historischen Rekonstruktion der authentischen Sprachidee Ferdinand de Saussures,* G. Narr, Stuttgart 1983.
Japp, U.: *Hermeneutik,* Der theoretische Diskurs, die Literatur und die Konstruktion ihres Zusammenhangs in den philologischen Wissenschaften, W. Fink, München 1977.
Jameson, F.: *The Prison-House of Language.* A critical Account of Structuralism, Chicago and London, 1972.
Jauß, H. R.: *Literaturgeschichte als Provokation,* es 418, Frankfurt 1970.
— *Der Leser als Instanz einer neuen Geschichte der Literatur,* in: Poetica 7 (1975).
— *Ästhetische Erfahrung und literarische Hermeneutik,* Suhrkamp Verlag, Frankfurt 1982.

Kant, I.: *Werke*. Akademie Textausgabe, Walter de Gruyter & Co., Berlin.
Kemp, P.: *L'éthique au lendemain des victoires des athéismes*. Réflexions sur la philosophie de Jacques Derrida, in: Revue de Théologie et de Philosophie 111 (1979).
Kittler, F. A.: *Der Traum und die Rede*. Eine Analyse der Kommunikationssituation Conrad Ferdinand Meyers, Francke Verlag, Bern und München 1977.
– (Hrsg.): *Austreibung des Geistes aus den Geisteswissenschaften*, UTB 1054, Schöningh, Paderborn 1980.
Kittler, F. A. / Turk, H. (Hrsg.): *Urszenen*. Literaturwissenschaft als Diskursanalyse und Diskurskritik. Suhrkamp Verlag, Frankfurt 1977.
Klossowski, P.: *Nietzsche et le cercle vicieux* (édition revue et corrigée), Mercure de France, Paris 1969.
Kofmann, S.: *L'enfance de l'art*. Une interprétation de l'esthétique freudienne, Payot, Paris 1970.
– *Nietzsche et la métaphore*, Payot, Paris 1972.
– *Quatre romans analytiques*, Editions Galilée, Paris 1974.
– *Nietzsche et la scène philosophique*, Union générale des éditeurs (10/18), Paris 1979.
König, Tr. (Hrsg.): *Sartres ‚Flaubert' lesen*, Essays zu ‚Der Idiot der Familie', Rowohlt, Hamburg 1979.
Kosellek, R.: *Vergangene Zukunft*. Zur Semantik geschichtlicher Zeiten. Suhrkamp Verlag, Frankfurt 1979.
Kurz, G.: *Metapher, Allegorie, Symbol*. Vandenhoeck & Ruprecht, Göttingen 1982.
– *Textlinguistik – Texthermeneutik*, in: Muttersprache 88 (1978).

Lacoue-Labarthe, Ph.: *Le sujet de la philosophie*. Typographies I, Aubier-Flammarion, Paris 1979.
Lacoue-Labarthe, Ph. / Nancy, J. L. (Hrsg.): *Les fins de l'homme*. A partir du travail de Jacques Derrida, Editions Galilée, Paris 1981 (Colloque de Cerisy).
Lang, H.: *Die Sprache und das Unbewußte*. Jacques Lacans Grundlegung der Psychoanalyse, Suhrkamp Verlag, Frankfurt 1973.
Lang, P. Ch.: *Hermeneutik. Ideologiekritik. Ästhetik*. Über Gadamer und Adorno sowie einer aktuellen Ästhetik, Monographien zur philosophischen Forschung, Königstein/Ts 1981.
Laruelle, F.: *Le style di-phallique de Jacques Derrida*, in: Critique 334 (1975).
– *Machines textuelles*. Déconstruction et libido d'écriture, Editions du Seuil, Paris 1976.
– *Le déclin de l'écriture*, Aubier-Flammarion, Paris 1977.
– *Nietzsche contre Heidegger*, Payot, Paris 1977.
– *Au-delà du Principe de Pouvoir*, Payot, Paris 1978.
– *La notion de phonèse*. Pour une linguistique active, in: Revue philosophique 4 (1978).
– (Hrsg.): *Textes pour Emmanuel Lévinas*, Editions Jean-Michel Place, Paris 1980.
– *Le Principe de minorité*, Aubier-Montaigne, Paris 1981.
– *Comment ‚sortir' de Heidegger et de la Différence en généra l*, in: Exercice de la patience, März/April 1982.
Lévesque, C. / McDonald, Ch. (Hrsg.): *L'oreille de l'autre*. Otobiographies, transferts, traductions. Textes et débats avec Jacques Derrida, vlb éditeur, Montréal 1982.

Lévinas, E.: *La théorie de l'intuition dans la phénoménologie de Husserl*, Alcan, Paris 1930. ⁴1978.
– *Totalité et Infini*.
– *Autrement qu'être ou au-delà de l'essence*, Martinus Nijhoff, Den Haag 1974.

Markis, Dimitrios: *Quine und das Problem der Übersetzung*, Alber-Broschur Philosophie, Verlag Karl Alber, Freiburg/München 1979.
Marquard, O.: *Abschied vom Prinzipiellen* – Philosophische Studien, Reclam, Stuttgart 1981.
Mendelson, J.: *The Habermas-Gadamer Debate*, in: new german critique 18/1979, 46.
Meschonnic, H.: *Pour la poétique I–V*, Gallimard, Paris 1970–1978.
– *Le signe et le poème*, Gallimard, Paris 1975.
– *Critique du rythme*. Anthropologie historique du langage, Verdier 1982.
Mijolla, A. de: *Les visiteurs du moi*. Société d'édition Les Belles Lettres, Paris 1981.
Milner, M.: *Freud et l'interprétation de la littérature*. Société d'Edition d'Enseignement Supérieur, Paris 1980.
Montinari, M.: *Nietzsche lesen* (Studienbuch). Walter de Gruyter, Berlin/New York 1982.
Mörchen, H.: *Macht und Herrschaft im Denken von Heidegger und Adorno*. Cotta, Klett, Stuttgart 1980.
– *Adorno und Heidegger*. Untersuchungen einer Kommunikationsweigerung, Cotta, Klett, Stuttgart 1981.
Morel, G.: *Nietzsche* (3 Bde: I. Genèse d'une œuvre, II. Analyse de la maladie, III. Création et métamorphose), Aubier-Montaigne, Paris 1971.
Muralt, A. de: *L'idée de la phénoménologie*. Presses Universitaires de France, Paris 1958.
Nancy, J. L. / Lacoue-Labarthe, Ph.: *Le titre de la lettre*. Une lecture de Lacan, Editions Galilée, Paris 1973.
– *Le partage des voix*. Editions Galilée, Paris 1982.
Nassen, U. (Hrsg.): *Texthermeneutik*. Aktualität, Geschichte, Kritik, UTB 961, Schöningh 1979.
– (Hrsg.): *Klassiker der Hermeneutik*, UTB 1176, Schöningh, Paderborn 1982.
Nietzsche, Fr.: *Kritische Gesamtausgabe*, herausgegeben von Colli, G. und Montinari, M., Walter de Gruyter, Berlin/New York 1967–77.

Oelmüller, W. (Hrsg.): *Kolloquium Kunst und Philosophie 1:* Ästhetische Erfahrung, UTB 1105, Schöningh, Paderborn 1981.
– (Hrsg.): *Kolloquium Kunst und Philosophie 2:* Ästhetischer Schein, UTB 1178, Schöningh, Paderborn 1982.
– (Hrsg.): *Kolloquium Kunst und Philosophie 3:* Das Kunstwerk. UTB 1276, Schöningh, Paderborn 1983.
Orth, E. W. (Hrsg.): *Was ist Literatur?* Phänomenologische Forschungen 11, Verlag Karl Alber, Freiburg/München 1981.
– (Hrsg.): *Zur Phänomenologie des philosophischen Textes*, Phänomenologische Forschungen 12, Alber Verlag, Freiburg/München 1982.

Palmer, R. E.: *Hermeneutics*. Interpretation Theory in Schleiermacher, Dilthey, Heidegger and Gadamer, Evanston 1969.

Pannenberg, W.: *Hermeneutik und Universalgeschichte,* in: Grundfragen systematischer Theologie, Göttingen ²1971.
Pautrat, B.: *Versions du soleil.* Figures et systèmes de Nietzsche. Editions du Seuil, Paris 1971.
Peirce, Ch. S.: *Schriften,* 2 Bde, Frankfurt/Main 1967–1970.
Pöggeler, O.: *Hegels Idee einer Phänomenologie des Geistes.* Alber-Broschur Philosophie, Verlag Karl Alber, Freiburg/München 1973.
– *Philosophie und Politik bei Heidegger,* Alber-Broschur Philosophie, Verlag Karl Alber, Freiburg/München ²1974.

Ricoeur, P.: *De l'interprétation* (essai sur Freud). Editions du Seuil, Paris 1965 (deutsch: *Die Interpretation.* Ein Versuch über Freud, aus dem Französischen von Eva Moldenhauer, stw 76, Frankfurt 1974).
– *Le conflit des interprétations* (essais d'herméneutique), Editions du Seuil, Paris (deutsch: *Hermeneutik und Strukturalismus.* Der Konflikt der Interpretationen I, München 1973. *Hermeneutik und Psychoanalyse.* Der Konflikt der Interpretationen II, München 1974).
– *Herméneutique et critique des idéologies,* in: Castelli, E. (Hrsg.): Démythisation et idéologie, Aubier, Paris 1973.
– *La métaphore vive.* Editions du Seuil, Paris 1975.
– *Temps et récit,* Editions du Seuil, Paris 1983.
Robert, M.: *Roman des origines et origines du roman,* Grasset, Paris 1972. Neudruck: Gallimard, Collection Tel, Paris 1977.
Roos, R.: *Elisabeth Forster-Nietzsche ou la sœur abusive,* in: Etudes Germaniques 4/1956.
– *Nietzsche et Epicure: L'idylle héroïque,* in: Revue d'Allemagne, 4/1980.
Rorty, R.: *Der Spiegel der Natur.* Eine Kritik der Philosophie (aus dem Englischen von Michael Gebauer), Suhrkamp Verlag, Frankfurt 1981.
Rupp, G.: *Rhetorische Strukturen und kommunikative Determinanz.* Studien zur Textkonstitution des philosophischen Diskurses im Werk Friedrich Nietzsches, Frankfurt 1976.

Sartre, J. P.: *Qu'est-ce que la littérature?* Idées/Gallimard, Paris 1948 (deutsch: *Was ist Literatur?* Ein Essay. Aus dem Französischen von Traugott König, Rowohlt, Reinbek bei Hamburg, erste vollständige Ausgabe 1981).
– *L'idiot de la famille.* 3 Bde, Gallimard, Paris 1971 (Neudruck: Collection Tel, Gallimard, Paris 1981). Deutsch: *Der Idiot der Familie,* aus dem französischen von Traugott König u. a., 4 Bände, Rowohlt, Reinbek bei Hamburg 1977–1978.
– *L'écriture et la publication,* entretien entre J. P. Sartre et M. Sicard, in: Obliques, n⁰ 18–19, Paris 1979.
Saussure, F. de: *Cours de linguistique générale.* Edition critique préparée par Tullio de Mauro, Payot, Paris 1979.
– *Cours de linguistique générale.* Edition critique par Rudolf Engler (2 Bde), Hassarowitz, Wiesbaden 1974.
Schleiermacher, Fr.: *Hermeneutik und Kritik.* Mit einem Anhang sprachphilosophischer Texte Schleiermachers, herausgegeben und eingeleitet von Manfred Frank, stw 211, Frankfurt 1977.

Schlüpmann, H.: *Friedrich Nietzsches ästhetische Opposition.* Der Zusammenhang von Sprache, Natur und Kultur in seinen Schriften 1869 bis 1876, Metzler, Stuttgart 1977.
Schuhl, P. M.: *Platon et l'art de son temps,* Presses Universitaires de France, Paris 1952.
Schurmann, R.: *Le principe d'anarchie,* Editions du Seuil, Paris 1982.
Sevenich, G.: *Wechselseitigkeit durch das Wort.* Zur Sprachtheorie in Sartres ‚Flaubert', in: Deutsche Vierteljahresschrift 3/1982.
Simon, J.: *Sprachphilosophie.* Verlag Karl Alber, Freiburg/München 1981.
Söring, J.: *Literaturgeschichte und Theorie.* Ein kategorialer Grundriß, Kohlhammer, Stuttgart 1976.
Staiger, E.: *Die Kunst der Interpretation,* dtv wissenschaftliche Reihe 4078, München 1971.
Steiner, G.: *After Babel.* Aspects of language and translation, Oxford University Press, New York and London 1975 (deutsch: *Nach Babel.* Aspekte der Sprache und der Übersetzung, aus dem Englischen von Plessner, M., Suhrkamp Verlag, Frankfurt 1979).
Stetter, Ch.:, *Die Idee der Semiologie bei F. de Saussure.* Ein Beitrag zur Klärung des linguistischen Erkenntnisinteresses, in: Deutsche Sprache, Heft 4, 1976.
– *Peirce und Saussure,* in: Kodikos/Code. An International Journal of Semiotics 2/1979.
Szondi, P.: *Celan-Studien,* Suhrkamp Verlag, Frankfurt 1972.
– *Einführung in die literarische Hermeneutik,* stw 124, Frankfurt 1975.

Tugenhat, E.: *Selbstbewußtsein und Selbstbestimmung,* stw 221, Frankfurt 1978.
– *Der Wahrheitsbegriff bei Husserl und Heidegger,* de Gruyter, Berlin 1970.
Turk, H.: *Dialektischer Dialog.* Literaturwissenschaftliche Untersuchung zum Problem der Verständigung, Göttingen 1975.
– *Wirkungsästhetik.* Theorie und Praxis der literarischen Wirkung. Edition Text und Kritik, München 1976.
– *Literaturtheorie I.* Literaturwissenschaftlicher Teil, Göttingen 1976.

Urban, B.: *Psychoanalyse und Literaturwissenschaft.* Texte zur Geschichte ihrer Beziehungen, Niemeyer, Tübingen 1973.
Urban, B. / Kudszus, W. (Hrsg.): *Psychoanalytische und Psychopathologische Literaturinterpretation,* Darmstadt 1981.

Warning, R. (Hrsg.): *Rezeptionsästhetik,* UTB 303, W. Fink, München 1975.
Weber, S.: *Freud-Legende.* Drei Studien zum psychoanalytischen Denken, Walter Verlag, Olten und Freiburg/Br. 1979.
– *Das linke Zeichen.* Zur Semiologie Peirces und Saussures, in: Fugen. Deutschfranzösisches Jahrbuch für Text-Analytik, Olten und Freiburg/Br. 1980.
Weinrich, H.: *Sprache in Texten,* Klett Verlag, Stuttgart 1976.
Wieland, W.: *Platon und die Formen des Wissens,* Vandenhoeck & Ruprecht, Göttingen 1982.